营销领导力

塑造企业竞争优势

龚其形 著

中国铁道出版社有限公司

CHINA RAILWAY PUBLISHING HOUSE CO., LTD.

图书在版编目（CIP）数据

营销领导力：塑造企业竞争优势 / 龚其形著. --
北京：中国铁道出版社有限公司，2025. 5. -- ISBN
978-7-113-31885-7

I. F274

中国国家版本馆 CIP 数据核字第 2024JT7322 号

| 书　　名：营销领导力——塑造企业竞争优势 |
| YINGXIAO LINGDAOLI：SUZAO QIYE JINGZHENG YOUSHI |
| 作　　者：龚其形 |

| 责任编辑：奚　源　　编辑部电话：（010）51873005　　电子邮箱：zzmhj1030@163.com |
| 封面设计：罗玉兰　赵　兆 |
| 责任校对：刘　畅 |
| 责任印制：赵星辰 |

| 出版发行：中国铁道出版社有限公司（100054，北京市西城区右安门西街 8 号） |
| 网　　址：https://www.tdpress.com |
| 印　　刷：北京联兴盛业印刷股份有限公司 |
| 版　　次：2025 年 5 月第 1 版　2025 年 5 月第 1 次印刷 |
| 开　　本：710 mm×1 000 mm　1/16　印张：18.5　字数：254 千 |
| 书　　号：ISBN 978-7-113-31885-7 |
| 定　　价：68.00 元 |

版权所有　侵权必究

凡购买铁道版图书，如有印制质量问题，请与本社读者服务部联系调换。电话：（010）51873174
打击盗版举报电话：（010）63549461

领航商业巅峰，精准定位营销之道

在浩渺的商业海洋中，每一家企业都宛如一艘勇敢的探险船，驶向未知的远方，追求自己的梦想。是的，并不是所有的航船都能抵达梦想的彼岸，但是那些拥有清晰目标和坚定信念的企业，却能在茫茫商海中勇往直前，找到自己的独特航道，终达理想之境。

瞬息万变的商业纪元，宛如变幻莫测的风云和无常的波涛，使得企业的航行充满了挑战和不确定性。此时，一个精准的商业指南针便显得至关重要——这便是企业领导者的战略定位。通过对自身定位的精确把握，企业便能在复杂多变的商业环境中稳定航行，乘风破浪、勇往直前，成功抵达目的地。

营销，作为企业成功道路上的永恒话题，它的重要性不言而喻。它不仅关乎企业的生存与发展，而且直接影响到企业的竞争力。在任何行业中，若想让自己的声音被听见，让产品和服务被市场接纳，营销便是关键。高效的营销策略能够为企业塑造强大的品牌形象，让潜在客户更易识别，从而赢得广泛的信任与忠诚。

通过营销，企业能深入洞察目标市场与客户，准确把握他们的需求和期待，以便更加精准地满足这些需求。更重要的是，营销能助力企业与客户建立起长期而稳固的关系，增强品牌忠诚度，为企业的长远发展奠定坚实基础。在当今日新月异、竞争激烈的商业环境下，寻求和塑造一种与企业特色相符且能满足市场需求的营销定位，成为每位企业领袖的持续探索。

世界充满了变化，市场的涨落如同潮水，不断地翻滚与变换。在这片商业丛林中，只有紧跟市场趋势，洞悉消费者的需求和偏好，认识并理解消费心理，企业才能稳步前行，攀登成功的高峰。

如何捕捉市场的脉搏？如何理解消费者的心声？如何打造出有市场竞争力的产品或服务？这些问题的答案直接关系到企业在激烈的商业竞争中的成败。

市场定位不仅是对市场趋势的敏锐洞察、对目标受众的明确界定，更是基于这些洞察和定义制定出符合受众需求的解决方案，最终帮助企业找到其在市场中的独特位置、开启成功之门的关键。

菲利普·科特勒指出："营销不仅是把东西卖出去，更是一种理解客户需求并创建符合这些需求的产品的艺术。"这句话深刻揭示了营销的本质——市场定位的艺术，是对市场细分的深刻理解，是价值主张的精准传达，是品牌与消费者之间的无声对话。

在制定和实施营销定位的过程中，也必须警惕陷阱，避免营销策略的偏颇或陈旧导致企业发展的受阻。

一方面，过于狭隘的市场定位可能限制企业的视野和成长潜力。当企业太过专注于一小部分目标客户时，可能忽视了其他潜在的市场机会。这种狭隘的市场定位可能会限制企业的增长和利润。因此，企业家和营销领导者在制定市场定位时应该保持一定的广度，以使企业能够充分利用市场中的各种机会。

另一方面，市场和消费者需求的持续变化要求企业不断调整和更新自己的营销策略，以保持竞争力和市场敏感度。今天的顾客越来越追求个性化和定制化的产品和服务，他们对品牌的期望也在不断提高。如果企业不能及时识别和满足这些变化，就会失去顾客的关注和忠诚度。因此，企业家和营销专家必须时刻保持对市场动态的敏锐感知，并时刻保持与顾客联系，持续创造出能够满足客户新需求的产品。

在避免上述陷阱的同时，企业还必须兼顾灵活性和前瞻性，随时调整自己的营销定位以适应市场的变化。随着技术的不断创新和市场的竞争加剧，市场变化的速度越来越快，企业必须能够快速反应，并具有一定的前瞻性，这样才能在激烈的市场竞争中保持领先。

当然，营销领导者还必须确保品牌信息的一致性和吸引力。在不同的市场和渠道中，企业必须保证品牌形象和价值观的一致性，以保持顾客对品牌的认知与信任，维护好自己的品牌形象。

一家企业的成功绝不仅仅是一次精准的营销策略，它需要企业领导者持续的觉醒和智慧，学会适应风浪、调整风帆，不断地修正与完善企业航线。市场的动态是无穷无尽的，同样，营销策略也要不断地学习、创新与发展，这样才能使企业不断前行。

真正的商业智慧，并非仅在于捕捉瞬间的商机，更在于持续地创造价值,不断地提升品牌影响力,并与客户建立起真挚且持久的共鸣。这是一段漫长而曲折的航程,唯有锲而不舍、智慧与勇气并存,方能在波涛汹涌的市场海洋中劈波斩浪,最终抵达成功的彼岸。

龚其形

2025 年 1 月于上海

目录

第一章 营销需要领导力

第一节　领导力是领导者独有的能力 / 3
第二节　领导力在营销中的重要价值 / 5
第三节　领导力与管理力的区别 / 7
第四节　领导力须以务实为导向 / 11
第五节　塑造强大的企业文化 / 14
第六节　为企业提供角色建模和导师支持 / 17

第二章 营销领导力的具体体现

第一节　决策能力 / 25

第二节 创新能力 / 28

第三节 解决问题的能力 / 31

第四节 人际关系管理能力 / 36

第五节 沟通力和说服力 / 39

第六节 合作能力 / 43

第七节 承担能力 / 45

第三章

营销领导力的具体落地——找方向、定目标、制定战略规划

第一节 研究产品的市场状况 / 51

第二节 定位企业的营销目标和市场 / 55

第三节 明确营销上的核心竞争力 / 59

第四节 制定市场营销策略 / 62

第五节 制定营销预算 / 65

第六节 实施反馈机制 / 69

第四章

营销领导力的具体落地——获取最大的资源

第一节 利用内部资源 / 77

第二节 建立合作伙伴关系 / 79

第三节　寻求投资 / 83
第四节　数字化资源 / 87
第五节　公共关系和媒体 / 93
第六节　客户参与 / 97

第五章

营销领导力的具体落地——打造高效的团队

第一节　激发团队成员的目标意识 / 103
第二节　确定角色和责任 / 106
第三节　充分授权与赋能 / 108
第四节　有效的冲突管理 / 110
第五节　培养领导力和自主性 / 112
第六节　提倡跨部门合作 / 114

第六章

营销领导力的具体落地——监督和指导，确保完成营销目标

第一节　设定明确的目标和绩效指标 / 119
第二节　分解和规划任务 / 121
第三节　建立有效的沟通渠道 / 125
第四节　优化流程和资源分配 / 128

第五节　建立有效的绩效评估机制 / 132

第六节　鼓励试错和承担失败 / 137

第七章

营销领导力的具体落地——发挥创新力

第一节　培养开放的思维,建立创新的文化 / 143

第二节　建立专门的创新团队 / 145

第三节　把企业培养成学习型企业 / 148

第四节　建立创新流程和管理机制 / 151

第五节　建立风险管理机制 / 155

第六节　分析竞争对手 / 161

第八章

营销领导力的具体落地——走在市场前沿

第一节　开展有效的客户调研 / 167

第二节　建立客户关系管理系统 / 172

第三节　设立客户服务团队 / 178

第四节　社交媒体 / 183

第五节　建立反馈机制 / 188

第六节　参与行业会议和调研 / 192

第七节　定期举办市场研究和客户反馈会议 / 196

第九章

营销领导力的具体落地——风险管理

第一节　收集和分析数据，预测市场风险 / 203

第二节　多元化产品组合 / 207

第三节　持续创新，跟上市场变化 / 211

第四节　建立企业的核心竞争力 / 215

第五节　建立灵活的供应链 / 220

第六节　定期评估市场风险 / 223

第七节　建立危机管理计划 / 227

第十章

营销领导力的具体落地——建立品牌形象

第一节　品牌定位和目标受众 / 233

第二节　设计识别标志和视觉元素 / 236

第三节　建立品牌故事和核心信息 / 241

第四节　优质的产品和服务是基础 / 245

第五节　宣传品牌的声誉和信誉 / 247

第六节　创造独特的品牌体验 / 249

第七节　有效的品牌传播和市场推广 / 252

第八节　建立品牌社群和用户参与 / 254

第十一章 营销领导力的具体落地——洞察市场趋势

第一节　市场调研 / 261

第二节　监测行业动态和趋势 / 263

第三节　利用大数据分析 / 267

第四节　参与行业网络和专业组织 / 270

第五节　科技监测和创新研究 / 273

第六节　关注社会和环境的变化 / 276

第七节　订阅媒体和行业报告 / 279

第一章 01

营销需要领导力

移动互联时代层出不穷的一个个"爆品"无不在诠释：除了产品好之外，营销也是企业获取竞争优势的关键要素。然而，营销不是一项孤立的任务，它不但需要有一个整体观，还要将其拆分成一个个能够落地的具体执行方案，需要多方的协作。领导力在其中的作用是至关重要的——要为团队提供明确的目标、模拟创新思维，并且激励团队成员更好地达成目标。同时，领导者对企业的长期营销策略要有方向性的把控，并且能有效管理资源和评估策略实施效果，以实现营销目标。领导力能够更好地保障企业所倡导的文化及价值观在营销的过程中不偏离主轴，从而赢得市场的信任和忠诚度。

第一节　领导力是领导者独有的能力

领导力是一种令人瞩目的能力,它将人引领至非凡。无论在政治、商业还是社会领域,领导者都能以其卓越的品质和胆识,激发团队的潜力,并推动整个组织向前发展。然而,领导力并非平凡之人皆有之,它是一种强大的综合能力的体现,这往往是领导者独有的特质。

领导力：引导和影响他人实现共同目标的能力

过去,领导力经常被视为动员和指挥他人的能力。然而,随着组织和工作环境的不断变化,领导力也在悄然进化。现代领导力更强调激励与激发他人的潜力,培养团队的合作和创造力,领导者需要引领团队去应对各种复杂的挑战。如今,领导力所涵盖的范围与能力更加广泛,主要有以下五个方面：

(1)目标设定和规划。领导力需要明确方向与目标,并制订实现这些目标的进度与计划。

(2)沟通和激励。领导力需要与团队成员进行有效的沟通,善于发掘团队成员的潜能,并激励他们为实现共同目标而努力。

(3)决策和解决问题。领导力需要在面临挑战和不确定性时做出当下对企业相对有利与理性的决策,并调动所有资源解决问题。

(4)团队建设和管理。领导力需要建立、打造和管理一个高效并且具有很强凝聚力的团队,使大家一起为共同的目标而奋斗。

（5）自我管理和发展。领导力需要不断学习和发展自己的技能和知识，以便能够更好地领导团队。

所以说，领导力是一种综合能力，需要不断学习和实践才能在这个高速发展的时代不断提升，与时俱进。

领导力：领导者独有的能力与艺术

领导力常常被视为领导者独有的能力。因为，作为一个企业的引领者，他们往往都具备一些特殊的"人格魅力"，比如道德品格与正向的价值观，在行业中有某些出类拔萃的能力，抑或共情的能力，能够让员工感受到关怀、理解、被认可、被尊重等。它融合了自我领导、管理技巧和影响他人的艺术。在商业、政治甚至日常生活中，领导力的影响无处不在。它不仅是一种控制或指挥的能力，更是一种激发潜能、引领变革的力量。

领导力的核心：用榜样的力量影响他人

一个成功的领导者，除了"人格魅力"之外，榜样的力量也极为重要。作为一家企业的领路人，自己的一言一行是否能够为下属提供正向的价值与意义，潜移默化地影响员工，使他们在自己身上产生相同的心理及行为，从而转化为自己的主观意识，再由主观意识上的认同感影响到实际的行动，朝着领导者所制定的目标而努力。

领导力的本质：自我领导与管理

具有优秀领导力的领导者，首先源自对自身的深刻理解和有效管理。这种自我领导能力是领导力的基础，要求领导者具备自我意识、自我调节和自我激励的能力。领导者需要对自己的情绪、行为和思维有清晰的认知，并能在各种情境下保持理性和专注。

自我管理则进一步延伸了自我领导的概念。优秀的领导者需要管理好自己的时间、资源和能量,确保在追求目标的过程中能保持高效和专注。这不仅需要严格的自律,还需要持续的自我提升和学习。

领导力的实践:从理论到行动

理解领导力的本质和核心只是第一步,将其转化为行动才是关键。优秀的领导者不仅是理论上的专家,更是实践中的导师。他们通过自己的行为来诠释领导力的真谛,通过日常的互动和决策来体现自己的领导风格。

在这个充满挑战和机遇的时代,领导力已经成为每一个希望走在时代前沿的人不可或缺的能力。每个人都有潜在的领导力,关键在于如何挖掘和发挥这种内在的力量。无论是在商业领域、政治舞台,还是在日常生活中,只有坚持不断学习和实践,才能培养出优秀的领导力,成为一个优秀的领导者。

第二节 领导力在营销中的重要价值

现代的商业世界节奏越来越快,竞争也是愈演愈烈,营销的定义与方式也几乎发生了颠覆性的变化。优秀的领导力已然成为推动营销策略走向成功的重要驱动力。领导力在营销中的作用不仅有决策和指挥,更深入到激发创新、塑造品牌形象、应对市场变化等多个层面。如果想引领企业在商海中乘风破浪,就必须成为那个目标清晰而坚定的"船长"!

营销领导力:企业的"指南针"

在日益变化的市场环境中,领导力成为企业不可或缺的核心竞争力。一个具有远见卓识的领导者不仅能够确立明确的营销目标,更能引领团队在挑战中寻找机遇,确定受众人群,从而带领企业创造出独特的市场地位。

营销中的领导力精髓

领导力在营销中的作用,就像船长引领船只在风浪中航行。优秀的领导者是营销成功的关键。他们通过设定目标,激励创新、应对挑战,并且通过塑造企业文化,不断将团队打造成一支极具竞争力的钢铁之师。

营销中的领导力精髓主要体现在四个方面:

1. 设定愿景与方向:确立营销的坐标系

优秀的领导者擅长设定清晰的品牌愿景和营销目标。这一点对于整个营销团队的指引作用不言而喻。领导者的愿景成为团队共同的愿景和努力的方向,确保所有的工作都围绕着这个共同的目标展开。这样一来,使得所有的营销活动都能有的放矢、目标明确且高效。

2. 激发创新与创意:点燃营销的火花

在营销领域,新的传播方式层出不穷,在变化如此之快的移动互联时代,几乎颠覆了传统营销及销售的方式,所以,作为领导者一定要紧跟时代的步伐,时刻关注这些前沿的信息与传播方式。创新是企业不断前进的动力,领导者首先要自我提升,然后不断激发团队的创新思维,与团队一起探索更加适合在现代环境下传播的营销方式。鼓励他们挑战常规,寻求符合这个时代的、新颖的营销方法。坚持这种自上而下的创新文化,一定能够在很大程度上帮助企业品牌在市场上脱颖而出。

3. 应对市场变化:驾驭营销的风帆

市场变化无常,一个具备敏锐洞察力和灵活应变能力的领导者,常常可以迅速、果断地调整营销策略,以适应如今多变的市场。这种能力对于保持品牌的市场竞争力至关重要,这也是这艘企业的大船能够行驶得更远,甚至成为整个行业的"航空母舰"所不可或缺的关键要素。

4. 塑造团队文化：营造营销的生态圈

领导者通过塑造积极向上的团队文化，能够提高团队的凝聚力和执行力。一个团结一致、积极主动的营销团队更能有效地实施复杂的营销策略，并且能够在整个营销过程中保持良好的沟通与协作，从而大大提升效率和效果。

领导力在营销中扮演着不可替代的角色。一个优秀的领导者不仅能够为营销团队提供清晰的方向和强有力的支持，更能通过激发创新、应对挑战和塑造团队文化等多方面作用，推动营销策略的成功实施。因此，在当今这个日益复杂和竞争激烈的市场环境中，培养和提升领导力对于任何企业来说都是至关重要的。

第三节　领导力与管理力的区别

在营销领域，领导力和管理力是推动成功的两个关键因素。特别是现在的营销领域正经历着前所未有的变化时期，这种变化不仅是技术或策略上的，更是对领导力和管理力的挑战。营销，作为连接企业与市场的桥梁，不仅需要精准的策略和数据驱动的决策，更需要深刻的领导智慧和有效的管理技能。领导力和管理力在营销中的角色既相互独立又紧密相关，它们共同塑造了企业的市场方向和竞争力。

领导力在营销中体现为对未来趋势的洞察、对团队的激励和对创新的推动。一个有远见的领导者不仅能够预见市场变化，更能引导团队适应这些变化，从而在竞争中保持领先。管理力则关乎将这些愿景转化为实际的行动和结果。它涉及日常运营的规划、组织、执行和监控，确保营销策略得以高效实施,目标得以准确达成。

然而,领导与管理在营销中并非孤立存在,它们相互作用、相互影响。一方面,优秀的领导能够激发管理的创新和效率;另一方面,高效的管理也为领导提供了坚实的基础和支持。在这个动态变化的市场环境中,理解并正确运用领导力和管理力,对于每一个营销专业人士而言,都是走向成功的关键。

领导力:点燃营销创新的火花

在商业和产品营销的舞台上,领导力是点燃创新之火、激发团队潜能的关键。领导力超越了传统的管理概念,它涉及激发灵感、推动变革并塑造企业文化。

领导力的核心在于愿景、激励、影响和变革这四大要素。这些要素共同构成了领导者在营销中的基本工具箱,缺一不可。

首先,领导者要有清晰的愿景,需要绘制未来的蓝图,设定一个引人入胜且可行的目标,以激发团队和组织朝着目标共同努力。

其次,领导力的真谛在于激发团队成员的内在潜能。这需要领导者认识到每个团队成员的独特才能,激励他们超越自我限制、追求卓越。

再次,领导者需要通过自身的言行来影响团队和组织的决策和行为。这不仅需要成为值得尊敬的楷模,还需要具备出色的沟通和说服力。

最后,面对市场的不断变化,领导者必须具备引导和管理变革的能力。这涉及适应市场动态、领导组织变革以及接纳拥抱新思维。

管理力:营销成功的隐形引擎

在营销的多变世界中,管理力是推动成功的隐形引擎。它不仅是策略实施的基础,更是确保团队协调、目标达成的关键。

管理力在营销中的核心可概括为四大支柱:规划、组织、执行、监控。这四大支柱共同构成了实现营销战略的基础。

1. 规划：设定赢的基础

管理的第一步是制订清晰的计划和策略。这不仅包括确定短期和长期目标，还涉及为达成这些目标而必须采取的步骤。在营销领域，这意味着理解市场动态、确定目标客户群体和设定具体的营销目标。

2. 组织：构建成功的框架

有效的组织能力要求管理者能够合理分配资源，包括人力、财力和物力，以支持计划的实施。在营销中，这可能意味着团队结构的调整、预算的分配或是营销渠道的选择。

3. 执行：将计划转化为行动

计划的实施是管理过程中的关键步骤。这不仅关乎任务的分配，更关乎确保每个团队成员都明确其职责，同时提供必要的支持和指导。

4. 监控：保持战略在正确轨道上

有效的管理还要求对执行过程进行监控和评估，这包括跟踪进度、评估效果以及必要时进行调整。在营销项目中，这可能意味着监控广告活动的表现，分析市场反馈，或是调整策略以应对竞争环境的变化。

领导与管理：营销舞台上的两股力量

在商业和产品营销的世界里，领导力和管理力常常被提及，但它们之间的区别和互动却不是清晰可见的。这两股力量在目标设定、决策过程以及应对复杂问题和不确定性时的不同策略，将会对营销产生重要影响。因此，必须对领导与管理之间的区别和联系有非常清晰的认识与理解。

1. 目标设定：愿景与实际

在目标设定上，领导力和管理力呈现出显著的差异。领导力倾向于设定宏伟的愿景和长远的目标，管理力则专注于具体、实际的目标设定。

领导力的愿景：领导者设定的目标往往更加宏大和长期，他们寻求激发和挑战团队，推动组织走向未来。

管理力的实际目标：管理者更关注短期目标和具体结果，他们确保日常运营的效率和目标的实现。

2. 决策过程：创新与效率

在决策过程中，领导力和管理力的风格和方法也存在差异。领导力倾向于采用创新和直觉的方法，管理力则更依赖于数据和分析。

领导力的创新方法：领导者在决策时更愿意承担风险，寻求创新和变革的机会。

管理力的分析方法：相比之下，管理者在决策过程中更加重视数据、细节和流程，以提高决策的准确性和效率。

融合的艺术：在营销策略中平衡领导与管理

在营销领域，领导力与管理力的有效融合是实现战略成功的关键，需要在营销决策中平衡这两种力量，并且在营销策略中激发它们之间的相互作用，将它们有效结合。

在营销策略的制定和执行中，领导力和管理力需要相互平衡和融合。领导力引导方向和激发创新，管理力则关注细节和执行效率。

领导力的方向性：领导者定义愿景和战略目标，激发团队对新思维的接受和创新的实践。

管理力的执行力：管理者确保这些战略被实际执行，通过细致的计划和组织来达成目标。

华为的"欧洲小镇"营销活动

"欧洲小镇"项目是华为在发展历程中一个特别成功的营销活动。这个活动的成功，充分体现了华为领导力与管理力的完美融合。

设想你是一个欧洲小镇的居民,突然有一天,华为将你的小镇变成了一个充满科技感的"未来世界"。这里有5G网络覆盖,有各种智能家居,还有各种创新的科技产品。这就是华为"欧洲小镇"营销活动的核心内容。

　　这个活动的策划和实施,首先来自华为领导层的远见和决策。他们认识到,要想在欧洲市场获得更大的份额,必须让当地居民深入了解华为的技术实力和创新精神。于是,"欧洲小镇"项目应运而生。

　　然而,仅有领导层的决策是远远不够的。项目管理团队的策划、资源协调、活动执行都至关重要。华为的项目管理团队在短时间内就完成了活动的筹备和执行,确保每个环节都紧密衔接,没有出现任何差错。

　　活动现场,华为的员工和合作伙伴们忙碌着接待来访的居民。他们用流利的当地语言与居民交流,为他们介绍华为的各种产品和解决方案。与此同时,华为还邀请了一些知名的科技博主和媒体记者,让他们亲身体验华为的技术魅力,并通过他们的传播,让更多的人了解华为。

　　"欧洲小镇"活动取得了巨大的成功,不仅提升了华为在欧洲市场的品牌知名度,还为华为带来了大量的潜在客户和合作伙伴。

　　这个案例充分展示了华为在营销策略中领导力与管理力的完美融合。从领导层的远见和决策,到项目管理团队的精心策划和高效执行,再到员工的热情服务和专业介绍,华为的团队精神和协作能力得到了完美体现,也促进了华为在欧洲市场的顺利开拓。这种领导与管理的融合为华为提供了在国际竞争中的优势,提升了在欧洲市场的品牌知名度,同时也为其他企业提供了宝贵的经验。

第四节　领导力须以务实为导向

　　领导力被认为是一个成功企业的核心要素。然而,领导力并非一成不变,它需要不断地适应和创新。许多人对领导力的理解往往过于表面,追求虚无缥缈的"大师级"境界。实际上,以务实为导向的领导力才是带领企业走向成功的关键,再伟大的梦想也需要脚踏实地一步步走向辉煌。就如同要盖一座大楼,想法再好、设计得再妙,它也需要一砖一瓦、一层一层地盖起来,最终才能将脑海中的想法实实在在地呈现在大家面前。

何为以务实为导向的领导力

务实导向的领导力,就是指那些重视实际效果和价值的领导者所具备的特质。他们非常注重在明确的目标和现实条件下,通过实际的行动和决策来实现组织的愿景。他们不仅关注问题的解决,更注重解决方案的实际效果和价值。他们以明确的目标为导向、注重实效、决策果断并且持续寻求改进。

首先,务实的领导者需要具备明确的目标意识,不仅清楚自己的组织目标,还能将愿景和使命与团队成员分享,确保所有成员都能理解且在同一频道上,并积极投入。这有助于团队成员在进行具体工作、创新时保持在正确的方向上。此外,他们还会与团队一起制订具体的行动计划,将长期目标分解为短期、可行的任务,从而确保行动计划的一致性和可持续性。

其次,务实领导者高度重视实际效果,他们不只是关注表面的工作,而是能迅速识别市场机会和挑战,并采取有效行动。他们能够及时调整策略,做出决策,并推动组织向前发展,从而保持竞争优势。如何提高生产力、如何分配资源、如何保持竞争力、如何提升团队效能以及如何增强客户满意度等,都是他们关注的焦点。

再次,优秀的领导者在关键时刻能够做出明智决策。即使面临压力或者危机,他们也能够保持冷静,协调与调动一切资源解决问题。这种决策果断的特质,使得他们在困难面前不退缩,能够带领团队走出困难。

最后,务实领导者永远不会满足于现状。他们会不断寻求改进的机会,通过不断学习和成长来提升自己与组织的竞争力。这种不断追求进步的精神,使得他们能够与时俱进,确保组织的持续发展。

成为一名优秀领导者的五大法宝

领导者不是一蹴而就的,他们都是通过不断学习与训练,或经历了很多成功与失败,最终形成了一套适合自己的系统,一套自己的思维与做事的流程体系。成为一名优秀领导者的五大法宝如下:

(1)树立正确的价值观。一个正确、健康的价值观是一位优秀的领导者不可或缺的,比如诚实、责任、公正和尊重他人等。这些价值观将引领整个企业在一个健康阳光的方向上前行。

(2)高效的执行力。领导者要不断提升自己制定明确目标的能力,以确保团队成员了解他们的职责和任务,并提供必要的资源和支持,以确保计划的成功执行。这需要领导者具备良好的组织能力、沟通能力和决策能力。

(3)培养创新精神。在快速变化的世界中,创新是取得竞争优势的关键。务实的领导者,需要鼓励团队成员不断探索新的想法和方法,并挑战现有的假设和做法。需要创造一个鼓励创新的环境,让团队成员敢于尝试新的事物,即使失败了也能得到理解和支持。不断推动组织的创新和发展,只有具备创新精神,才能在激烈的市场竞争中脱颖而出。

(4)强化团队协作。团队合作是实现组织目标的关键。领导者需要建立强大的团队关系,并确保团队成员之间的沟通畅通无阻。需要鼓励团队成员相互支持和合作,共同实现组织的目标。通过强化团队协作,创造一个积极、有活力和高效的工作环境。

(5)提升自我修养。企业的领导者,需要不断学习和成长,以提升自我认知和领导技能。还需要对自己的行为和决策保持反思和自我批评的态度,以不断改进和提高自身的领导水平。通过提升自我修养,可以更好地服务于团队和组织的目标,才能成为榜样,更好地影响和带领团队。

作为成功的企业家,需要注重实践、关注结果,并以务实的方式应对问题,不仅能够有效地推动组织的发展,也能够获得员工和团队的支持和信任。他们不仅要有远见和创新力,还要有把这些观念转化为实际行动的能力。

第五节　塑造强大的企业文化

每个企业都是一艘独特的船,那么,企业文化便是引领其航向的指南针。如果将企业视为一个富有生命力的生态系统,由一种独特的信念、行为和价值观共同构成,那么这个信念就是企业文化,它将决定企业以何种方式成长、前行!强大的企业文化是一种精神,就像"忒修斯之船",随着时间的推移所有的"零件"都被换掉,它仍旧能够保持在正确的航线上,始终保持自我和不断进步的精神。

企业文化:企业的 DNA 与发展引擎

企业文化是企业独特的个性和风格的体现。它是一种看不见、摸不着的东西,却深深地影响着企业的每一个角落,从员工的行为举止到企业的决策和发展方向,无处不在。

企业文化也可以说是企业的 DNA,包含了企业的价值观、信仰、惯例和行为准则等元素。这些元素相互作用,形成了一个独特的文化氛围,让员工们在其中工作和生活。

好的企业文化就像是一个温馨的家庭,让员工们有归属感和自豪感。它能够激发员工的积极性和创造力,让他们更加投入地工作。同时,企业文化也能够影响企业的形象和声誉,让客户和合作伙伴对企业产生信任和好感。所以,对企业来说,拥有健康、积极向上的企业文化是非常重要的。它就像是企业的引擎,推动着企业不断前进。

强大的企业文化是如何炼成的

万丈高楼平地起,建立强大的企业文化,只有愿景和价值观是远远不够的,需要多方面的精心规划和持续努力。

(1)勾勒蓝图。首先,你需要为企业制定一个明确的文化战略,这不仅是愿景和价值观的陈述,更是一张详尽的蓝图,涵盖企业的核心价值观、愿景和行为规范等。这张蓝图不仅为企业的未来发展提供了方向,更为文化建设提供明确的指导。

(2)提升领导力,引领风范。企业的领导者作为掌舵人,他们的行为和态度对员工有着深远的影响。因此,领导者应以身作则,展现出企业的核心价值观,成为员工的楷模,引导他们走向正确的方向。同时,领导者需要不断学习和提升自己的领导力,不仅为了适应市场变化,也为了满足企业发展的需求。

(3)与时俱进,定期进行企业文化评估和调整。企业文化并非一成不变,而应随着时间的推移和市场环境的变化进行调整。就像给植物修剪枝叶一样,需要定期进行文化评估,了解员工们对企业文化的认知和态度,发现企业文化存在的问题和不足,及时进行调整和完善,确保企业文化始终与企业的核心价值和长远目标相一致。

(4)凝聚共识,激发员工对企业文化的认同和参与。员工是企业文化的基石,只有他们认同并参与到企业文化中,才能使企业文化真正扎根。企业需要采取多种方式激发员工的参与感和认同感,比如定期开展文化培训、举办各类文化活动以及构建高效团队等。这样,员工才能更深入地理解企业文化的内涵和价值,提升他们的归属感和自豪感。

(5)塑造品牌。一个良好的企业形象和品牌价值是强大企业文化的关键要素。企业应该高度重视自身的形象管理和品牌建设,提升在市场和社会中的认可度和竞争力。通过提供优质的产品和服务、践行诚信经营、积极承担社会责任等方式,树立起良好的企业形象,不仅能够提升企业在市场中的地位和价值,更能促进企业文化的持续、稳定发展。

强大企业文化的炼成是企业领导者与全体员工共同努力的结果。它不是一蹴而就的,需要经过深思熟虑的战略规划、卓越的领导力、持续的调整和改进、员工的广泛参与以及积极的品牌建设等多方面的努力,最终形成一个相对稳固的、企业独有的特质。

企业文化和营销的和谐共舞

企业文化就像舞蹈的灵魂,代表了企业的价值观、使命和愿景。营销则是舞蹈的动作和表现形式,通过各种渠道和方式向外界展示企业的价值观、产品和服务。成功的企业文化和营销策略相融合,就像是演绎一支完美的舞蹈,让人们在欣赏的同时,也能够深刻地感受到它的魅力和价值观。

蜜雪冰城:冰激凌茶饮中的甜蜜传奇

蜜雪冰城的产品定位非常明确,那就是"高品质、低价格"。他们深知,只有提供物超所值的产品,才能赢得消费者的心。因此,他们在供应链和运营管理上做到了极致,确保每一款产品都符合高品质的标准。

他们的产品种类繁多,有美味的冰激凌、醇香的奶茶和真果茶等,每一种都让人回味无穷。而且价格非常亲民,让每个顾客都能享受到美味。正是这种独特的定位,使得蜜雪冰城在年轻消费者中备受欢迎。

除了产品之外,蜜雪冰城的营销策略也非常独特。他们的宣传语"你爱我,我爱你,蜜雪冰城甜蜜蜜"在网络上广泛传播,成为家喻户晓的口头禅,引起了很大的反响。此外,他们还经常与其他品牌进行联名合作,推出各种有趣的周边产品,吸引了无数消费者的关注。

除了商业上的成功,蜜雪冰城还非常注重社会责任。他们积极参与公益活动,为社会作出贡献。他们的善举感动了无数人,也让更多人认识到了这个充满爱心的品牌。

如今,蜜雪冰城已经成为冰雪王国的一颗璀璨明星。他们用甜蜜和爱心的力量,打造出一个冰雪王国,将继续为更多的人带来欢乐和甜蜜。

蜜雪冰城通过打造独特的品牌形象、产品定位和营销策略,吸引了众多消费者的关注和喜爱,同时也注重社会责任,为社会作出了贡献。这种企业文化和营销策略的完美结合,为蜜雪冰城带来了商业的成功和社会的认可。所以,企业文化和营销之间的关系是密不可分的,只有当这对默契的"舞伴"在舞台上完美地结合,才能演绎出一场伟大的表演。

强大的企业文化能够提高员工的凝聚力和向心力,已然成为吸引和留住人才、推动创新和实现长期成功的秘诀!所以,企业必须要塑造出强大的企业文化以及企业自信,让文化融入每个员工的血液,让团队保持充沛的活力,为企业打造成功品牌形象。

第六节　为企业提供角色建模和导师支持

在如今这个信息爆炸的时代,营销不再仅仅是关于产品的推介与销售,它更像一种引领潮流的领导力展示。一个杰出的营销领导者不仅要助力产品大放异彩,更要在企业内部塑造典范,担任起导师的角色,带领团队共同进步。所以,在企业中要尽早将角色建模与导师支持的体系建立起来,并且有效结合,从而提升整个团队的效率和战斗力。

角色建模:企业资源的规划师

在企业管理中,角色建模通常指的是对组织内部或外部相关角色进行深入分析、塑造和定义的过程。这一过程旨在明确角色的职责、权限、行为模式以及与企业整体目标的关系,从而优化组织结构,提升管理效率。角色建模在企业管理中具有重要意义,包含以下几个方面:

1. 角色定义与职责划分

角色定义:首先明确角色的基本属性和定位,如岗位名称、所属部门、层级关系等。

职责划分:详细列出该角色应承担的具体工作职责和任务,确保职责清晰、无重叠。

2. 行为与能力要求

行为模式:分析并设定该角色在日常工作中的行为规范和模式,包括沟通方式、决策流程、问题解决策略等。

能力要求:根据职责要求,明确该角色所需具备的专业技能、管理能力、团队协作能力等。

3. 关系与互动

内部关系:分析该角色与组织内部其他角色(如上下级、平级)的关系,以及相互间的协作与影响。

外部关系:考虑该角色与外部利益相关者(如客户、供应商、合作伙伴)的互动方式和策略。

4. 目标与挑战

角色目标:设定该角色应达成的具体目标,与企业整体战略目标相衔接。

面临挑战:识别该角色在履行职责过程中可能遇到的挑战和障碍,并提出应对策略。

5. 评估与反馈

绩效评估:建立针对该角色的绩效评估体系,定期评估其工作表现和成果。

反馈机制：确保角色能够及时了解自身表现的反馈信息，以便进行调整和改进。

6. 角色发展与成长

职业发展路径：为该角色规划清晰的职业发展路径和成长机会。

培训与发展：提供必要的培训和支持，帮助角色不断提升自身能力和素质。

通过以上几个方面的综合考虑和规划，角色建模能够帮助企业更好地理解和定义组织内部的关键角色，优化资源配置，提升管理效能。同时，角色建模也是一个动态的过程，需要根据企业内外部环境的变化和角色自身的发展情况进行适时调整和优化。

企业领导者通过角色建模，可以使自己以及企业成员更清晰地了解每个岗位在企业中的职责和职能，有助于避免职责不清、工作重叠或者责任缺失等情况发生，从而提高组织运转效率。

导师的力量：众人拾柴火焰高

现代的企业发展已经过了"单打独斗"的年代，员工在选择企业的时候除了"薪资问题"之外，他们更看中自己今后的发展、自己相关的能力是否可以有效提升。资深员工或领导能够为新员工或下属提供多少的指导、支持和帮助，这对于整个企业的成长以及成长的速度有决定性的影响。

导师支持通常包括分享经验、提供建议、解决问题、传授技能和知识等方面的内容。对新员工来说，导师支持可以帮助他们更快地融入企业文化，了解组织结构和工作流程，从而更快地适应新环境，提高工作效率。其次，导师支持也有助于新员工更好地理解自己的工作职责和目标，明确自己的发展方向，从而更好地规划自己的职业发展。

对企业来说，导师支持也有助于培养和留住人才，提高员工的工作满意度和忠诚度。同时，导师支持也有助于传承企业内部的经验和知识，促进组织内部的学习和发展。因此，企业应该重视导师支持，建立健全的导师制度，鼓励资深员工积极参与导师支持的具体工作，从而共同促进员工的成长和企业的发展。

打造卓越团队：角色建模与导师支持的完美融合

企业的成功离不开一支卓越的团队。而一支卓越的团队需要清晰的角色定位与得力的导师支持。那如何将这两者融合，为团队注入强大的动力呢？

首先，需要明确目标与期望，为团队找到照亮团队前行的灯塔。一个没有明确目标和期望的团队，就如同航行在茫茫大海中的船只失去了方向。因此，领导者需要与团队成员共同设定清晰、可衡量的目标，让每个团队成员都明白自己在团队中的位置和角色。这不仅有助于激发团队成员的工作热情，还能让他们明白自己的成长路径，从而更加努力地工作。

其次，建立有效的反馈机制是确保角色建模与导师支持成功的关键。它不仅能帮助领导者更好地了解团队成员的工作状况，还能让团队成员明白自己的不足之处，从而更好地提升自己。领导者需要定期与团队成员进行沟通，了解他们的工作进展和困难。这种沟通应该是建设性的，旨在帮助团队成员解决问题、提升能力。同时，领导者还应该鼓励团队成员之间相互反馈，让他们学会倾听和尊重他人的意见，从而更好地协同工作。

最后，强化团队合作是打造卓越团队的重要一环。一个优秀的团队应该是一个相互信任、默契十足的团队。为了实现这一目标，领导者需要通过各种方式强化团队成员之间的合作与沟通。例如，组织团队建设活动，让团队成员在轻松愉快的氛围中加深彼此的了解与信任。此外，还可以通过合作项目来加强团队成员之间的合作与沟通，让他们在实际工作中培养默契，提升整体效能。

角色建模与导师支持的成功应用

角色建模是一种有力的方法,用于描绘个体在特定环境中的行为和互动方式。导师的支持是企业成员学习、发展、提升的重要因素。下面通过腾讯公司的案例看看它们是如何在企业中应用角色建模与导师支持的。

腾讯的导师计划:从新手到高手的旅程

在中国的互联网企业中,腾讯公司之所以能成为中国互联网市场的领军企业之一,很重要的原因就是他们非常注重人才培养。为了帮助员工能够快速适应新的岗位要求,充分挖掘他们的潜能,腾讯引入了导师计划。

腾讯公司首先从公司内部挑选出一批经验丰富的导师组成一个导师团。这些导师都是在公司工作多年,对各种岗位和业务了如指掌的精英。他们的任务就是负责指导和协助员工的职业发展和团队合作。他们一对一地面谈指导员工,帮助他们更好地了解自己的特长和兴趣,找到最适合自己的岗位和角色。

刚加入腾讯的阿强是个热血沸腾的年轻人,虽然他对市场推广很感兴趣,但是,总觉得工作中有些迷茫,不知道自己的方向在哪里。就在这时,阿强的导师出现了,导师名叫阿华,是腾讯市场推广部的。阿华主动找到阿强,和他进行了一次深入面谈。阿华微笑着问阿强:"阿强,你觉得自己最大的优点是什么?"阿强想了想,回答道:"我觉得自己善于与人沟通,对市场趋势很敏感。"阿华点了点头:"非常好!你在市场推广方面有哪些想法和创意呢?"

通过这次面谈,阿华对阿强的技能、能力和兴趣有了更深入的了解。随后,阿华使用角色建模工具,为阿强绘制了角色矩阵和岗位职责图。在这个矩阵中,阿强的优势和不足一目了然。接着,阿华与阿强一起讨论并明确岗位的要求和期望,制订相关的培训计划和发展路径。为了帮助阿强更好地融入市场推广工作,阿华还与阿强一起分析并解决工作中出现的问题和挑战。

每当遇到困难时,阿华总是鼓励阿强提出创新性的想法和解决方案。

除了指导和支持外,导师们还发挥了榜样和激励的作用。他们与员工分享自己的职业经验和成功故事,让员工们感受到努力工作的意义和价值。为了进一步提升员工的技能和知识,导师们还组织了一些内部培训和知识分享活动。在这些活动中,员工们可以与其他团队成员进行交流和合作,共同学习新的技能和知识。

通过角色建模与导师支持的应用,腾讯公司培养了大量优秀的人才,推动了创新和发展。员工们的工作能力和创造力得到了提升,团队合作和沟通能力也得到了改善。在中国的互联网行业中,腾讯公司取得了领先地位,成为全球知名的高科技公司之一,不断创新和突破,为整个行业树立了榜样。

通过导师的指导和支持,员工能够更好地适应新的角色和工作要求,提升自己的技能和能力。这种方法不仅促进了人才培养和团队合作,还推动了创新和发展,帮助企业取得商业成功和竞争优势。

为企业提供角色建模和导师支持不仅是一种投资,更是推动企业持续成长和创新的关键动力。通过建立明确的角色模型,企业能够为团队成员提供清晰的职业发展路径和行为标准。同时,高效的导师支持系统能够促进知识共享,加强团队合作,激发员工的潜力和创造力。这种组织文化的建立,不仅能提高员工的满意度和忠诚度,还能显著提升企业的整体表现和市场竞争力。

企业的成功在很大程度上取决于员工的才能、动力和效率。通过投入资源来实施角色建模和导师支持,企业不仅为员工的个人成长铺路,也为自身的未来发展打下坚实的基础。正是这种对人才的深度投资和培养,构成了企业持续创新和领先的核心。

第二章
02

营销领导力的具体体现

营销领导力不仅是一个职位或一个标题，更是在激烈的市场竞争中引领品牌前行的力量。这种力量源于对市场脉动的敏锐洞察、对消费者心理的深刻理解及对品牌使命的坚定执着。营销领导力的关键不在于声量多大，而在于能否引发共鸣；不在于市场份额的大小，而在于品牌在消费者心中的位置。营销领导力不仅涉及销售产品或服务，更是灵感的燃烧。

第一节 决策能力

营销不仅是推广产品或服务,更是一场关于洞察、策略和影响力的智慧游戏。而在这场游戏中,领导力的体现尤为关键,尤其是在决策能力上的展现。一个优秀的营销领导者,其决策不仅反映了对市场的敏锐洞察,还体现了对品牌未来方向的明确规划和对风险的精准控制。

决策智慧:五大要素锻造卓越决策力

在快速变化的商业环境中,卓越的决策能力是领导成功的关键。它不仅塑造企业的未来,也影响团队的士气和效率。然而,决策并非一项容易的技能,它要求深刻的洞察力、勇气和智慧。提升和培养决策能力有五大要素,这些要素不是孤立的,它们相互依存,共同构成了强大的决策框架。

要素一:提升信息获取和分析能力

决策需要基于准确的信息和全面的了解,因此提升信息获取和分析能力是培养决策能力的关键。首先,可以通过数据挖掘、数据可视化、统计分析方式,反复训练自己在处理海量数据时高效地提取有价值的信息;同时,积极参与市场调研、关注竞争对手的动态以及学习行业趋势获取更多有价值的信息;并且可以通过分析成功或失败的案例,不断学习、反思和改进自己的决策能力,在实践中逐步提高信息获取和分析能力。

要素二：决策需要准确的判断和敏锐的洞察力

要素二是要素一的延伸。在这里需要投入时间和精力去研究市场动态、趋势和竞争对手，了解目标客户的需求、偏好和行为特点。通过与客户的密切接触和市场调研，建立对市场的敏锐感知和洞察力，从而更好地判断市场机会和决策方向。还需要学习和使用分析工具和方法，如数据采集和分析、市场调研、SWOT分析等，培养逻辑思维和数据驱动的决策能力。在制定营销战略和方案时，通过数据和事实为决策提供支持，减少主观臆断和偏见影响。

要素三：培养自信心

决策需要有一定的自信心和勇气去承担风险和责任。积极参与对自身有所帮助的活动，不断提高自己的学习能力和见识，如培训、研讨会、工作坊等；不断研究和更新先进的营销知识和工具，跟上市场的变化和发展；积极接受他人的反馈和评估，从中改进、提升自我；寻求他人的建议和意见，了解自己的盲点和短板，并主动解决和提升。这样可以不断提高决策的准确性和有效性，增强自信心。

要素四：培养灵活性和快速反应能力

首先，尝试从不同的角度看问题，充分考虑各种可能性和因素，有助于打破固有思维模式，培养开放性思维和灵活性；其次，主动寻求各种不同的工作经验和项目，涉猎不同行业和市场，以拓宽自己的视野和经验；再者，可以通过模拟真实场景，根据不同情境进行演练决策，参与诸如角色扮演、案例分析等练习，锻炼在不同情况下的反应能力，同时对变化和挑战保持开放的心态，不断学习和适应新的情况，能够更快速地做出决策并采取行动；最后，在每个决策和行动之后，进行反思和分析，了解失败或成功的原因，以及如何在类似情况下更好地应对。

要素五：培养团队合作和参与决策的能力

作为营销领导者，决策往往不是单兵作战，需要与团队成员一起参与决策过程。培养团队合作和参与决策的能力是营销领导力的重要方面。可以通过鼓励团队成员发表意见、听取不同声音、分析各种观点等方式来促进团队合作和决策的参与。

掌控市场脉搏：营销决策的艺术与科学

市场脉搏，就像人的脉搏一样，不断流动，变化无常。想在市场中取得成功，企业要做的不仅是反应，还要主动塑造市场。这需要深刻的洞察力、创新的思维和科学的方法。艺术在于创造吸引人的品牌形象、故事叙述和情感连接，而科学在于数据分析、市场研究和效果测量。这两者的结合，才能构建一个强大的市场营销策略。在市场中脱颖而出的关键在于既懂得艺术又懂得科学。只有这样，企业才能在竞争激烈的市场中蓬勃发展。

（1）设定明确的目标和指标。在制定决策之前，首先需要为团队设定明确、可衡量的目标。明确的目标可以帮助领导者了解自己想要达到的结果，而指标可以帮助评估决策的执行效果。在设定目标和指标时，需要考虑企业的长期和短期目标，还要与当前的市场环境相契合。同时，制定合适的指标可以帮助领导者监测和评估决策的执行效果，通过定期检查指标，可以及时进行调整和优化决策，确保方向正确。

（2）全面的评估和分析。领导者需要深入了解市场需求，包括消费者的需求和趋势，竞争对手的策略和行动。还要评估竞争环境，包括市场份额、竞争力和潜在威胁等因素。同时，要考虑资源投入，包括人力、财力和时间等方面的投入。通过综合考虑和权衡各个因素，可以制定出更符合市场需求的策略。

（3）寻求多元化的意见和建议。不要孤军奋战，要学会倾听团队成员和其他相关人士的声音。他们能够为你提供宝贵的建议和意见。集思广益可以帮助领导者更全面地了解问题，减少决策中的主观偏见。因此，不妨多组织会议、座谈或发放调查问卷,收集各种意见和建议。在收集到意见后,要进行充分的讨论和辩论,以便达成共识,做出更明智的决策。

(4)执行决策并进行监控是关键。决策的实施需要团队的齐心协力,在执行决策的过程中,领导者要确保每个成员都明确自己的职责,通过设立关键绩效指标和定期检查执行情况,确保决策能够达到预期的效果。领导者可以对决策的有效性进行评估,及时调整和改进决策,以确保其能够适应市场的变化,达到预期效果。

(5)不断学习和调整。决策并非一成不变,市场环境和需求变化如同变幻莫测的天气,决策也要应势不断调整和优化。因此,营销领导者需要保持学习的态度,及时调整决策,以适应变化的市场环境。通过持续的市场调研和学习,掌握最新的市场趋势和消费者需求,了解竞争对手的动态,以便做出更准确和及时的决策。

不断提升决策能力,是营销领导力的重要基石,是营销领导力的重要组成部分,对于成功完成市场营销任务至关重要。通过对决策力的培养,营销领导者可以更好地应对市场的不确定性和变化,做出尽可能有利的决策。同时,通过持续学习和调整来提升自己,从而成为一名出色的营销领导者。

第二节　创新能力

创新能力是营销领导者区别于其他人的一项重要特质。企业需要不断创新,提供独特的产品或服务,以赢得客户的青睐。移动互联的时代,不论是传统行业还是新兴行业,传统的营销方式在渐渐没落,企业为了在竞争激烈的市场中存活,甚至能够脱颖而出,可谓绞尽脑汁。创新绝不是仅停留在思想层面上,企业以及领导者需要通过有针对性的培养与练习才能真正提升自己与企业的创新能力。

激发创造力：创新的源泉

创新源于创造力。培养创新能力的第一步是激发个体及集体的创造力。企业可以建立开放和鼓励创新的文化，营造一个鼓励员工提出想法和创新的氛围，给予员工支持和鼓励，让他们敢于冒险和接受失败，激发他们的创造力和创新潜力。并且，在企业内部设立反馈和评估机制，及时给予员工对创意和创新方案的反馈，鼓励他们改进和进一步创新。

为员工提供创新和创造力相关的培训和发展机会，帮助他们更好地了解创新过程和方法。同时，搭建跨部门和跨职能的团队，吸引不同背景和专业知识的员工参与项目，以促进不同思维的碰撞和创新。

公司还可以提供资源支持，分配适当的资源和预算，以支持员工的创新项目和实验。建立交流和合作平台：为员工提供分享和交流创意的机会，如创新工作坊、内部社交沙龙及分享会等。

总而言之，在企业内部应该营造出创新的氛围和文化，建立一个鼓励创新的激励机制，让员工积极主动地创新，勇于突破，从而使企业展现出一种生机勃勃的活力。

鼓励跨领域合作：跳出圈子看世界

跨领域合作可以促进不同领域的知识和经验进行交流，从而推动创新。营销领导者可以鼓励团队成员在不同领域中寻找灵感，与其他部门或专业人士进行合作。通过鼓励跨学科、跨领域的学习、交流与合作，企业可以更好地创造出独特的解决方案，在市场中展现出更好的效果。

阿里巴巴：新零售行业的缔造者

作为全球领先的互联网和电子商务巨头，阿里巴巴一直以来注重创新和合作，不断推动数字经济和数字化转型。它通过与线下实体零售商、物流公司、金融机构等建立合作关系，共同探索和实践新零售模式。阿里巴巴通过技术创新和数据分析，将线上和线下的购物体验融合，提供更便捷、个性化的购物服务。

阿里巴巴几乎重新定义了零售行业。他们通过与线下零售商的合作，推出了多个新零售实验店，如盒马鲜生、淘宝无人超市，甚至是无人酒店。这些实验店通过运用阿里巴巴的技术和数据能力，将线上的个性化推荐、快速支付、智能货架等互联网元素融入线下，为消费者提供了全新的购物体验。

这个例子展示了阿里巴巴通过资源整合，跨学科、跨领域合作，在零售行业掀起巨大的波澜。这种跨界合作和创新模式不仅为阿里巴巴带来了巨大的市场份额和创造力，也推动了整个零售业的变革和升级。

博采众长：学习借鉴他人的创新经验

创新并不一定要从零开始，大多数时候需要积极地借鉴和学习他人或其他企业的创新经验，从中获取灵感。营销领导者可以关注各行业中的成功案例，分析他们的创新思路和实施方法，并将其应用到自己的工作中。此外，与其他企业和专业人士进行交流和分享也是学习借鉴他人创新经验的重要途径。可以加入创新网络和社区，在这些平台上与其他创意人士交流，分享创新思维和经验，获得灵感和建议。

通过借鉴他人的经验，企业能够汲取外部的创新经验与智慧，拓宽思维和视野，从而为自己的企业创新和发展提供更多的启发和支持。

创新能力是营销领导力的重要体现，对于企业在竞争激烈的市场中取得成功至关重要。通过培养创新能力的方法和学习成功的创新案例，营销领导者可以在营销领域展现出独特的创造力，并为企业带来竞争优势和市场份额。因此，不断提升自己的创新能力，积极学习、借鉴他人的创新经验，是营销领导者取得成功的关键。

第三节　解决问题的能力

在营销领域中,各种挑战和问题时刻存在。作为一名优秀的营销领导者,具备解决问题的能力是至关重要的。能够迅速、准确地分析问题并提出有效的解决方案,不仅可以帮助企业应对市场变化,还可以提高团队的效率和绩效。

营销领导者要提升解决问题的能力

作为营销领导者,提升解决问题的能力,需要从四个方面入手:主动发现问题、分析问题的根本原因、制定解决方案以及实施和监控解决方案。

营销领导者要具备超强的主动发现问题的能力,尽量在问题未爆发之前解决它,防患于未然。保持敏锐的洞察力,通过关注实时新闻动态、参与市场调研、与客户和团队成员沟通交流以及关注竞争对手的动态等方式,培养主动发现问题的能力。

解决问题第一步是分析问题的根本原因。只有找到问题的根源,才能在解决方案中得到有效的"治本"。在找到问题后,营销领导者可以运用鱼骨图、5W1H分析法等工具来深入分析问题的根本原因,找到解决问题的关键路径。

根据分析结果,制定具有可行性和可操作性的解决方案。能够解决问题并在实施过程中避免或降低新问题的出现。可以借鉴过往的成功经验、与团队成员协作并运用创新思维等方法,来完善解决方案。

实施和监控解决方案是至关重要的环节。制定解决方案只是开始,真正实施和监控解决方案才能取得效果。营销领导者需要制订详细的实施计划，明确责任和时间节点，建立有效的监控机制，并积极收集反馈意见和数据，评估解决方案的有效性和效果。

常见的解决问题的工具与方法

无论是面对内部管理挑战、产品开发难题，还是市场策略的调整，有效地解决问题不仅是一项宝贵的技能，更是企业和个人成功的关键，采用正确的工具和方法可以显著提升问题解决的效率和质量。从数据分析的精确计算到创意思维的自由流动，解决问题的工具与方法多种多样，每一种都有其独特的适用场景和优势。

1. 鱼骨图：深入挖掘问题的根源

鱼骨图又称因果图或石墨图，是一种强大的可视化工具，专为深入探索问题的根本原因而设计。它的独特形状，恰似一条鱼的骨架，因此得名鱼骨图。鱼骨图是由一条水平线代表要解决的问题，从中间伸出若干斜线，每条斜线上写着可能导致问题的各种原因，而每个原因又可以进一步细分为更具体的因素。如此使得问题分析变得直观且结构化。通过鱼骨图，不仅能理清问题的脉络，更能激发创意思维，找到那些隐藏在表面之下的因素。

（1）明确面临的问题。明确企业面临的是销售额下降，还是生产效率降低等，将问题清晰地标在鱼骨图的顶部，这是整个分析的起点。

（2）绘制鱼骨图。在纸或电子工具上画出一条水平线，这是鱼骨的主干，在顶部写上问题的名称，这条线代表所面临的问题或结果。

（3）寻找主要原因，识别主要原因类别。从主干上分出若干斜线，每条斜线代表可能导致问题的一个主要原因分类。这些分类可以包括人员、方法、机器、材料、环境和管理等。

（4）深入挖掘。在每个主要原因分类下，绘制斜线，写下可能导致问题的具体因素或次要原因。这需要深入挖掘，尽可能列出所有可能的原因。每个因素通常可以进一步细分为更具体的原因。

（5）分析和确定每个因素对问题的影响程度。这需要团队成员共同讨论和评估，理解各因素之间的相互作用和影响。

通过绘制鱼骨图，可以帮助团队全面理解问题，找到所有可能导致问题的因素。这不仅有助于制定有效的解决方案，还能促进团队的协作和思考。同时，鱼骨图也可用于持续追踪和评估问题解决和改进的过程。

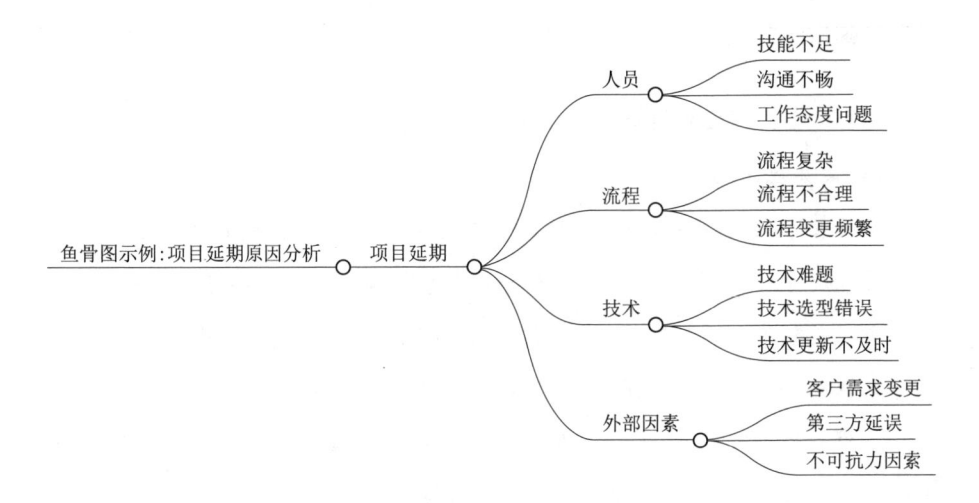

鱼骨图示例：项目延期原因分析 → 项目延期

- 人员：技能不足、沟通不畅、工作态度问题
- 流程：流程复杂、流程不合理、流程变更频繁
- 技术：技术难题、技术选型错误、技术更新不及时
- 外部因素：客户需求变更、第三方延误、不可抗力因素

2. PDCA 循环：企业提升效率的法宝

PDCA 循环也称循环优化或 Deming 循环，是一种用于问题解决和持续改进的管理方法。它以四个简单而有力的步骤，引领企业走向持续的改进之路：计划（plan）—执行（do）—检查（check）—处理（act）。

（1）计划。在 PDCA 的旅程中，计划是起点。这一阶段的目标是明确问题、设定目标并制定策略。收集数据和信息，深入挖掘问题的根源，为解决方案提供指导。明确的目标和策略，将为整个改进过程指明方向。

（2）执行。有了计划，下一步就是坚定地执行。根据既定的计划，企业需要采取一系列实际行动。这可能包括试点方案、流程变更或员工培训等。重要的是,执行过程中要保持数据的收集和结果的记录,确保一切按照计划进行。

(3)检查。检查阶段是评估和比较的时刻,要将执行的结果和预期目标进行对比,判断是否取得了预期效果。通过深入分析过程和结果,可以了解所采取的行动是否有效,并获取关于问题解决和改进的宝贵信息。

(4)处理。根据检查阶段的结果,采取适当的后续行动。如果目标没有达成,可能需要调整计划并再次执行。如果目标已达成,需要制定措施来维持和巩固取得的成果。

PDCA 在实际应用场景中的示例

(1)实际应用场景示例:计划。

项目管理:在项目启动阶段,项目经理需要制订详细的项目计划,包括项目目标、范围、时间表、资源分配等。这个计划是后续执行、检查和行动的基础。

市场营销策略:市场部门在制订年度市场推广计划时,会明确营销目标、目标客户群、营销渠道、预算分配等,以确保营销活动有序进行。

个人目标设定:个人在制订年度计划或职业发展规划时,会设定具体、可衡量的目标,并规划实现这些目标的步骤和时间表。

(2)实际应用场景示例:执行。

生产线操作:在制造业中,工人按照生产计划进行生产操作,包括原材料准备、加工、装配、检验等环节,确保产品按时按质完成。

销售活动:销售人员根据销售计划进行客户拜访、产品演示、合同签订等销售活动,以达成销售目标。

个人学习计划:学生在学习过程中,按照学习计划进行阅读、复习、做题等学习活动,以提高学习成绩。

(3)实际应用场景示例:检查。

质量控制:在生产过程中,质检员会对产品进行抽样检查或全检,确保产品质量符合标准。同时,还会收集客户反馈,以便及时发现并纠正质量问题。

项目进展评估:项目经理会定期检查项目进度、成本、质量等方面的表现,与计划进行对比,评估项目执行情况。

个人目标达成情况评估:个人会定期回顾自己设定的目标,检查目标的达成情况,评估自己的努力和效果。

(4)实际应用场景示例:处理。

持续改进:基于检查结果,企业会制定改进措施,优化生产流程、提高产品质量、降低成本等。这些改进措施会在下一轮PDCA循环中得以实施。

销售策略调整:如果市场反馈显示某种销售策略效果不佳,销售部门会调整销售策略,尝试新的推广方式或渠道,以提高销售业绩。

个人成长计划调整:如果个人发现某些学习方法效果不佳,会调整学习计划,尝试新的学习方法或资源,以提高学习效率。

PDCA循环是一个循环迭代过程,连续进行,以实现持续的改进和优化。它强调数据驱动的决策和持续的学习,通过不断试错和调整来提高绩效和效率。这个方法被广泛应用于各种组织和行业,以提高业务流程、产品质量和组织绩效。

创新思维与团队协作

创新思维是一种超越传统思维模式的方法,可以帮助营销领导者发现新的解决方案。这通常需要团队的合作和协作。运用创新思维工具之外,还可以通过组建跨部门、跨职能团队一起运用头脑风暴、反转思维、联想思维等一系列的方法,集思广益,汇集不同的观点和经验,从而更全面和有效地制定出解决方案。

解决问题的能力是每个优秀的营销领导者必备的能力。通过提升解决问题的效率和效果,可以更好地应对市场变化和挑战,并为企业带来持续的竞争优势。掌握解决问题的方法和技巧，可以帮助营销领导者更高效地解决问题。在现今瞬息万变的商业环境中，不断提升解决问题的能力将成为营销领导者在市场竞争中取得成功的关键。

第四节 人际关系管理能力

人际关系管理能力是优秀营销领导者的核心能力，不仅关乎个人的成功，更是企业实现目标和推动业务增长的关键。优秀的营销领导者深知，建立和维护良好的合作关系是推动业务发展的基石。他们凭借敏锐的洞察力和卓越的沟通技巧，精准地识别利益相关者的需求和期望，建立起稳固的信任关系。这样的领导者能够促进团队内部的和谐，激发团队的创造力，实现更高效的协作。同时，他们还能够灵活应对市场变化，快速调整策略，确保企业在竞争中的领先地位。

人际关系管理能力：塑造个人与组织成功的基石

在当今这个高度互联的信息社会，人际关系管理能力已经成为个人和组织成功的关键因素之一。它不仅关乎个人的幸福感和满足感，更影响着职业生涯的发展和团队的协作效率。

人际关系管理能力是指一个人在处理与多人关系时所展现出的技巧和能力。这涉及如何有效地与他人建立、维持和深化关系，以达到共同的目标，涵盖了沟通、团队协作、冲突解决、建立信任和领导力等多个方面。一个具备出色人际关系管理能力的人，不仅能够轻松应对各种人际交往场景，还能够赢得他人的信任、尊重和合作。

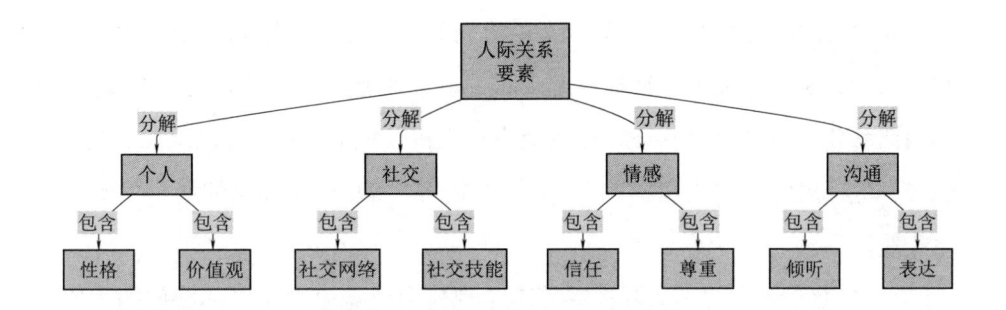

```
                          人际关系
                            要素
        ┌──────────┬──────────┴──────────┬──────────┐
       分解        分解                 分解        分解
        │          │                    │          │
       个人        社交                情感        沟通
      ┌─┴─┐      ┌─┴─┐                ┌─┴─┐      ┌─┴─┐
     包含 包含   包含 包含             包含 包含   包含 包含
      │   │      │    │                │    │      │    │
     性格 价值观 社交网络 社交技能     信任  尊重   倾听  表达
```

营销领导力与人际关系管理：成功的纽带

如果营销领导力是照亮前行道路的明灯，那么人际关系管理则是维系这一切的黏合剂。两者相辅相成，共同构建了成功的基石。

一个团结、高效的团队，每名成员都充满激情，为共同的目标努力。这背后，正是得益于营销领导力在人际关系管理中的巧妙运用。优秀的领导者懂得如何点燃团队的激情，使他们感到被重视和支持。通过细致入微的人际关系管理，领导者能够深入了解团队成员的需求和动机，从而构建一个和谐、有凝聚力的团队。

客户关系管理同样离不开营销领导力与人际关系管理的双重作用。在竞争激烈的市场环境中，客户的声音尤为重要。成功的领导者不仅仅满足于眼前的销售业绩，他们更致力于与客户的长期关系建立。这需要深入了解客户的需求、期望和痛点，并采取有针对性的措施来满足这些需求。通过这样的方式，领导者能够与客户建立起牢固的信任关系，从而为公司的长远发展奠定坚实基础。

当然，营销领导力并不仅仅局限于团队和客户之间。在公司内部，各部门之间的合作同样关键。为了确保营销策略的有效实施，领导者需要与各个部门建立良好的合作关系。这需要强大的沟通和人际关系管理技巧，以协调不同部门之间的利益和目标。通过这样的方式，领导者能够确保资源的合理配置和协同作战能力的最大化，为公司创造更大的价值。

面对挑战和危机时,营销领导者的决策和应对方式对团队的稳定性和客户关系的影响尤为关键。具备强大人际关系管理能力的领导者,能够在短时间内调动各方面的资源,迅速、有效地应对危机。他们的冷静和果断,不仅能够减少危机对团队的负面影响,还能够稳定客户信心,为公司的稳定发展保驾护航。

总之,营销领导力与人际关系管理是现代商业竞争中不可或缺的两大要素。通过巧妙运用这两大工具,领导者能够为公司创造更大的价值,赢得市场竞争的有利地位。

提升人际关系管理能力,将让工作事半功倍

(1)良好的沟通,倾听与尊重都是建立良好关系的重要元素。真正的沟通不仅是言辞的交流,更是心灵的对话。给予他人充分的关注,尊重并认可他们的观点,使他们在交流中感受到温暖与价值。同时,清晰、准确、简洁地表达自己的意见和需求,控制语速,也是确保沟通有效性的关键。

(2)积极参与和鼓励团队成员是增强团队凝聚力的关键。每个人都有自己的智慧和经验,鼓励他们分享自己的见解和经验,不仅可以集思广益,还可以增强团队的归属感和凝聚力。通过这样的方式,领导者能够更好地了解团队成员的需求和期望,从而更好地指导团队的发展方向。

(3)信任与共识是关系的升华。建立在公平与诚实基础上的信任是领导力的重要体现。领导者应始终保持公正的态度,真实地传达信息,赢得他人的信任。同时,同理心也是建立良好关系的桥梁。设身处地理解他人的需求和痛点,思考如何满足他们,是关系发展的润滑剂。

(4)合作文化是创造更大价值的关键。强调合作与协作的重要性,共同追求目标,通过合作可以创造更大的价值。在面对挑战和危机时,领导者需要展现出智慧的选择。主动解决问题、冷静应对以及寻求平衡是领导者的必备素质。掌握解决问题的技巧、保持开放的心态、不被情绪左右以及从全局

角度出发寻求平衡点是解决冲突和创造更大价值的关键。

可以看出,人际关系管理能力在营销领导中起着至关重要的作用。通过提升沟通技巧、积极参与团队、建立信任与共识以及培养合作文化等途径,可以更好地培养和提升这一关键能力。从而在工作中取得更好的成果。

人际关系管理能力在营销领域中发挥着至关重要的作用。它是建立和维系合作关系的关键所在。通过培养卓越的沟通技巧,建立坚实的信任和共识,以及妥善处理冲突和挑战,营销领导者能够更加高效地管理团队并与各方利益相关者实现紧密合作。凭借这些能力的灵活运用,领导者能够建立深厚的合作关系,助力个人和团队走向成功,为企业创造无可估量的价值。这不仅彰显了人际关系管理能力的独特魅力,还为企业在竞争激烈的市场环境中立足提供了强有力的支持。

第五节　沟通力和说服力

卓越的营销领导者往往具有超凡的沟通能力与说服力,他们能够精准地表达、传递信息,激发团队热情,并与顾客建立深厚的情感联系。这种能力不仅是信息传递的桥梁,更是建立信任的关键,助力领导者引领团队破浪前行,成就辉煌。

沟通力与说服力:营销领导力的双翼

在商业的舞台上,沟通力与说服力如同营销领导力的双翼,它们共同驱动着企业的目标实现和团队的协同进步。一位优秀的营销领导者不仅需要洞悉市场的脉动,更要精通如何传达自己的想法,并说服他人跟随这一愿景。

沟通力,启航之翼:沟通力,是营销领导力的基石,如同航船的指南针,指引着信息的准确传达。在营销的海洋中,无论是团队内部的协作,还是与客户的交流,都需要领导者具备高超的沟通技巧。沟通不仅是语言的交流,更是心灵的触碰,能够消除隔阂、增进理解,帮助团队齐心协力,共同追求卓越。

说服力,翱翔之翼:如果说沟通力是启航的指南针,那么说服力则是翱翔的翅膀。它赋予领导者影响他人的力量,激发客户的购买欲望。一个具有说服力的营销领导者,不仅能够传递产品的价值,更能赢得客户的信任和忠诚。这不仅依赖于巧妙的言辞,更需要领导者深入了解客户的需求与心理,从而制定出打动人心的营销策略。

沟通力与说服力,如同营销领导力的双翼,相辅相成。只有当沟通力确保信息的准确传达,说服力才能发挥其最大的威力。而反过来,说服力的增强又有助于提高沟通的质量和效果。只有同时掌握这两项能力,营销领导者才能在竞争激烈的市场中展翅高飞,引领团队和客户共同迈向成功。

如何提升沟通力和说服力

在这个信息爆炸的时代,拥有出色的沟通力和说服力对营销领导者来说是至关重要的,可以通过实用而富有创意的策略,提升这两项关键技能。

1. 打造精准高效的沟通艺术

(1)精炼传递,掌握信息的艺术。像雕刻家一样精雕细琢你的语言。逐步摒弃复杂的行业术语,转而采用直白而有力的词汇。同时,通过有效的非语言信号,如适当的肢体语言和表情,来增强你的信息传递。

(2)倾听的艺术,深度链接每一颗心。将倾听作为沟通的核心。聆听团队和客户的声音,不仅能够深化对他们需求的理解,还能建立起信任和尊重。这是共鸣和合作的基石。

(3)个性化沟通,找到每个心灵的钥匙。洞察并适应你的听众的独特需求。对技术团队,采用详细的数据和专业术语;对客户,则用简洁的语言突出产品的实际价值。了解并尊重每个人的偏好,这样的沟通才能触动人心。

2. 增强说服力,影响与启发

(1)以事实为基,建立信念的桥梁。用可靠的数据和深入的分析来支撑你的观点。展示实际的市场研究和成功案例,用事实为你的想法增添分量。当你的观点建立在坚实的基础之上时,说服力自然倍增。

(2)强调优势,让价值自我显现。深入了解客户的需求和问题,然后明确展示你的产品或服务如何提供解决方案。通过突出这些优势,你可以帮助客户看到你的产品或服务带来的真正价值。

(3)讲故事,唤醒心灵的共鸣。故事具有无与伦比的说服力。无论是分享客户的成功故事,团队的努力历程,还是个人的经历,一个好的故事都能够触动听众的情感,建立起深层次的联系。一个引人入胜的故事总是围绕一个清晰的主题展开,直击人心。

通过这些策略的实施,不仅能提升你的沟通力和说服力,还能在复杂多变的商业环境中,确立自己作为一名杰出领导者的地位。

创变之道:马化腾引领腾讯的全球卓越路

马化腾,腾讯公司的灵魂人物,凭借其非凡的沟通力和说服力,成功地将腾讯产品从简单的即时通信工具打造成为全球科技领域的标杆。马化腾的领导策略是什么?他如何借助这些策略将腾讯打造成全球科技巨头?

沟通是马化腾领导风格的核心。他的开放心态和倾听精神为团队协作和企业发展铺平了道路。他不仅是下达指令的CEO,更是团队成员的倾听者和支持者。通过面对面的交流,马化腾了解到每个员工的工作现状和面临的挑战,并为他们提供必要的支持与指导。这种透明而直接的沟通方式有效激发了员工的积极性和创造力,加强了团队内部的合作与信任。

在市场洞察和商业策略方面,马化腾展示了其卓越的说服力。他对市场的敏锐洞察力和坚定的产品信念,使得腾讯能够不断地在产品功能和服务上进行创新和优化。他成功地说服了用户和投资者，确立了腾讯在市场中的领导地位。

马化腾还特别注重产品的情感价值和用户体验。他利用感染力强的语言和情感化的故事叙述，将腾讯产品的独特性和优势传递给消费者。这种以用户为中心的营销策略不仅提高了腾讯品牌的知名度和市场占有率，更在消费者心中建立了深厚的情感连接。

马化腾凭借卓越的沟通力和说服力，成功地将腾讯发展成为全球领先的科技巨头。他的故事说明，作为营销领导者，善于倾听、敏锐洞察市场需求、提供有说服力的商业理念和战略以及运用情感化的营销策略至关重要。通过不断实践和提升这些能力，可以取得卓越的营销成果。

沟通力与说服力：营销领导者的法宝

在营销的战场上，领导者如同一军之帅，既要运筹帷幄，又要决胜千里。沟通力和说服力恰似他们手中的利剑和坚盾。助其披荆斩棘。凭此利刃，信息的传递无阻，团队的士气高昂，客户信任日益增强。

沟通，构筑信息的桥梁，连接情感的纽带。优秀的领导者不仅要言辞清晰，更要善听他人心声。深谙对方需求和想法，方能作出恰当的回应，实现有效交流。

说服力，则是一场心智的博弈。领导者需要具备敏锐的市场洞察力，准确捕捉消费者需求和心理。通过有力的证据、数据的支持、优势的凸显及生动的故事叙述，领导者能轻易打动客户，激发共鸣，点燃购买欲望。

手握沟通与说服两种利器，营销领导者如虎添翼，引领团队在市场的海洋中乘风破浪。他们精准把握市场动态，高效达成销售目标，为企业创造巨大价值。

第六节　合作能力

现今,营销不再是一次性的宣传活动,而是一场需要长期坚持、精心布局的持久战。这场战争中,营销领导力与合作能力就如同指南针和引擎,缺一不可。营销领导力,体现在决策者的眼光、判断力和创新思维中,决定了企业营销的方向和高度。合作能力则是团队的凝聚剂,通过互相信任、协同工作,将分散的力量拧成一股绳,共同推动企业向前发展。两者相辅相成,互为支撑,共同构建了企业在市场竞争中的核心竞争力。

营销领导力中的合作能力:打造卓越团队的黄金法则

在商业世界的舞台上,营销领导者如同指挥家,他们与团队成员、其他部门之间的合作,是决定营销活动成败的关键。合作不仅仅是简单的协同作战,更是高效、精准地执行营销策略的基石。

1. 灵魂的共鸣:与团队成员心手相连

营销领导者不仅是决策者,更是团队精神的引领者。他们需深入了解每一位团队成员的特点与潜能,合理分配任务,确保每个成员都能在合适的岗位上发光发热。这需要营销领导者具备敏锐的洞察力与卓越的沟通技巧,真正做到知人善任。当团队成员感受到被重视和支持时,他们的归属感和凝聚力会大大增强,从而形成一种难以言表的默契与信任。

2. 跨部门协奏曲:与其他部门和谐共鸣

营销活动如同一个庞大的交响乐团,每个部门都是不可或缺的乐器。营销领导者需与其他部门如策划、财务等紧密合作,确保整个乐团和谐共鸣。这需要他们具备高度的协调和整合能力,不仅看到各部门的特点与差异,更要发掘出内在联系与互补性。通过合理分工与资源整合，实现"整体最优"，让企业在激烈的市场竞争中立于不败之地。

3. 合作的力量：品牌与信任的纽带

当团队成员紧密合作、各部门协同作战时，企业的品牌形象与市场竞争力自然会得到提升。这种凝聚力的展现不仅增强了客户对企业的信任度，还为企业赢得了更多的合作机会。反之，一旦合作中出现裂痕或隔阂，这种信任与口碑可能会瞬间崩塌。因此，营销领导者需持续优化合作机制，确保团队与各部门的合作始终如一、高效和谐。

在当今高度竞争的市场环境中，营销领导力与合作能力已成为企业成功的关键。只有当营销领导者真正发挥其引领作用，与团队成员和其他部门建立起深厚的信任与合作关系，企业才能在这场没有硝烟的战争中赢得最后的胜利。

营销领导者如何提升合作能力

营销领导者在营销活动中扮演着至关重要的角色，他们需要引领团队共同达成最佳的营销效果。而合作能力是实现这一目标的关键。

（1）明确共同目标是合作的基础。它不仅为团队指明方向，更激发团队激情的火种。营销领导者应与团队成员共同铸就清晰、具体、可衡量的目标，让每个人都能感受到团队的期望与追求。与此同时，与团队成员共同制定策略，集思广益，发挥集体智慧，使策略更具针对性和完善性。有了明确共同目标和策略，如此可以确保合作有明确的导向，提高团队的协同作战能力。

（2）倾听与理解是促进有效沟通的关键。营销领导者应积极倾听团队成员的意见和建议，深入理解他们的需求和困惑。同时，也要清晰、简洁地表达自己的观点和想法。通过倾听和表达，可以减少误解和冲突，提高沟通效率。此外，他们还需关注市场和消费者的声音，通过倾听来调整策略，使营销活动更加精准有效。

（3）资源是合作的基石，整合资源则是提升合作效率的重要手段。营销领导者需洞察团队成员的优势和特长，合理分配任务和资源。同时，他们需与其他部门如策划、技术等紧密合作，实现资源的互补和共享。这样，团队的每个环节都能得到最佳的支持，整体效率将得到显著提升，实现更好的合作效果。

（4）信任是合作的灵魂伴侣，使合作更加稳固和持久。营销领导者需言行一致、公平公正地评价和反馈团队成员的工作表现。他们需关心团队成员的个人成长和发展，为其提供必要的支持和帮助。通过实际行动来建立稳固的信任关系，减少内耗和摩擦，使合作更加顺畅高效。

（5）持续优化是合作的永恒追求。营销领导者须细致地关注合作过程中的每一个细节，不断发现问题和改进空间。通过与团队成员保持开放的沟通和反馈，及时调整策略和方法，不断完善合作流程。同时，鼓励团队成员提出改进意见和建议，激发他们的创新意识和参与度。通过持续优化，不仅可以提高营销活动的效率和质量，还能增强团队的凝聚力和向心力，使合作更加完美。

合作能力无疑是营销领导力的核心体现。优秀的营销领导者不仅是在引领团队，更是在构建一个强大的合作网络，将各方的优势和资源聚在一起，共同推动企业向前发展。通过深度合作，企业不仅能够全面提升生产力，还能在客户心中塑造出更稳固的品牌形象。因此，作为营销领导者，不断提升自身的合作能力，不仅是个人成长的必经之路，更是为企业的繁荣发展注入源源不断的动力、带领企业走向成功的关键。

第七节　承担能力

企业的辉煌成就，离不开一支卓越的营销团队；而这样一支团队的背后，往往有一位具备杰出营销领导力的领导者。这样的领导者，不仅要引领团队前进，更要承担起企业成功或失败的重要责任。这样的领导者，不仅是一个引领者，更是一个激励者，用行动诠释着责任与担当，为企业的繁荣发展注入源源不断的动力。

营销领导力：承担能力的关键角色

在营销的战场上，领导者的角色举足轻重。他们不仅需要引领团队冲锋陷阵，还要在关键时刻挺身而出，承担责任。承担能力在营销领导力中的重要性不言而喻，不仅关乎个人的品质，更影响到整个团队的表现和企业的发展。

首先，承担能力是营销领导者自信和决心的体现。在瞬息万变的市场环境中，决策的失误或行动的延误都可能带来不可估量的损失。只有敢于承担的领导者，才能坚定地做出决策，并带领团队朝着目标前进。他们的自信和决心传递给团队成员，激发团队凝聚力和战斗力。

其次，承担能力有助于建立信任和良好的合作关系。当领导者勇于承担责任，团队成员会感受到他们的真诚和担当。这不仅增强了团队的信任感，还促进了团队成员之间的协作。在营销领域，团队的默契和合作至关重要，而承担能力正是建立这种默契和合作的基石。

最后，承担能力有助于提升领导者的战略眼光和应变能力。在面对市场的挑战和变化时，领导者需要具备敏锐的洞察力和果断的应变能力。而这种能力的背后，正是他们对责任的坚守和担当。他们不仅关注眼前的利益，更注重长远的战略布局和市场变化。

承担能力对于培养团队成员的责任意识与担当有非常重要的意义。一个勇于承担的领导者，必然会激励团队成员勇敢面对挑战，积极解决问题。在榜样的力量下，团队成员也会逐渐培养起责任意识和担当精神，从而提升整个团队的战斗力。

揭秘营销领导力：如何培养与提升承担能力

营销领导力是当今商业环境中至关重要的一项能力。在竞争激烈的市场中，一个优秀的营销领导者能够为企业带来巨大的竞争优势。然而，要想成为一个出色的营销领导者，培养和提升承担能力至关重要。如何培养和提升承担能力，有哪些具体的策略和方法呢？

1. 明确职责与目标

营销领导者需清晰了解自己的职责范围，这样在承担责任时才不会迷茫，也确保在工作中能够准确判断和决策。同时，设定具体、可衡量的目标不仅为承担责任指明方向，更提供了衡量进步的标尺。有助于更好地评估自己的表现，找出需要改进的方面，并制订相应的行动计划。这样，承担能力就有了明确的方向和动力。

2. 深度反思与学习

领导者要经常对自己的行为和决策进行深度反思，分析其中的得失与教训。同时，积极寻求各种学习机会，不断更新知识和技能，提升自己的专业素养。通过反思和学习，承担能力就有了深厚的根基和不断更新的智慧之源。

3. 勇于实践与试错

实践是检验真理的唯一标准。营销领导者要敢于尝试新的方法和策略，即使面临失败和挫折也要勇敢面对。每一次的试错都是成长的垫脚石，通过实践，领导者能够积累经验，提升应对复杂情况的能力，并逐渐培养出承担责任的勇气。

4. 有效的沟通与协作

领导者要与团队成员保持开放、坦诚的沟通，倾听他们的意见和建议，共同解决问题。同时，注重团队建设，培养团队成员之间的信任和协作精神，提升团队的凝聚力和战斗力。这样，承担能力就有了坚实的团队后盾。

寻求反馈和建议是提升承担能力的助推器。领导者要主动寻求反馈，了解自己的表现和团队成员的期望。同时，开放地接受建议和意见，努力改进自己的不足之处。这样，承担能力就有了持续进步的动力。

5. 培养良好的心理素质和抗压能力

营销工作充满挑战和压力，领导者需要有足够的心理素质和抗压能力来应对各种困难和挑战。通过培养积极的心态、情绪管理和压力应对技巧，领导者能够更好地应对压力和挑战，保持冷静和理性，做出明智的决策。这样，承受能力就有了强大的内心支持。

培养和提升营销领导者的承担能力需要多方面的努力和实践。通过明晰职责与目标、反思与学习、实践与试错、有效沟通与协作、寻求反馈和建议以及培养良好的心理素质和抗压能力等方法，领导者能够不断提升自己的承担能力，成为更优秀的营销领导者。同时，这也将有助于团队的发展和企业整体业绩的提升。

营销领导者的承担能力是决定团队成败的关键。通过提升承担能力，领导者能够更好地应对挑战、把握机会，为团队和企业创造更大的价值。这不仅需要领导者具备卓越的个人能力，更需要他们勇于承担责任、善于学习创新、善于沟通协作，以及拥有良好的心理素质和抗压能力。优秀的营销领导者，不仅能够引领团队创造辉煌业绩，更能够为企业的长远发展奠定坚实基础。因此，对于营销领导者来说，不断提升自己的承担能力是实现个人和组织共同成长的必由之路。

第三章 03

营销领导力的具体落地——找方向、定目标、制定战略规划

很多人都推崇一句话"选择比努力更重要"。是的，如果一开始的方向就是错的，那么越努力也就离成功越远。

　　营销领导者需要具备全面的战略眼光和深厚的市场洞察力，他们往往通过自己敏锐的洞察力在这个复杂的市场中找到适合自己企业的方向，制定出切实可行的规划，并且能够深入市场，了解竞争对手和消费者，结合企业实际情况制定出最具竞争力的策略。

第一节　研究产品的市场状况

市场洞察，犹如明灯，照亮前路。优秀的营销领导者在制定营销策略之前首先会对这个领域的市场状况做深入的研究，了解当前市场的整体趋势和动态，并通过收集和分析市场数据、行业报告和竞争对手的动态，了解到市场的规模、增长率、竞争格局等信息。这些信息对于企业制定产品策略、确定目标市场和制订营销计划都极为重要。同时，了解市场的整体趋势还可以帮助企业预测未来的市场需求和变化，从而提前做好准备。

分析消费者行为的变化和需求也是研究产品市场状况的重要一环。消费者的购买决策受到多种因素的影响，包括个人喜好、社会文化、经济环境等。因此，需要通过市场调研、消费者访谈等方式来了解消费者的需求和偏好。同时，还可以通过分析消费者的购买行为和使用习惯来发现潜在的市场机会和问题。只有深入了解消费者的需求，才能开发出符合市场需求的产品，并制定相应的营销策略。

竞品分析：无声的情报员

在研究产品的市场状况时，竞品分析是必不可少的一环。它就像"无声的情报员"，揭示着竞争对手的"秘密"，包括产品特点、优势和不足，以及对比竞品与自家产品的差异。通过分析竞品的功能、性能、价格、服务等方面，帮助企业找出自身的产品的独特卖点和市场中的蓝海，进而制定出相应的差异化的营销策略。

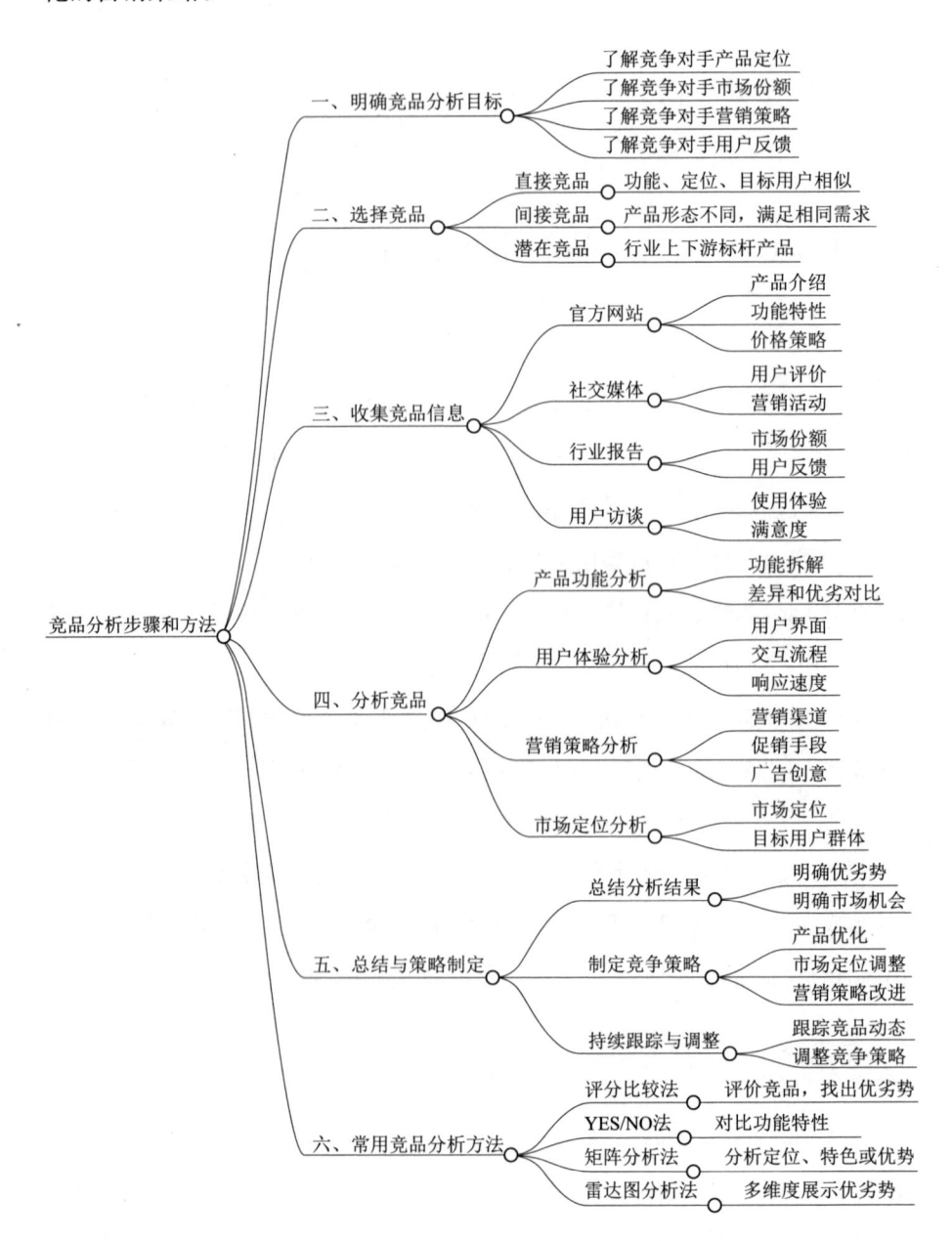

竞品分析步骤和方法
- 一、明确竞品分析目标
  - 了解竞争对手产品定位
  - 了解竞争对手市场份额
  - 了解竞争对手营销策略
  - 了解竞争对手用户反馈
- 二、选择竞品
  - 直接竞品 — 功能、定位、目标用户相似
  - 间接竞品 — 产品形态不同，满足相同需求
  - 潜在竞品 — 行业上下游标杆产品
- 三、收集竞品信息
  - 官方网站
    - 产品介绍
    - 功能特性
    - 价格策略
  - 社交媒体
    - 用户评价
    - 营销活动
  - 行业报告
    - 市场份额
    - 用户反馈
  - 用户访谈
    - 使用体验
    - 满意度
- 四、分析竞品
  - 产品功能分析
    - 功能拆解
    - 差异和优劣对比
  - 用户体验分析
    - 用户界面
    - 交互流程
    - 响应速度
  - 营销策略分析
    - 营销渠道
    - 促销手段
    - 广告创意
  - 市场定位分析
    - 市场定位
    - 目标用户群体
- 五、总结与策略制定
  - 总结分析结果
    - 明确优劣势
    - 明确市场机会
  - 制定竞争策略
    - 产品优化
    - 市场定位调整
    - 营销策略改进
  - 持续跟踪与调整
    - 跟踪竞品动态
    - 调整竞争策略
- 六、常用竞品分析方法
  - 评分比较法 — 评价竞品，找出优劣势
  - YES/NO法 — 对比功能特性
  - 矩阵分析法 — 分析定位、特色或优势
  - 雷达图分析法 — 多维度展示优劣势

市场定位：企业的 GPS

在研究产品市场状况时，产品的市场定位至关重要。优秀的领导者必须具备深入理解和分析市场的能力，只有清晰地把握产品的市场状况，才能有效地制定出有针对性的市场定位和营销策略。

市场洞察是了解市场、消费者需求以及行业趋势的重要途径。企业需要通过各种数据和信息，去观察和理解市场的微妙变化，以便找到产品可以切入的空白市场或者更有优势的细分市场。同时，市场洞察也能帮助企业预测未来的市场趋势，使企业在制定战略规划时能够更具前瞻性。

竞品分析是确定产品市场定位的关键一步，需要深入研究竞争对手的产品特性、价格策略、销售渠道等各个方面，找到自身产品相较于竞品的优势和劣势，从而确定符合市场需求且能凸显产品优势的市场定位。明确了市场定位后，就需要根据目标客户群的特性和消费行为，制定出有效的营销策略。无论是产品的推广方式、售后服务，还是品牌的建设和维护，都需要精心规划和执行。

数据驱动决策：智慧导航员

研究产品的市场状况时，数据驱动决策至关重要。通过收集和分析产品在市场中的销售数据和反馈数据，可以深入了解产品的表现、客户的需求以及市场趋势，从而做出更明智的决策。通过收集和分析销售数据，了解产品的市场占有率、销售趋势以及客户的购买行为。通过反馈数据，可以了解客户对产品的满意度、意见和建议，从而指导产品的优化和改进。

在制定产品的优化策略、定价策略和市场推广策略时，大数据也起着关键的作用。数据往往比"经验"更真实。通过分析数据，可以确定产品的优势和劣势，找到市场机会和威胁，进而制定相应的策略。数据驱动决策是研究产品市场状况的重要手段。企业需要充分利用数据，指导产品的优化、定价策略和市场推广策略的制定,以实现可持续发展。

持续改进与调整:商海中灵活的舵手

营销领导者需要根据市场反馈和数据分析结果,持续改进产品,提高产品的质量,使产品在市场上持续保持竞争力。同时,根据市场变化,灵活调整营销策略和推广方式,确保产品能够更好地满足市场需求,提高市场占有率。

通过持续改进与调整,可以不断优化产品,提高产品的性能和用户体验。同时,还可以根据市场变化,灵活调整营销策略和推广方式,提高产品的知名度和美誉度。一个优秀的营销领导者,对市场状况需要具备敏锐的市场洞察力,通过持续改进与调整,为产品策略和市场策略提供有力的支持。

宝洁:深入挖掘,引领潮流

宝洁,全球消费品巨头,始终坚持以消费者为中心。他们深入到消费者生活中,了解消费者的需求、习惯和期望。为了更好地理解消费者,宝洁每年都会进行大规模的消费者调查。他们不仅关注消费者的购买行为,还细致地了解消费者使用产品的方式、频率和品牌选择。

除了消费者调查,宝洁的市场研究团队也是非常强大。他们密切关注市场趋势、竞争对手动态和消费者行为变化,努力寻找市场机会和潜在挑战。通过深入分析市场数据和趋势,宝洁始终保持敏锐的洞察力,为产品创新和市场策略制定提供有力支持。

当然,宝洁对产品的要求是极其严格的。他们坚信,只有经过消费者真实体验的产品,才能真正赢得市场。因此,宝洁公司经常邀请消费者参与产品测试,倾听他们的真实反馈。这些宝贵的意见和建议,不仅帮助宝洁改进产品性能,还为后续创新提供了无限灵感。

除此之外,宝洁的消费者洞察团队也是非常出色的,他们不仅观察消费者的生活方式和习惯,还会深入挖掘消费者的潜在需求和未满足的需求。正是基于这些深入的洞察，宝洁不断创新，为消费者带来更多满足他们需求的产品和服务。

宝洁之所以能够引领行业发展，离不开对消费者的深入研究和持续创新。正是这份执着和专注，让宝洁成为全球消费品行业的佼佼者。在未来，宝洁继续发挥其强大的研究实力，为消费者带来更多优质的产品和服务，继续引领行业潮流。

对产品市场状况的研究不仅为企业提供了明确的指引，还揭示了潜在的机会。通过宝洁公司的故事，可以看到深入研究产品市场状况的重要性，只有深入了解市场趋势、消费者需求和竞品动态分析、精准的市场定位以及数据驱动的决策调整，才能帮助企业做出明智的决策，确保自身与时俱进，适应不断变化的市场环境。

第二节　定位企业的营销目标和市场

一艘在汪洋中航行的船，如果没有明确的目的地，那么任何风向都是逆风。同样，一个企业如果没有明确的营销目标，那么任何市场策略都可能是徒劳无功的。而市场定位就像是为企业这艘船找到合适的航道。只有找到了适合的航道，企业才能避开竞争对手的锋芒，找到自己的市场空间。

明确企业的营销目标：航海中找到明亮的灯塔

营销领导者首先要明确企业的核心价值和使命，这是企业发展的基石。核心价值是企业的灵魂，使命则是企业存在的目的。例如，格力电器的核心价值是"创新、品质和服务"，使命是"让世界更美好，让生活更舒适"。

有了非常明确的企业目标后，再根据市场环境和企业资源制定可行的营销目标。这些目标应该是实际的，可以量化的，并且与企业的核心价值和使命相符合。这包括对市场需求趋势、竞争对手和消费者行为的分析，以及评估自身的内部资源，包括人力、财力、技术、自身产品、品牌和渠道等方面的了解，以确保目标的可行性。

接下来，建立量化的营销目标体系，这个体系应该包括各种关键性能指标（KPI），如销售额、市场份额、客户满意度等。通过对这些指标的持续监测和分析，可以清晰地衡量企业的营销绩效，并对营销策略进行调整和优化，以便更好地达到企业的目标。

深入分析市场环境：知己知彼，百战不殆

深入分析市场环境，这就如同在一片茂密的森林中寻找宝藏，只有对地形和环境有深入的了解，才能找到正确的方向。

企业需要对行业趋势进行深入的研究和分析。这就像观察天气预报，了解风向和雨情，以便为自己的旅程做好准备。通过研究行业趋势，企业可以把握市场的动态，发现潜在的机会和威胁。例如，随着人们健康意识的提高，健身行业迎来了巨大的发展机遇。而对于传统的烟草行业来说，面对日益严格的控烟政策，就需要及时调整营销策略。

另外，了解目标市场的消费者需求和行为特征是至关重要的。这就像是了解你的旅伴，知道他们的喜好和习惯，以便更好地相处。企业需要通过市场调研和数据分析，深入了解目标市场的消费者。例如，年轻人更加注重产品的个性化和时尚感，中老年人则更关注产品的实用性和性价比。针对不同的消费者群体，企业可以制定相应的营销策略，满足他们的需求。

企业还需要识别竞争对手的优势和劣势，找到自身的差异。这就像是在森林中寻找食物，要知道其他动物的领地和食物来源，以便找到自己的生存空间。通过分析竞争对手的产品、定价、渠道和促销策略，企业可以发现自己

的优势和不足,从而制定出更具竞争力差异化的营销策略。

深入分析市场环境就像给企业佩戴一架高倍数的望远镜,帮助企业看清营销目标的方向,找到在市场中立足的最佳位置。

精准定位目标市场:瞄准目标,一击即中

领导者通过寻找方向、确定目标,然后如同一位射击手,精确瞄准目标,才能一击即中。而这个目标,就是企业的营销目标和市场中的目标客户。企业需要明确自己的营销目标。这就像是射击手确定要击中的靶子一样,企业是要提高品牌知名度,增加市场份额,还是提高客户满意度?只有明确了目标,企业才能制定出相对精准的营销策略。

接下来,企业需要在市场中精准定位目标客户。通过市场分析,了解客户的需求、喜好、行为等信息,从而确定适合自己的目标市场。这是企业成功的关键一步,只有找到了正确的目标,才能让营销的箭矢射中靶心。

一旦确定了目标市场,企业就可以制定针对该市场的营销策略,就像是为射击准备合适的箭矢和弓弦。产品定位、价格策略和渠道策略是营销策略的三个重要组成部分。产品定位就像是选择合适的箭矢类型,让它能够准确地飞向目标;价格策略则像是调整弓弦的张力,确保箭矢能够飞行到目标的恰当位置;渠道策略像是选择合适的射击角度,让箭矢能够顺利地射中目标。

然后,针对不同的市场细分,企业可以制定个性化的营销方案。就像是在不同的靶子上射击,需要根据不同的目标调整射击的方式。通过市场细分,企业可以更加精准地满足客户的需求,提高营销效果和客户满意度。

精确的定位是企业成功的关键。只有通过明确营销目标、精准定位目标市场、制定合适的营销策略和个性化方案,企业才能像神射击手一样,一击即中,赢得商业的胜利。

建立有效的营销团队和合作伙伴关系:团队与伙伴的力量

企业如同一位勇敢的探险家,闯荡市场的未知领域,追寻着自己的宝藏。而要找到宝藏的位置，企业需要一支高效、专业的团队，以及与之匹配的合作伙伴。

营销团队是企业的先锋队，他们负责制定和实施营销策略，如同探险家手中的地图和指南针。他们需要具备敏锐的市场洞察力，能够捕捉到消费者的需求和市场的变化。同时，还需要拥有创新的思维，能够制定出引人注目的营销活动，吸引潜在客户的关注。

除了自身的实力，企业还需要寻找合适的合作伙伴，如渠道商、供应商等。这些合作伙伴就像是探险家的队友，他们各自拥有独特的技能和资源，能够与企业形成互补，共同应对市场的挑战。通过建立合作伙伴关系，企业可以扩大市场覆盖范围，提高产品和服务的质量，共同创造价值。

此外，企业还应该与媒体、公关等机构建立良好的合作关系，提升品牌形象和知名度。媒体和公关机构就像探险家的宣传员，它们能够将企业的声音传达给更广泛的受众，塑造企业的形象和品牌价值。

建立有效的营销团队和合作伙伴关系是企业在市场中定位营销目标和占据一席之地的关键。只有通过团队的努力和伙伴的支持，才能够帮助企业在市场中找到正确的方向，实现营销目标。

持续优化营销策略和目标：与时俱进，定位营销的艺术

处于瞬息万变的市场中，企业需要不断调整自己的营销策略和目标，以适应新的挑战和机遇。就像一位灵活的舞者，根据音乐的节奏和舞台的变化，调整自己的舞步。企业需要时刻关注市场的变化和企业自身的发展状况。

市场就像一片海洋，时而风平浪静，时而波涛汹涌。企业需要根据市场的变化，调整自己的营销策略，以保持与市场的同步。同时，企业也需要关注自身的发展状况，不断提升自己的实力和竞争力。

营销领导者需要定期评估营销目标的实际情况，并根据评估结果进行调整和优化。评估就像一面镜子，能够反映出企业营销目标的实现情况。通过定期评估，发现问题和不足之处，及时进行调整和优化，以确保营销目标的顺利实现。

需要培养创新意识和能力，不断探索新的市场机会和商业模式。创新就像一把钥匙，能够打开企业发展的新大门。企业需要不断培养创新意识和能力，探索新的市场机会和商业模式，以保持企业的竞争力和活力。

Airbnb（爱彼迎）的案例

为了吸引更多的旅行者，Airbnb精准地定位了不同的目标市场，并制定了相应的营销策略。他们针对各种消费者推出了各式各样的特色房源，如富有民族特色的民俗、浪漫的树屋、充满童话色彩的风车小屋等，以满足不同消费者的需求和兴趣。

Airbnb的成功并非偶然。这一切离不开他们建立的强大营销团队和广泛的合作伙伴。这个团队包括了市场研究、广告、社交媒体和公共关系各个领域的专业人才。同时，Airbnb还与旅游博主、摄影师和房东建立了紧密的合作关系，共同推广平台和房源。

在不断变化的市场环境中，Airbnb始终保持敏锐的洞察力，持续优化营销策略和目标。例如，他们推出了"体验"功能，让用户可以预订当地的旅游体验活动，进一步提升了用户黏性和平台的吸引力。

明确营销目标就像找到了航行的方向，深入分析市场环境如同洞察风云变幻，精准定位目标市场则是瞄准了靶心，建立有效的营销团队和合作伙伴关系仿佛召集了一群得力的水手，而持续优化营销策略目标就像是不断调整航向，确保企业始终行驶在通往成功的航线上。

第三节　明确营销上的核心竞争力

企业想要在竞争激烈的市场环境中脱颖而出，实现可持续发展，就必须具备强大的核心竞争力。营销作为企业发展的重要环节,其核心竞争力对企业的成长具有举足轻重的意义,甚至直接关系到企业的生死存亡。一个有远见的营销领导者不仅能明确营销上的核心竞争力对企业发展的意义,而且知道如何构建和提升营销核心竞争力,以帮助企业在商业竞争中立于不败之地。

明确核心竞争力,推动企业发展驶入快车道

核心竞争力不仅帮助企业精准定位市场,还使其紧跟市场脉搏,满足消费者多样化需求。核心竞争力犹如指南针,指引企业制定符合市场需求的产品和服务,进一步扩大市场份额,提高竞争力。同时,它也是提升企业及产品品牌价值的秘诀。鲜明的核心竞争力能树立良好的品牌形象,吸引更多客户,从而在市场中占据有利地位,实现长远发展。

优化资源配置也至关重要。核心竞争力让企业明确发展方向,有针对性地投入资源,避免盲目跟风和资源浪费,提高运营效率和盈利能力。

此外,核心竞争力还能帮助企业应对市场变化。有了它,企业能更好地预见市场变化,及时调整策略,确保在市场的激流中稳步前行。

明确营销上的核心竞争力对企业发展意义重大,如同企业的护城河,守护着企业在竞争激烈的市场中稳健前行。只有不断强化核心竞争力,企业才能保持竞争优势,实现可持续发展,书写辉煌的未来篇章。

提升营销核心竞争力,启动企业领导力的引擎

构建和提升营销核心竞争力,能够有效地激发团队的创新思维,提升市场敏锐度,使企业在竞争激烈的市场环境中始终保持领先地位。只有拥有独特的竞争优势,才能在市场中独树一帜,引领行业发展。

首先,深入挖掘市场需求和消费者行为是提升营销核心竞争力的基石。企业应通过市场调研和数据分析,精准把握目标客户的需求和偏好,为制定有针对性的营销策略提供决策依据。同时,密切关注市场趋势和竞争对手的

动态,灵活调整营销策略,确保企业始终保持领先地位。

其次,打造独特的产品和服务优势是提升营销核心竞争力的关键。企业应致力于创新产品功能,优化设计、提升品质,以打造具有竞争力的产品。同时,提供卓越的服务体验,满足客户的期望和需求,增强客户对品牌的忠诚度。

此外,制定有效的营销策略和渠道管理是提升营销核心竞争力的核心环节。企业应根据目标客户的特点和需求,选择合适的营销渠道和推广方式,提高营销效果和投资回报率。同时,强化渠道管理和监控,确保营销活动的顺利进行和销售目标的实现。通过制定有效的营销策略和渠道管理,企业可以更好地推广产品、扩大市场份额、提高销售额和利润。

最后,培养优秀的营销团队和专业人才是提升营销核心竞争力的基石。企业应重视人才的培养和引进,建立完善的激励机制和培训体系,激发员工的积极性和创造力。同时,加强团队建设和管理,提高团队协作能力和执行力,为企业的营销活动提供坚实保障。只有拥有优秀的营销团队和专业人才,才能为企业的营销活动提供源源不断的动力和支持。

创新与改进:营销竞争力的永续动力

持续创新和改进是构建和提升营销核心竞争力的永恒主题。企业应保持敏锐的市场洞察力和创新意识,不断探索新的市场机会和发展方向。同时,通过不断改进产品、服务、营销策略等方面,提高企业的竞争力和适应能力,为企业的长期发展奠定坚实基础。

某品牌通过综合运用营销核心竞争力,成为全球最负盛名的运动品牌之一。可见,构建和提升营销核心竞争力在企业营销领导力中就如同打造一座坚固的堡垒,不断守护着企业前行。在竞争激烈的市场环境中,营销核心竞争力不仅关乎企业的生存,更决定着企业的发展方向。它不仅要求企业具备独特的品牌形象和优质的产品,更需要有一套完善的营销策略和高效的执行团队。只有这样,企业才能在风云变幻的市场中立于不败之地,持续前进!

第四节 制定市场营销策略

营销领导者犹如一位指挥家，挥舞着市场营销策略的指挥棒，引领着企业在激烈的竞争中奏响胜利的乐章。而制定市场营销策略，则是将指挥家的激情和智慧转化为实际行动的关键步骤。一个精心设计的市场营销策略，就如同为企业绘制了一首美妙的乐谱，未来能演奏出什么样的乐曲都要依靠它。

营销领导力与策略的双向赋能

营销领导力是市场营销策略的指南针，为企业指引前进的方向；市场营销策略则是营销领导力的锋利宝剑，帮助企业在市场竞争中披荆斩棘、开疆拓土。在这个比喻中，营销领导力负责制定企业的长期营销战略和目标，明确品牌定位、目标市场、竞争优势等关键要素。市场营销策略则是实现这些战略和目标的具体行动计划，包括产品设计、定价、渠道选择、促销活动等具体的营销手段。可以说，没有营销领导力的指导，市场营销策略可能会失去方向，无法有效地实现企业的战略目标。而没有市场营销策略的支持，营销领导力也无法发挥作用，无法实现企业的战略目标。两者相辅相成、缺一不可。

一个成功的企业需要同时具备强大的营销领导力和有效的市场营销策略，才能更好地在市场中获得竞争优势，赢得消费者的青睐。

营销的艺术：构筑品牌成功的七重奏

在当下这个激烈竞争的商业舞台上，拥有一套成功的市场营销策略，对任何企业来说都是赢得市场的关键。很多企业在面对如何制定有效的市场营销策略时，常常感到迷茫。但如果将营销视作一场精心编排的音乐会，那么策略的制定就是指挥者精准而热情的指挥。下面是构建能够引领企业走向成功营销策略的七个关键步骤。

（1）成功的市场营销策略需要从明确的目标出发，就像确定一首交响乐的主旋律一样，确立营销活动的终极目的。

（2）通过深入的市场调研来了解目标听众的需求和偏好，这一步骤如同倾听观众的声音，理解他们期待什么样的演出。

（3）产品定位则是在营销交响乐中为每个乐器找到它的位置，确保每一款产品都能在市场上发出最动听的声音。

（4）选择营销渠道则类似于挑选乐器和演奏者，只有找到最合适的方式和手段，才能确保信息有效传达给目标听众。

（5）制定推广策略是整个计划的核心，需要将不同的营销元素和手段组合起来，创造出能够吸引目标客户的独特策略，就如同谱写一首曲子，旋律和谐且富有感染力。

（6）设定合理的营销预算是维持整个策略顺利进行的保障，像指挥家控制着乐曲的节奏，确保每一部分都能得到充分的资源支持。

（7）执行和调整策略就如同音乐会上的演出，需要根据实际效果和反馈进行适时的调整，确保最终的营销活动能够达到预期的效果。

通过这七个步骤的精心策划和执行，企业可以构建一个强大而有效的市场营销策略，就像一场精彩绝伦的音乐会，不仅赢得了观众的喝彩，也为品牌的持续成长奠定了坚实的基础。在这个过程中，每一个环节都不可或缺，共同作用于最终的成功之中。

市场营销策略，商战中的兵法谋略

营销就像一场战争，而制定有效的市场营销策略就如同运筹帷幄之中，决胜千里之外。要想在这场没有硝烟的战争中取得胜利，关键在于抓住以下几个要素：

（1）深入了解目标客户的真实需求和痛点。这就像战争中的情报收集，只有掌握了敌人的底细，才能制定出有针对性的策略。通过市场调研和数据分析，洞察消费者的需求，提供真正满足他们期望的产品和服务。

（2）仔细研究竞争对手的优劣势，这就好比在战场上侦察敌情。通过分析竞争对手的市场表现和策略，找出自己的差异化优势，从而制定出更有竞争力的营销策略。

（3）明确品牌的核心价值和定位。品牌就是一面旗帜，代表着企业的形象和价值观。因此，要确保品牌定位清晰，让消费者在众多竞争者中一眼就能认出。

（4）不断创新和寻求差异化。在商战中，创新就是最强大的武器，通过研发独特的产品或服务，提供与众不同的体验，才能在市场中脱颖而出。创新可以是产品创新、营销策略创新或是服务创新，关键是要敢于尝试，紧跟市场变化。

（5）整合营销传播是关键。这就像一场精心策划的宣传战。通过整合各种营销渠道，传递一致的品牌信息，让品牌的声音无处不在。无论是线上还是线下，广告、公关、社交媒体等渠道都是协同作战，形成强大的品牌传播合力。

"营销将军"：领导力在制定市场策略中的决定性作用

在制定市场营销策略的过程中，营销领导力起着至关重要的作用。他们就像是战场上的将军，指挥着千军万马，引领团队制定并执行市场营销策略。

营销领导者要有远见卓识，能够洞察市场趋势，为团队指明方向。他们运筹帷幄，决胜千里之外。优秀的营销领导者往往具备出色的协调能力，能够让各部门协同作战，共同实现目标，就像是交响乐的指挥家，让每个乐器都能发挥出最佳的效果。

另外，营销领导者还要能够提供战略指导和决策支持。他们像是智慧的导师，在团队遇到困难时，能够给予宝贵的建议。还要善于激励团队，让团队充满信心和动力去实现目标。这就像啦啦队长，总是能够在关键时刻为团队加油打气。

营销领导力在制定市场营销策略中扮演着至关重要的角色。营销领导者是引领团队走向胜利的关键人物。

支付宝的"中国锦鲤"传奇

在 2017 年的一个夏日,支付宝悄然启动了一项前所未有的活动——寻找"中国锦鲤"。这背后的故事,不仅关乎一个数字,更是关于梦想、机遇和亿万情感交织的传奇。

用户只需通过支付宝转账给亲友或商家,金额以"9"结尾,如 9.99 元,并参与"中国锦鲤"活动,就有机会获得丰厚的现金红包。一时间,无数人心潮澎湃,纷纷参与其中。

而这场活动的魅力远不止于此,支付宝巧妙地利用"锦鲤"这一话题,引发了关注和热议。无数人转发、分享,渴望成为幸运儿。社交媒体上,"中国锦鲤"成为热搜关键词,热度持续飙升。

当然,成功的背后离不开团队的紧密协作。支付宝营销团队调动各方资源,与众多品牌联手,共同打造了这场盛宴。他们精心策划、细致执行,确保每个环节都完美呈现。

可以说,"中国锦鲤"活动是支付宝营销领导力的完美体现。它说明,用心去感知用户的需求,用创意去点燃情感的火花,成功便水到渠成。

营销领导者就像一位高明的指挥家,他们在这场华丽的交响音乐会中准确把握着每一个节奏,引导团队共同奏响成功的乐章。因此,企业应该重视员工营销领导力的培养和提升,同时也为他们提供施展才华的舞台。只有拥有卓越的营销领导力,企业才能在市场的舞台上大放异彩,赢得观众的喝彩。

第五节 制定营销预算

营销预算就如同战争中的战略资源分配,正所谓"兵马未动,粮草先行"。

营销预算直接决定了企业在市场上的进攻方向和火力强度。一个有经验的领导者会精心制定营销预算,确保每一分钱都花在刀刃上。而这个过程就像一位将军在排兵布阵,需要深思熟虑、果断决策,同时还需要具备远见卓识和灵活应变的能力。

营销预算的重要性和挑战

营销预算,是企业运营中不可或缺的一部分,它不仅关乎企业的生存发展,更影响着企业在市场中的地位和影响力。

营销预算不仅影响着企业的市场推广效果,还直接关系到企业的盈利能力。通过合理规划营销预算,企业可以将有限的资源投向最有潜力的市场,提高营销活动的回报率,提高企业的竞争力,从而实现企业的战略目标。

然而,制定营销预算并非易事,需要营销领导者的指导和支持,营销领导力在营销预算制定中起着关键的作用。他们需要具备敏锐的市场洞察力、战略规划能力和决策能力,能够根据企业的战略目标、市场情况和竞争态势等,制定出切实可行的营销预算方案。此外,营销领导力还需要良好的沟通和协调企业内部各部门进行合作,确保预算方案的顺利实施。

制定营销预算也会面临诸多挑战和困难。市场变化快速、需求难以预测、竞争激烈、数据不准确、投入产出比难以衡量、效果难以评估等问题,都可能影响预算的准确性和有效性。

此外,企业内部各部门之间的利益冲突也可能对营销预算的制定和执行造成阻碍。为了应对这些挑战,企业需要建立灵活的预算机制,不断优化预算方案,同时营销领导者需要加强与其他部门的沟通与协作,确保营销预算的有效执行。

制定营销预算的艺术

制定营销预算是一门艺术,需要明确的目标、深入的市场分析以及灵活的调整优化。确定目标和策略是制定营销预算的基石。如同一位画家在开始创作之前,必须明确自己想要表达的主题和情感。企业需要明确营销目标,是提升品牌知名度,还是增加市场份额,或是提高客户满意度。根据目标,制定相应的营销策略,为营销预算的制定指明方向。

接下来,收集市场数据和分析竞争情况则是制定营销预算的关键。这就像一位侦探在调查案件时,需要收集各种线索和证据。企业需要深入了解市场需求、消费者行为以及竞争对手的策略。只有通过全面的数据分析,才能制定出切实可行的营销预算。

然后,制订具体的预算计划。企业需要根据目标和策略,将资源分配到各个营销渠道和活动中。这需要精细的规划和决策,确保每一笔预算都能发挥最大的效果。灵活调整和优化预算则是制定营销预算的灵魂。就像一位音乐家根据观众的反应和演出的实际情况进行即兴创作一样,企业需要根据市场变化和业务需求,灵活调整和优化营销预算。这需要持续的监测和评估,以确保预算始终与目标保持一致。

制定营销预算就像创作一件艺术品,需要明确的目标、深入的市场分析、精细的规划和灵活的调整。只有这样,企业才能在激烈的市场竞争中脱颖而出,实现营销目标。

营销领导力:引领预算执行的关键

在营销预算的执行过程中,营销领导力起着至关重要的作用。一个优秀的营销管理者,既是协调各方的枢纽,也是激励团队的动力源。

他们提供明确的指导和方向,确保每个团队成员都了解预算的目标、策略和计划,并明确各自的职责和任务。

同时,营销领导者能够有效协调跨部门合作,营销预算的执行涉及多个部门,如市场、销售、客户服务等。他们确保各部门紧密配合,共同推动预算的顺利执行。

在预算执行过程中,营销领导者时刻关注市场变化和竞争情况,关注预算执行的情况,根据实际情况及时调整预算计划,以确保预算执行的有效性和准确性。

最后,营销预算的执行需要团队成员的积极投入和贡献。营销领导者要激励和鼓舞团队成员,使他们充满信心和动力,共同努力实现预算目标。

掌握技巧:有效管理营销预算

作为一名优秀的营销管理者,有效管理营销预算是一项必备的重要技能。这就像驾驭一艘船,通过调整帆和舵,以随时观察船上的储备物资,使船只始终朝着目标前进。

(1)优先级排序和资源分配。这就像确定航行的方向。营销领导者要明确企业的营销目标,根据市场需求和公司战略,将预算按优先级排序,合理分配资源,确保重要项目得到足够支持。

(2)风险管理和预测,这就像预见风暴和暗礁。通过数据分析和市场趋势预测,营销领导者可以提前识别可能出现的风险。预留一定的风险储备金,以应对市场变化和突发情况。同时,定期进行预测和调整,确保预算与实际情况相符。

(3)持续评估和改进预算执行,这就像检查船只的状态,定期评估预算执行情况,找出问题和不足之处,及时调整和改进策略。通过不断学习和总结经验,提高预算管理水平。

有效管理营销预算需要综合考虑多方面因素。作为营销管理者,要善于运用这些技巧,不断优化预算管理,提高营销效果,为企业的发展贡献力量。

制定营销预算:为实现营销目标保驾护航

制定营销预算能够帮助企业在开始行动之前对整体计划有一个很好的梳理。在完成既定目标的过程中更加清晰准确地协调资源、监控执行情况,并推动调整和改进,灵活调整策略以应对不确定性。

营销预算的制定不仅是一项专业技能,更是一种领导艺术。每一位营销领导者都应该将理论知识与实践经验相结合,不断提升专业素养和营销领导力。在制定营销预算时,充分发挥领导作用,引领团队迈向成功,只有通过实践,才能真正领悟营销领导力的精髓,为企业创造更大的价值。

第六节　实施反馈机制

实施反馈机制就如汽车的仪表盘,能够实时反馈营销活动的效果,为营销领导力的决策提供数据支持。通过实施反馈机制,营销领导者可以更好地了解市场动态、顾客需求以及团队表现,以便能够及时调整策略,优化资源配置,从而实现营销目标。

实施反馈机制:营销团队的"超级雷达"

反馈机制是营销领导力的"眼睛和耳朵"。通过它,营销领导者能够敏锐地洞察市场趋势和消费者需求的变化,从而及时调整营销策略,抢占市场先机。同时,反馈机制还能够帮助营销领导者了解团队成员的想法和意见,让员工感受到自己的意见得到重视,提高员工的工作积极性和创新能力。也能帮助营销领导者发现团队成员的优点和不足,为其提供针对性的培训和指导,从而提高团队整体素质。

另一方面,实施反馈机制能够帮助营销领导者及时发现问题并解决问题,避免问题的恶化。还能够促进团队成员之间的沟通和协作,提高工作效率。并且,通过良好的反馈机制,营销领导者能够建立起良好的客户关系,提高客户满意度和忠诚度。

反馈机制就像一面镜子，让营销管理者时刻看清市场和团队的真实情况，帮助他们做出明智的决策，引领团队走向成功。

一家企业的反馈机制应该包括以下内容：

1. 反馈机制的目标

企业营销反馈机制的主要目标是及时收集和分析市场、客户、内部员工等多方面的反馈信息，评估营销活动的实际效果，发现潜在问题，并据此调整和优化营销策略，以提升营销效果和市场竞争力。

2. 反馈信息的收集渠道

（1）客户反馈。

在线调查问卷：通过电子邮件、网站弹窗或社交媒体平台发放问卷，收集客户对产品或服务的满意度、改进建议等信息。

社交媒体监控：定期检查品牌提及量，主动回应客户评论和私信，了解客户的真实需求和反馈。

客户支持系统：利用聊天机器人或客服系统，在解决客户问题的同时收集实时反馈。

（2）市场反馈。

销售数据：分析销售额、市场份额、客户购买行为等数据，了解市场反应和趋势。

竞争对手分析：定期收集和分析竞争对手的营销策略、产品特点、市场份额等信息，评估自身在市场中的竞争力。

（3）内部员工反馈。

定期会议：组织营销团队及相关部门召开定期会议，讨论营销策略的执行情况、遇到的问题及解决方案。

书面报告：要求相关部门负责人定期提交书面报告，详细描述营销活动的执行过程和效果，以及遇到的问题和建议。

3. 反馈信息的处理与分析

数据整理与分类：将收集到的反馈信息进行整理和分类，按照客户反馈、市场反馈、内部员工反馈等维度进行归纳。

量化评估：对于可以量化的反馈信息（如销售额、市场份额、客户满意度评分等），进行量化评估，以更直观地了解营销效果。

定性分析：对于无法直接量化的反馈信息（如客户建议、内部员工意见等）进行定性分析，以深入挖掘问题的本质和根源。

4. 反馈结果的应用

策略调整：根据反馈结果，调整和优化营销策略，包括产品改进、定价策略、促销活动等方面。

问题解决：针对反馈中提出的问题和不足，制定具体的解决方案并跟踪实施效果，确保问题得到及时解决。

持续改进：将反馈机制纳入营销管理的常规工作中，建立持续改进的机制，不断收集和分析反馈信息，持续优化营销活动的效果。

5. 反馈机制的优化

多渠道整合：将线上和线下反馈渠道进行整合，为客户提供统一的反馈入口，提高反馈效率。

技术赋能：利用大数据、人工智能等技术手段，提升反馈信息的收集、处理和分析能力，实现更精准的营销策略优化。

文化建设：构建积极的反馈文化，鼓励员工和客户积极参与反馈活动，形成持续改进的良好氛围。

建立有效的反馈渠道：让信息自由流通

在今天的商业环境中，建立有效的反馈渠道对企业的成功至关重要。信息的自由流通可以帮助企业更好地了解顾客需求、改进产品和服务，并与顾客建立更紧密的关系。然而,许多企业在建立反馈渠道时遇到了困难。企业可以建立一个有效的反馈渠道,让信息自由流通。

(1)确定反馈的来源和收集方法。一个有用的反馈应该来自多元的角度,包括客户、同事、合作伙伴等。通过问卷调查、面对面交谈或是网络平台收集,都能从不同视角洞察问题,为决策提供依据。

(2)设计反馈工具和流程。有效的反馈机制需要合理的工具和流程来支撑,管理者可以设计一些简单易用的工具,如定期的满意度调查、即时的在线反馈系统等。同时,还需要建立一套清晰的反馈流程,确保反馈信息能够及时传递给相关部门和人员。

(3)需要确保反馈的及时性和准确性。只有及时反馈,才能让管理者在问题尚未恶化时进行干预。同时,准确的反馈可以更好地找到问题的症结,从根本上进行改进。

分析和利用反馈数据:营销中的"藏宝图"

在营销领域,数据就像是一张"藏宝图",指引着关注者去找到"宝藏"。通过合理运用统计学方法和数据挖掘技术,可以从大量反馈数据中找出关键信息。数据不仅能说明过去发生了什么,还能预测未来的趋势。通过对数据的深入分析,可以洞察到潜在的商机,发现市场的需求和痛点。

反馈数据还能帮助企业决策。通过对数据的评估,可以了解哪种营销策略更有效,哪种产品更受欢迎,通过这些信息来优化营销方案,提高投资回报率。营销管理者要学会善用反馈机制,从数据中寻找宝藏,为企业的发展提供有力的支持。

培养团队的反馈文化:共同成长的关键

鼓励反馈,共同成长。鼓励多样性和包容性,一个多元化和包容性的团队更有可能产生不同的观点和想法,领导者要营造一个让每个人都感到安全和受尊重的环境,鼓励团队成员分享不同的观点和经验。可以组织团队建设活动、促进成员之间的交流等方式,每个人都有独特的视角和经验,通过反馈,可以相互学习,共同进步。

鼓励开放和诚实的反馈,建立共同的理解和目标。强调反馈的目的是改进和共同成长,而不是指责与批评。通过开放和诚实的反馈,团队成员能够更好地理解彼此的需求和期望,建立共同的目标,为实现团队的成功共同努力。

持续改进的氛围,让团队不断进步。营销领导者需要鼓励团队成员提出创新的想法和建议。通过不断反思和改进,互相学习,能够适应市场变化,提升团队的竞争力。

在培养团队的反馈文化过程中,营销领导者要以身作则,积极倾听和回应反馈。与团队成员携手努力,共同打造一个积极反馈、开放合作的团队。

挑战及解决方法:在黑暗中的"探照灯"

在实施反馈机制的过程中,可能会遇到一些挑战,但这些挑战也是成长的机遇。可能遇到的挑战包括团队成员对反馈的恐惧和抵触、反馈不够及时和有效,以及如何确保反馈的客观性和公正性等。

为了克服这些困难,可以采取一些策略和方法。例如,可以通过培训和教育,帮助团队成员理解反馈的重要性和价值,消除他们的恐惧和抵触情绪;建立及时有效的反馈渠道,确保反馈能够及时传递和得到处理;同时,也要确保反馈的客观性和公正性,避免主观偏见和个人情感的影响。

在实际应用中,可以采取定期进行反馈会议、建立反馈平台、设立奖励机制等,以指导团队更好地实施反馈机制。

总之,实施反馈机制可能会遇到一些困难,但可以通过勇敢面对和采取有效的策略和方法来克服这些困难。让反馈机制为团队所用,帮助团队不断成长和进步。

美团的反馈旅程：用户满意度背后的故事

在线客服：用户的贴心小棉袄

每当用户打开美团 App，都能看到一个在线客服的小图标。无论是遇到问题还是仅仅有些小建议，用户都可以随时向客服反馈。而客服团队，就像是用户的"贴心小棉袄"，总是及时回应，确保每个声音都被听到。

用户评价：真实的口碑力量

每个完成订单的用户，都有机会为商家和配送员打分。这些评价内容详细，包括菜品质量、配送速度、服务态度等各个方面。这些真实的评价，就像一面镜子，反映出商家的真实情况，让其他用户有了更全面的参考。

社交媒体：聆听大众的声音

在各大社交媒体上，总能找到美团的身影。他们时刻关注着用户的反馈和评论，不论是点赞还是批评，都被视为珍贵的建议。通过社交媒体，美团更加深入地了解到用户的需求和意见，为优化产品和服务提供了有力依据。

数据分析：背后的智囊团

每一个用户的订单数据，都是美团的宝藏。通过深入分析这些数据，美团发现了许多关乎用户需求的秘密。例如，他们发现晚上是用户点外卖的高峰期，于是推出了"夜宵狂欢节"等活动，成功提高了用户的下单率和忠诚度。

在实施了这一系列的反馈机制后，美团终于揭开了用户满意度背后的奥秘。他们更加深入地了解了用户，为他们提供了更贴心的服务。这也使得美团在激烈的市场竞争中脱颖而出，取得了显著的成功。

反馈机制就像为营销领导力插上了翅膀，让领导者能够飞翔在市场的高空，洞察商机，引领团队走向辉煌。通过实施反馈机制，领导者可以更好地理解市场和客户需求，及时调整策略，提高团队的执行力和创新能力。

在未来的发展中，反馈机制将继续推动营销领导力的发展。随着技术的不断进步，反馈机制将变得更加智能化和精准化，为领导者提供更加全面和深入的信息。

第四章 04

营销领导力的具体落地——获取最大的资源

在这个高速发展、充满挑战与机遇的时代，企业要想成功，除了本身具备优秀企业的一切必要条件之外，获取更多的资源的能力也越来越重要，它们是催化剂，能够加速企业的发展，快速"抢占"更多的市场份额。成功的营销领导者不仅要拥有出色的战略和创新思维，还需要快速有效地整合资源，为企业所用。

　　整合资源是一门艺术，需要领导者具备敏锐的洞察力、卓越的沟通能力和出色的执行力。优秀的营销领导力不仅是引领团队追求卓越业绩的力量，更是在市场变化中把握机遇、创造价值的智慧。

第四章 营销领导力的具体落地——获取最大的资源

第一节 利用内部资源

领导力不仅是指挥团队的艺术,更是引导资源流向的智慧。而内部资源,就如同隐藏在企业内部的宝库,等待着领导者去挖掘。当善用这些资源,便能为企业带来无限的可能。

洞察内部,资源为王

了解并评估企业的内部资源,就像经验丰富的探险家在深入未知领域前,会仔细检查自己的装备,熟悉地图和工具,同样,营销领导者需要清楚地了解企业的优势、劣势、机会和威胁。这些资源包括人力资源、财务资源、技术资源和品牌资源等。对这些资源进行全面评估,就如探险家在选择最佳路线前,对地形和气候进行分析一样。通过评估资源的质量、可用性和潜力,营销领导者可以制定出最有效的营销策略。

人力资源方面:需要评估员工的技能、经验和能力,以确保他们能够胜任营销工作。同时,还需要评估员工的工作态度和团队合作精神,以确保他们能够积极参与营销活动。

财务资源方面:需要评估企业的财务状况,以确定是否有足够的资金支持营销活动。同时,还需要评估企业的投资回报率,以确保营销活动能够带来足够的回报。

技术资源方面:可以帮助企业提高营销效率和效果。营销领导者需要评估企业的技术水平,以确定是否需要投资于新技术或升级现有技术。同时,还需要评估企业的技术创新能力,以确保能够在竞争中保持领先地位。

品牌资源方面:需要评估企业的品牌知名度、品牌形象和品牌价值,以确定如何最大限度地利用品牌资源来提高营销效果。

善用内部资源,挖掘无限潜能

企业员工是最宝贵的资源,通过内部培训和发展计划提升其营销技能和知识,有助于增强营销领导力。同时,营造鼓励创新和合作的文化氛围,能激发员工潜力,为营销策略的成功实施提供有力支持。

企业积累的数据是一座宝藏,深入分析内部数据,营销领导者可更好地了解目标市场、消费者行为和趋势,从而做出更明智的决策,优化营销策略,并在市场竞争中占据优势。打破部门之间的壁垒,促进跨部门合作,是增强营销领导力的重要途径。通过与其他部门紧密合作,营销领导者能获得更多资源支持,共同推动企业发展。

激活战斗力:构建无敌营销团队的四大战略

在营销的战场上,领导力的发挥至关重要,它就像指挥官在带领一支精英军队,内部资源则是其强大的后勤保障。要想在市场竞争中胜出,就需要激发团队的创造力和协作精神,将每一名团队成员的潜能转化为实际的战斗力。打造一个充满活力、凝心聚力、无坚不摧的营销团队需要以下四大战略:

(1)共享愿景,明确目标。确立清晰的共同目标是激励团队的第一步。让团队成员理解他们的工作是如何为实现这一目标贡献力量的,从而增强他们的责任感和归属感。

(2)建立开放式沟通。营造一个开放、坦诚的沟通环境,鼓励团队成员自由表达观点和想法。通过定期的会议和交流,促进知识分享与经验传递,增强团队的协作与互助。

(3)鼓励创新与实验。给予团队一定的自由度,让他们敢于尝试新的方法和策略。通过设立创新奖励机制,鼓励团队成员提出创新想法和解决方案,进一步激发团队的创造力。

(4)强化团队协作。通过团队建设活动和合作项目,加强团队成员之间的相互理解和信任。共同的目标和价值观作为团队凝聚力的基石,使团队合作更加默契和高效。

"问渠哪得清如许,为有源头活水来。"企业的内部资源是发展的内核,通过对内部资源的全面了解和评估,激发团队的创造力和协作精神,善用自身的资源,最大限度发挥团队成员的潜力,在"外求"之前,将自身的潜力充分挖掘。所以,营销领导者一定要意识到充分利用内部资源的重要性,从而打造出强大的团队,不断追求卓越,共同走向成功。

第二节 建立合作伙伴关系

孤军奋战在当今的商业环境中举步维艰,建立合作伙伴关系成为企业发展的必要手段。合作伙伴关系不仅可以带来更多的资源和机会,还可以共同承担风险,实现互利共赢。而营销领导力在建立合作伙伴关系中起着至关重要的作用。具有营销领导力的企业能够准确地洞察市场趋势,找到最佳的合作伙伴,通过有效的沟通和协调,推动合作伙伴关系的顺利发展。

合作伙伴关系的重要性:独行快,众行远

实现资源共享与优势互补。建立合作伙伴关系就像两个人携手同行,共同迈向成功的彼岸。实现资源共享和优势互补,就像为这段旅程提供了强大的动力和支持。资源共享使得双方能够共享彼此的经验、知识和资源,减少重复投入,提高效率。优势互补则让合作伙伴相互补充,形成强大的合力。就像拼图一样,每个人都贡献出自己独特的一块,共同拼凑出一个完整而美丽的图案。

1. 共同分担风险与成本

变幻莫测的商海中,风险无处不在。建立合作伙伴关系就像乘船远航,共同分担风险与成本是确保航行顺利的关键,单打独斗往往意味着更高的风险和成本。但有了合作伙伴,当风暴来临时,可以相互依靠,共同抵御风浪。成本共担则让彼此能够共享资源,避免资源浪费,优化配置。通过建立合作伙伴关系,共同承担风险,共同分摊成本,使每个人都能更好地应对挑战,实现共同的目标。

2. 拓展市场份额

在商场如战场的竞争中,企业想要获胜,独自应对绝非良策。通过与优秀的伙伴合作,企业可以更好地了解市场需求,掌握行业动态,从而制定更有效的营销策略。通过合作,大家能够共享资源、优势互补,形成强大的合力,共同开拓新的市场领域,提高市场份额。

合作伙伴关系不仅能够帮助企业拓展市场份额,还能降低风险和成本,减少竞争压力,增强企业竞争力,为未来的发展奠定坚实的基础。

建立合作伙伴关系的关键步骤:搭建一座坚固的桥梁

1. 明确合作目标,制定策略

明确合作目标可以让合作双方都清楚知道想要达到的结果,从而更好地协调行动。同时,明确的目标也能够为合作提供指导,使双方都能够朝着同一个方向前进。制定策略是为了实现合作目标而选择的具体方法。就像旅行中的路线规划一样,应该是具体、可行的,能够指导双方在合作过程中做出明智的决策。

通过明确合作目标和策略，合作伙伴可以更好地理解彼此的期望和需求，减少误解和冲突。这有助于建立更加稳固的合作伙伴关系，共同实现双方的目标。

寻找合适的合作伙伴是建立合作关系的核心步骤，就像是在拼图中找到那一块关键的拼图一样，只有找到合适的，才能完成整个拼图，展现出最美丽的画面。在寻找合作伙伴的过程中，营销领导者需要深入了解自身的需求和目标，明确希望与什么样的企业建立合作关系。同时通过市场调研、行业分析等方式，了解潜在合作伙伴的能力和资源。与潜在合作伙伴进行深入沟通，了解对方的合作意愿，合作条件等，只有当双方的目标、意愿和能力相互匹配时，才能建立起真正有意义的合作伙伴关系。

此外，企业还需要考虑合作伙伴的信誉和口碑。一个有良好信誉和口碑的合作伙伴，不仅能够为合作带来更多的机会和资源，还能够为企业的品牌形象和声誉带来积极的影响。

2. 建立互信，沟通为桥

互信是合作的基石，没有互信，合作就如同建立在沙堆上的城堡，随时可能倒塌。而沟通则是建立互信的有效途径，通过坦诚交流，双方可以更好地了解彼此的需求、目标和期望，从而避免误解和不必要的冲突。在建立合作伙伴关系中，建立互信与沟通机制至关重要。这像是在两人之间搭建起一座坚固的桥梁，只有通过这座桥梁，双方才能真正理解彼此，共同迈向成功的彼岸。

良好的合作伙伴：打开市场大门的钥匙

合作伙伴关系就像一把打开市场宝库的钥匙，能够为企业拓展渠道和增加市场影响力提供无限可能。通过建立合作伙伴关系，企业就像坐上了一辆快速列车，可以迅速覆盖更广泛的市场。每个合作伙伴都像一个站点，将产品或服务带到新的地方,从而帮助企业拓展渠道。同时,合作伙伴关系还像一面镜子,能够反射出企业的价值和优势。当你与其他企业合作时,它们的品牌形象和声誉也会与你的企业联系在一起。这就像是在你的品牌上加上了一道闪亮的光环,让更多的人认识和信任你的企业。

总的来说,合作伙伴关系是企业发展的强大助推器,能够帮助企业在短时间内拓展渠道、增加市场影响力。

营销领导力在合作伙伴关系中犹如一位出色的导演

在合作关系中,营销领导力能够帮助合作伙伴明确共同的目标和愿景,为合作关系指明方向,还能够发挥重要的创新推动作用。他们具备广阔的市场洞察力和前瞻性思维,能够准确把握市场趋势和消费者需求变化。他们能够将这些洞察力转化为创新的营销策略和产品服务,为合作伙伴带来更多的商机和增长点。营销领导者还能够通过整合各方资源和共享信息,实现资源互补和优势互补,进一步提高合作伙伴的综合竞争力。

在团队协作方面,营销领导力能够促进合作伙伴之间的沟通和协作。通过建立良好的沟通机制和团队文化,营销领导者能够增强团队的凝聚力和向心力,提高合作效率。当合作中出现问题时,营销领导力能够迅速做出反应,采取有效的措施解决问题。营销领导者能够协调各方利益,找到最佳的解决方案,确保合作关系的稳定和持续发展。

营销领导力在合作关系中扮演着至关重要的角色,为合作关系指明了方向,促进了团队协作和沟通,及时解决合作中发生的各种问题,为合作伙伴的成功奠定了坚实的基础。

建立合作伙伴关系对于企业发展至关重要,不仅可以整合资源、降低风险,还能拓展市场、提高竞争力。就如同两个人携手并进,能够互相扶持、共同成长,实现1+1>2的效果。领导力是推动合作伙伴关系建立和发展的关键力量。

第三节 寻求投资

从创新的产品研发到市场的拓展,无不需要大量的资金作为支持。但是,如何才能有效地吸引投资,将其转化为企业的营销领导力,进一步推动业务的增长和品牌的影响力?这就需要深入理解投资的本质,找准投资者,构建出有吸引力的投资计划。同时,还需要透过投资的表象,看到它在提升企业竞争力、增强品牌影响力方面的深远影响。

寻求投资:企业发展的助推器

企业发展过程中,资金是不可或缺的资源。寻求额外的资金投入对企业的发展与壮大具有至关重要的作用。这份资金可以被用于各种可能的方向,如拓展生产线、优化营销策略、增强研发能力、提升品牌影响力等。如何才能更有效地获取这些额外的资金呢?

(1)制订明确的资金需求计划是吸引投资者的关键。企业应根据自身的发展战略和目标,详细规划资金的用途、数量、使用时间等因素,为投资者描绘出清晰的投资蓝图。只有当投资者了解并信任企业的资金管理和使用计划,才能产生投资的意愿。

(2)在明确资金需求的基础上,需要积极寻找合适的投资机会。企业可以通过参加投资洽谈会、利用投资平台、接触投资机构等方式去寻找投资机会。在这个过程中,企业需要了解投资者的投资理念、投资策略和投资偏好,寻找与自身发展战略相契合的投资机会,以便找到最匹配的投资者,最大限度地获取投资。

(3)建立良好的投资者关系,这是企业寻求投资成功的关键,也是持续获取投资的保障。企业需要积极与投资者保持密切的沟通,及时反馈资金使用情况、企业运营状况和发展计划。同时，还需要积极回应投资者关切，解决他们的问题和疑虑，以建立良好的信誉形象。只有当投资者对企业的运营和发展充满信心，才能维持和增加他们的投资意愿。

资金动脉：探索企业成长背后的四大投资引擎

在寻求资金投入的过程中，不同类型的投资在企业成长和扩张中扮演着不同的角色。企业可以根据自身需求和资源情况进行选择。

(1) 风险投资。风险投资是指投资者向具有高成长潜力但风险较高的初创或创新型企业提供资金，以换取股权或未来收益的一种投资方式。风险投资通常适用于具有高成长潜力、创新技术或商业模式的初创企业。风险投资具有高风险、高回报的特点。投资者不仅提供资金支持，还会为企业提供管理、战略等方面的指导。

(2) 股权投资。股权投资是指投资者通过购买公司的股票或股权份额，成为公司的股东，并分享公司的收益和增值。股权投资适用于各类企业，从初创企业到成熟企业都可以通过股权融资来获取资金。相对于风险投资，股权投资的风险较低，但回报也相对较低。投资者通常不参与企业的日常经营管理。

(3) 债务融资。债务融资是指企业通过发行债券或贷款等方式向投资者借款，以获取资金，并按约定的利率和期限偿还本息。债务融资适用于各种规模和发展阶段的企业，尤其是在企业需要大量资金用于扩张、设备购买等方面时。债务融资的风险相对较低，因为投资者在企业无法按时还本付息时有优先权，但企业需要承担利息支出的负担。

(4) 私募股权基金。私募股权基金是由专业的基金管理公司设立的、面向有限合伙人的基金。私募股权基金通过向有限合伙人募集资金，然后投资于不公开交易的股权市场，为企业提供资金支持。私募股权基金适用于需要大额资金、不适合上市融资的企业，投资者可以通过基金的管理层来管理和运作资金,从中获取投资回报。

智慧融资：高效利用投资资源的策略之道

融资不仅是企业生存和发展的关键,更是一门需要深谋远虑的艺术。如何更好地利用投资资源,将每一分资金转化为企业成长的动力,是每一位企业家和管理者面临的挑战。有效的融资策略能够帮助企业优化资金结构,降低融资成本,加速发展步伐。如何通过精准定位、策略规划和持续优化,实现投资资源的最大化利用,为企业开拓更广阔的发展空间？

(1)寻找行业内的"知音"。企业要在庞大的投资群体中寻找那些对行业有深度了解和兴趣的投资人。投资者通常倾向于投资他们熟悉的行业。这些投资者不仅能够提供资金支持,更重要的是他们能带来宝贵的行业经验和资源。找到对行业感兴趣的投资者,不仅能提高融资成功的可能性,也能为企业带来价值观匹配的合作伙伴。可以通过参加行业活动、与行业协会合作、利用专业的投资平台等途径来寻找相关的投资者。

(2)准备一份完善的投资材料。要赢得投资者的青睐,需要准备详尽的商业计划书、财务状况和预测、市场分析、产品或服务细节以及团队介绍等材料。这不仅能让投资者看到企业的优势和潜力,更能让他们感受到你对市场和行业的深刻理解和清晰的发展规划。这些能够帮助投资者全面了解企业,评估其潜力和风险,从而做出投资决策。

(3)建立良好的企业信誉。在投资领域,企业信誉就像是一个人的口碑。要想赢得投资者的信任,企业要做到诚实守信、言行一致、履行承诺,无论是产品质量、服务水平,还是社会责任、商业道德,都要做到最好。通过保持透明度和公开性等方式来建立良好的信誉。这样,企业能在投资者心中树立起一个值得信赖的形象。

(4)利用社交网络和人际资源。社交网络和人际关系是现代商业中不可或缺的资源。可以通过参与行业论坛和活动、加入商会、利用社交媒体平台等途径来拓展资源,与更多潜在投资者建立联系,与其建立良好的关系。这样,当企业需要融资时,就能有更多的机会找到合适的投资者。

周杰伦与他的"音乐帝国"

著名歌手周杰伦,除了在音乐、电影等领域取得了显著的成就外,也是一位成功的创业者。他创建的音乐公司,因引入合适的投资者得以良性发展。周杰伦一直致力于推动音乐发展。他寻找的投资者不仅需要有充足的资金,还需要对音乐产业有深入的理解和热情。在这方面,周杰伦成功引入了多位对音乐有着热爱且具有丰富行业经验的投资者。他们不仅提供了必要的资金支持,更为公司的发展提供了重要的战略指导和资源整合。

此外,周杰伦本人的影响力和娱乐圈的人际资源,也为公司的发展带来了巨大的优势。他的知名度和声誉吸引了大量的粉丝和消费者,这也反过来吸引了更多的投资者和合作伙伴。通过与各大音乐平台和媒体的合作,公司的音乐作品得以广泛传播,进一步扩大了公司的影响力。

周杰伦的音乐公司能够成功,寻找到合适的投资者起到了决定性的作用。这个案例充分说明,对于创业企业而言,找到理念相符、有共同目标的投资者,是推动企业良性发展的关键。

找到适合的投资能够为企业提供宝贵的资源和支持,使其能够在激烈的市场竞争中脱颖而出。通过投资,企业可以提升营销策略的效果、推动产品创新、加强品牌建设,从而赢得更多消费者的青睐和市场份额。因此,对企业来说,积极寻求投资是提升竞争力和增强品牌影响力的关键。只有不断引入资金和资源,企业才能在市场中立足并取得长期的成功,为企业的未来发展铺就坚实的道路。

第四节　数字化资源

传统的营销方式已经被数字化营销所取代,而数字化资源的运用已然成为企业在市场竞争中脱颖而出的关键。数字化资源为企业提供了无限的可能性,从社交媒体平台到大数据分析,从人工智能到移动营销,这些工具和技术正在改变着企业与消费者互动的方式。对企业来说,如何在这个数字化的浪潮中胜出,成为市场的领导者,就需要具备强大的营销领导力,而营销领导力的落地,就须聚焦数字化资源,视为企业发展的战略核心。

数字化资源的重要性

数字化资源已经成为现代企业运营发展的重要支撑力量。它不仅改变了企业的经营模式,还影响着消费者的行为习惯。

那么,何为数字化资源?它是指通过数字技术进行信息存储、处理和传播的资源。包括的资源有数字营销、电子商务、社交媒体、大数据等多个方面。它们共同构成了企业的数字化生态系统,为企业提供从产品设计、生产到销售、服务的全方位支持。还有,数字化资源在企业中的作用不可忽视,可以帮助企业实现自动化、智能化的生产和管理,减少人工干预,降低成本,提高生产效率和运营效率。可以实时监控和分析企业的运营数据,及时调整和优化资源配置,提高资源利用效率;可以帮助企业更好地了解市场动态和消费者需求,及时调整产品设计和营销策略,提高市场竞争力。还能用于企业的品牌推广和形象塑造,通过数字化渠道展示企业的产品和服务,提高品牌知名度和美誉度。

利用数字化资源可以帮助企业提高营销效果,企业可以通过数字化渠道进行市场调研、了解消费者的购买习惯和需求,可以利用大数据技术对消费者进行精准画像,为不同群体提供个性化的产品和服务。再通过社交媒体等数字化平台,企业可以实现与消费者的实时互动,提高客户满意度和忠诚度,此外,数字化资源还能帮助企业进行线上线下的融合营销,扩大市场份额。

数字化资源的重要性不言而喻,不仅是企业运营发展的重要支撑力量,也是提高企业营销效果的关键因素。在当今的市场竞争中,企业须深入理解和有效利用数字化资源,才能实现可持续发展。

数字化资源在营销中的作用

信息化的时代,数字化资源不仅改变了人们获取信息的方式,也为企业提供了更加精准和高效的营销手段,它对营销的影响是深远的。

首先,它改变了消费者的行为和预期。现在的消费者更倾向于通过网络搜索、社交媒体等数字化渠道获取产品信息和进行购买决策。

其次,数字化资源为企业提供了更多的营销渠道和工具,如电子邮件营销、社交媒体广告、搜索引擎优化等。

数字化资源在营销中的优势也非常明显。它可以帮助企业更加精准地定位目标受众,根据消费者的兴趣、行为和地理位置等信息进行定向营销。此外,数字化资源还可以提高营销效率,降低营销成本。通过自动化营销工具和数据分析,企业可以更加高效地管理营销活动,并且实时监测和优化营销效果。

数字化资源:营销领导力的新利器

这个时代,营销领导力与数字化资源的结合变得尤为重要。营销领导力在获取数字化资源中扮演着关键的角色,而数字化资源也对营销领导力的提升起到了积极的作用。提升营销领导力并有效利用数字化资源需要做好以下几个方面:

(1)明确数字化资源的战略目标。作为营销领导者需要为团队指明方向,确保大家朝着共同的目标努力。

(2)推动团队不断创新。鼓励团队成员积极尝试新的数字化工具和技术,探索更有效的营销手段,提升营销效果。

(3)合理分配数字化资源。营销领导者需要全面了解团队的资源需求,据此进行合理配置。确保团队拥有足够的资源支持,同时避免浪费和重复投入,以实现最佳的营销效果。

(4)利用数据分析驱动决策。数据是数字化时代的宝贵财富,通过数据分析,可以深入了解市场需求、消费者行为以及竞争态势等信息,为营销策略提供决策支持。

数字化资源对营销领导力的提升作用不容忽视。

(1)提供决策依据,通过数据分析,营销领导者可以更好地了解市场和消费者,做出更明智的决策。

(2)提升团队效率,数字化工具可以提高团队的工作效率,使营销活动更加精准和有效。

(3)增强竞争力,利用数字化资源,企业可以在市场竞争中脱颖而出,提升知名度和市场份额。

(4)促进个人成长,不断学习和掌握数字化技能,有助于营销领导者提升自身能力,适应数字化时代的挑战。

下面以某知名电子产品品牌在新产品发布期间,是怎样通过数字化营销手段来提升品牌知名度、增加产品销量,并深入了解目标客户需求和反馈的。

(1)社交媒体营销。

平台选择:选择在微信、微博、抖音等主流社交媒体平台上开展营销活动。这些平台拥有庞大的用户群体,且用户活跃度高,有利于品牌信息的快速传播。

内容创作:利用视频编辑软件制作高质量的产品宣传视频,展示产品特性、使用场景和优势。同时,结合热点话题和节日庆典,创作有吸引力的图文内容,增加用户互动。

广告投放:通过社交媒体平台的广告投放系统,精准定位目标受众群体,如年龄、性别、地域、兴趣等,实现广告的精准推送。利用算法优化广告展示,提高点击率和转化率。

(2)搜索引擎优化(search engine optimization,SEO)。

关键词研究:利用 SEO 工具分析用户搜索习惯,确定与产品相关的关键词和长尾关键词。在官网、博客和社交媒体内容中合理布局这些关键词,提高网站在搜索引擎中的排名。

内容优化:定期更新官网和博客内容,发布高质量的文章、教程和案例分析,吸引用户访问并分享。优化网站结构和页面加载速度,提升用户体验。

外链建设:与其他行业网站、博客和论坛建立合作关系,互相推荐链接,增加网站的权威性和流量。

(3)电子邮件营销。

客户数据库构建:通过官网注册、购买记录、社交媒体互动等方式收集客户数据,构建详细的客户数据库。

个性化邮件发送:利用邮件营销软件,根据客户的购买历史、兴趣偏好等信息,发送个性化的促销邮件。邮件内容包括产品推荐、优惠券、新品上市通知等。

效果追踪:通过邮件营销软件提供的追踪功能,分析邮件的打开率、点击率和转化率等指标,评估邮件营销效果并不断优化策略。

(4)数据分析与智能决策。

数据分析工具:采用专业的数据分析工具(如 Google Analytics、百度统计等),收集和分析营销活动产生的数据,包括网站流量、用户行为、转化路径等。

智能决策支持:基于数据分析结果,利用人工智能和机器学习算法预测市场趋势、客户需求和营销效果。根据预测结果调整营销策略和预算分配,实现精准营销和高效决策。

(5)成效评估。

通过上述数字化营销手段的实施,该电子产品品牌成功提升了品牌的知名度,增加了产品的销量,并收集了大量有价值的客户反馈数据。这些数据为后续的产品改进和营销策略优化提供了有力支持。同时,数字化营销手段的应用也降低了营销成本,提高了营销效率,为企业的可持续发展奠定了坚实基础。

营销领导力与数字化资源的结合是未来营销的趋势,为企业带来了无限的可能性。一起探索这个充满机遇的领域,释放营销的力量,实现企业的辉煌发展。

数字化营销领导力:如何利用技术赋能品牌增长

在这个数字化快速发展的时代,营销的领导力意味着能够灵活运用技术资源,以创新和战略性的方式推动品牌成长。这不仅是关于选择正确的数字平台或工具,更是关于如何将这些技术融入营销策略中,以实现具体的业务目标,帮助品牌在数字化营销的浪潮中乘风破浪。

首先,制定数字化营销战略是基石。这涉及深入理解目标市场和受众,同时保持对最新市场趋势的敏感。通过结合公司的独特优势和资源,可以选择最适合的数字化平台和工具,设计出既有针对性又具创新性的营销计划。

其次,提升团队的数字化营销能力至关重要。这不仅是技能的培训,更是一种思维方式的转变。通过组织学习活动和实践机会,可以帮助团队成员提升对数据的理解,掌握最新的数字营销工具,从而提高营销活动的精准度和效果。

再次,优化数字营销渠道,意味着要精准定位目标客户群体,并通过合适的渠道触达。无论是社交媒体、搜索引擎，还是电子邮件营销，关键在于找到那些能够有效连接品牌和潜在客户的桥梁。

然后，建立一个专业的数字化营销团队是实现这一切的基础。一个团队如果能够兼具创意思维和技术能力，那么它就能够在数字化营销的领域中发挥出巨大的力量。

最后，制定一套有效的数字化营销绩效评估体系是必不可少的。通过定期进行数据分析和监控，可以清晰地了解哪些策略有效，哪些需要调整。这种持续的优化过程，将确保数字化营销资源能够实现最高效的利用。

星巴克借助数字化平台扩大品牌影响力

在数字化时代，星巴克敏锐地察觉到数字化营销的重要性，果断地将数字化作为公司战略的核心。通过各种数字化平台，向世界各地的粉丝们展示品牌的魅力。在社交媒体平台上星巴克发布一系列品牌信息、咖啡文化、活动优惠等方面的内容，吸引了无数粉丝关注。他们的内容创意十足，互动性强，让人在享受美妙咖啡的同时，也能感受到星巴克独特的品牌文化。

不仅如此，星巴克还推出了一项创新的数字化忠诚计划。这个计划仿佛是一座连接品牌与消费者的桥梁，通过积分、优惠券等方式，让消费者在享受美味咖啡的同时，也能获得实实在在的回馈，提高了消费者的忠诚度。最令人瞩目的是，这个数字化忠诚计划引入了当下最热门的NFT（非同质化代币）技术，创造了一系列品牌NFT集合。

星巴克的数字化忠诚计划还远不止于此。他们通过这个计划，更好地与消费者进行互动和沟通，深入了解消费者的需求和喜好。这种精准的个性化营销策略，不仅提高了消费者的忠诚度和购买意愿，还进一步扩大了星巴克在全球的品牌影响力。

身处数字化的时代，数字化资源为营销领导力的落地提供了强大的支持。通过巧妙运用各种数字工具和平台，能够更精准地洞察消费者需求，定制针对性的营销策略,并实现与目标受众的无缝连接和深入互动。企业要拥抱数字化的浪潮,释放营销领导力的无限潜能,以创新的思维和果敢的行动,引领品牌走向辉煌的未来。

第五节 公共关系和媒体

公共关系一直是企业营销不可或缺的部分,也可以说公共关系是营销中不可或缺的一部分。巧妙地运用公共关系的策略,企业能够与利益相关者建立紧密的联系,塑造积极的品牌形象。媒体则成为企业的传声筒,或者说是放大器,将企业想要表达的信息快速地传达给受众。

公共关系(PR):企业与外部连接的重要通道

公共关系是一种战略沟通过程,企业通过这一过程与不同的利益相关者建立和维护良好的关系。这些利益相关者包括消费者、投资者、员工、合作伙伴、政府机构等。公共关系的目标不仅是传播有利于公司的信息,更重要的是建立和维护公司的公众形象,增强品牌信誉,以及在危机时刻管理公众的预期和情绪。

1. 建立品牌形象和声誉

公共关系帮助企业与目标受众建立积极的关系。通过与媒体、消费者、合作伙伴等利益相关者的有效沟通,能够有效地传达企业的品牌价值和核心信息。公共关系有助于塑造企业的品牌形象。通过策划和执行各种公关活动,如新闻发布会、活动赞助、公益项目等,企业可以展示其专业形象、社会责任感和创新能力,提升品牌的知名度和美誉度。

2. 增强与利益相关者的关系

公共关系能够帮助企业与各方利益相关者建立紧密良好的关系，包括消费者、员工、合作伙伴、投资者、政府、媒体等。通过与各方利益相关者的有效沟通、互动与合作，企业可以赢得他们的支持和信任，为企业的发展创造有利条件。

3. 提升企业信誉和信任度

公共关系通过积极的公关活动来增加企业的透明度，让公众更加了解企业的价值观、社会责任和经营理念，塑造正面的企业形象。如此，消费者更容易对企业产生信任感，愿意选择其产品或服务。再有，当企业面临危机时，公关团队可以迅速采取措施，通过正确有效的沟通和危机应对策略，化解危机，保护企业的声誉和形象。良好的声誉是企业最宝贵的资产，帮助企业在市场中脱颖而出，吸引更多的客户和合作伙伴。

媒体：企业信息放大器

作为信息传播的主要渠道，媒体可以扩大品牌曝光度，将企业的品牌推向更广泛的受众群体。通过与媒体合作，企业可以获得更多的曝光机会，吸引潜在客户的关注。媒体也是企业与公众沟通的桥梁。通过媒体，企业可以向外界传递其独特的定位、价值观和经营理念。这种有效的信息传递可以帮助企业建立起与目标受众之间的情感共鸣，增强品牌忠诚度，还可以吸引潜在客户和合作伙伴。媒体的报道和推荐对潜在客户和合作伙伴具有很大的影响力。积极的媒体形象可以增加企业的可信度和吸引力，促使潜在客户选择与企业合作，同时吸引更多的合作伙伴加入企业的生态系统。

万物互联时代的到来，传统的媒体都受到了巨大的挑战，随着抖音、微信视频号、小红书这样的线上平台的飞速发展，自媒体逐渐占据了绝大多数人的视线。如何在这些平台运营好企业的公众号，如何建立起企业的自媒体策略,是现代企业的营销领导者最为重视的领域。

数字化转型与创新营销的融合策略

数字化营销已经成为推动品牌增长、提升市场竞争力的关键武器。企业面临的不仅是市场竞争的压力,更是如何在这场快速变化的数字化浪潮中立足的挑战。

(1)制定公共关系和媒体战略。先明确目标和受众。在制定公共关系和媒体战略之前,企业要明确自己的目标和受众,包括确定品牌形象、市场定位、目标客户群体等。

(2)选择合适的媒体渠道。根据目标受众的特点和喜好,选择合适的媒体渠道进行传播。可能包括电视、报纸、杂志、社交媒体、户外广告等。不同的媒体渠道有不同的优势和适用场景,企业需要根据实际情况进行选择。

(3)制定内容策略。内容是吸引受众的关键。企业需要制定有价值、有趣、有创意的内容策略,以吸引受众的注意力。这包括制作新闻稿、博客文章、视频、图片等。内容应与品牌形象和目标受众相关,同时要符合媒体渠道的特点。

(4)建立媒体关系。与媒体建立良好的关系是公共关系的重要组成部分。企业需要积极与媒体沟通,了解它们的需求和关注的热点,提供有价值的信息和故事。通过与媒体建立良好的关系,企业可以获得更多的曝光机会和正面报道。在公共关系和媒体战略中,危机管理是不可忽视的一环。企业需要制订危机管理计划,以应对可能出现的负面事件或危机,包括及时回应、公开透明、积极沟通等。有效的危机管理可以帮助企业保护品牌形象,减少损失。

(5)建立专业团队和合作伙伴关系。企业拥有一个专业的公共关系和媒体团队是成功的关键。具备丰富经验、知识和良好沟通力的团队成员能够与媒体建立紧密良好的联系,管理品牌形象,并在危机时做出迅速反应。此外,与相关的合作伙伴建立战略合作来扩大企业的影响力和资源,这包括与媒体机构、行业协会、意见领袖、社交媒体平台等建立合作,共同推广品牌、举办活动等。除了外部团队,企业还应培养内部的专家,他们对公司的产品、服务和行业有深入了解,可以作为可靠的信息来源,为媒体提供有价值的观点和故事,增强企业的专业性和可信度。

(6)创新传播方式和内容。为了吸引更多受众关注和参与,企业需要不断探索和创新传播方式和内容,创建有价值、引人入胜的内容。这包括社交媒体营销,可以利用微博、微信、抖音等平台发布有价值的内容,吸引潜在客户的关注,与其建立互动关系;内容营销,制定出符合品牌定位和目标受众的内容策略,制作高质量、有价值的内容如文章、视频、图片等;事件营销,通过策划组织有影响力的活动或事件,吸引媒体和公众关注,提高品牌知名度和美誉度;合作营销,与其他品牌或机构合作,共同展开营销,以扩大品牌影响力和覆盖面;数据驱动营销,利用数据分析工具,深入了解受众需求和行为,制定更精准的营销策略,提高营销效果。

(7)持续优化和改进策略。市场和受众的需求不断变化,企业需要不断学习和适应市场变化,才能更好地满足受众的需求。

①数据分析与反馈。收集和分析市场数据和受众反馈,了解策略的执行效果和受众的反应,发现问题和不足之处,及时进行调整和改进。

②监测竞争对手。密切关注竞争对手的动态和策略,分析其优劣势,借鉴其成功经验,同时寻找差异化的竞争优势。

③创新思维与实验。鼓励团队成员提出新的想法和创意,进行小规模的实验和测试,以验证其可行性和效果。

④建立良好的客户关系。定期与客户沟通,了解其需求和意见,根据客户反馈优化策略,提高客户满意度和忠诚度。

⑤关注行业发展趋势和新技术的应用。及时调整策略,利用新技术提升传播效果和用户体验。通过这些方面的努力,不断提升策略的效果,以适应

市场变化,实现品牌的长期发展。

营销领导力在公共关系和媒体方面的重要性不言而喻,然而,挑战也如影随形,如同在风暴中驾驭帆船一样,需要营销领导者像勇敢的探险家一样不断探索,寻找新的机会和创新之法。只有通过他们的智慧和勇气,应对挑战、把握机遇,企业才能在这个瞬息万变的世界中立足并繁荣发展。

第六节 客户参与

在现代商业里,客户不再仅仅是产品或服务的被动接受者,他们更希望积极参与到品牌的建设和传播中来。对于优秀的营销领导者,如何吸引客户参与,提升用户体验,塑造良好口碑,已成为获取最大资源的核心问题。

激活增长引擎:客户参与的力量与策略

在今天这个"顾客至上"的时代,企业成功的关键不仅在于提供高质量的产品或服务,更在于如何有效地吸引和维持客户的参与和忠诚。客户参与已经成为品牌与消费者之间建立深厚情感联系的桥梁,不仅能够显著提升用户体验,还能够为企业带来前所未有的增长动力。

客户参与是指客户在购买和使用产品或服务的过程中,主动参与企业的营销活动,通过互动、反馈和分享等方式,积极投入时间、精力和情感,与品牌建立起紧密的联系。

客户参与能提升用户体验感。可以帮助企业更好地了解客户的需求和期望,提供更符合客户需求的产品和服务。客户参与到产品或服务的设计和改进中,不仅是消费者也是共同创造者,与企业一起创造独特的体验。这种互动让企业与客户建立起更深层次的情感连接,客户感受到自己的意见被重视、需求被满足时,会对企业产生更多的情感认同。还有,客户参与为企业提供了实时的反馈机制,企业可以了解客户的喜好、不满和预期,依据信息及时做出调整和改进,可以迅速适应市场变化,不断提升用户体验感。

有效地推动口碑营销,当客户积极参与企业品牌活动并分享他们的体验和感受时,就成了品牌的忠实拥护者和自发的宣传者,通过媒体、朋友圈或口碑,将品牌的故事传播给更多的人。这样口碑就像涟漪一般不断扩散,为企业带来更多的潜在客户。

提升品牌忠诚度,客户积极参与到品牌的互动中,就成了品牌的积极参与和共同创造者,与品牌建立起一种互动的关系,共同创造出独特的体验。积极参与让客户对品牌产生了情感依附,客户感受到品牌对他们的关注和重视,从而产生了归属感和忠诚度。就像一名忠实的粉丝,会主动为品牌辩护,推荐给他人,成为品牌的自发传播者。

点燃市场的火种:吸引客户参与

客户参与是与客户建立紧密联系的关键,而吸引客户参与的策略就像是打开客户心门的钥匙。互动营销策略,就像是一场精彩的舞台剧,让客户成为其中的主角。通过巧妙的互动设计,激发客户的兴趣和参与度,让他们与品牌建立起深厚的情感联系。可以通过线上社交媒体平台,如抖音、微信或者小红书等进行。企业为客户创造独特而有趣的体验,就像为他们打开一扇通往奇妙世界的大门,让他们在互动中感受到快乐和满足。

再建立一个充满活力的社群,让客户成为其中的一员。大家相互交流、分享,共同创造美好的回忆。然后,提供有价值的内容和奖励,让他们在参与中得到实实在在的收获,感受到品牌的关怀。

个性化定制策略,就像为每位客户量体裁衣,打造独一无二的体验。品牌要像一位贴心的设计师,仔细倾听客户的声音,了解他们的独特需求和期望。然后,根据他们的喜好和个性,为他们量身定制独特的产品和服务,让客户感受到品牌的用心和关怀。还要精心打造每一个细节,确保客户得到的是完美贴合他们需求的产品和服务。

建立快速响应机制,倾听客户的需求,及时解答他们的疑问,让客户感受到被重视和关心。只有当客户感到满意和被尊重时,才会主动参与和互动。还要像一位细心的服务员,关注每个细节,确保客户得到无微不至的关怀。从产品的质量到服务的流程,都要做到尽善尽美,让客户满意而归。

吸引客户参与是一种艺术,也是一门科学。合适的策略就像一把钥匙,为企业打开了与客户互动的大门。通过创造独特的互动体验、提供有价值内容、个性化的定制和优质的客户服务,企业与客户建立起紧密的联系,赢得他们的信任和忠诚度,才能实现长期稳定的业务增长。

客户参与是提升营销领导力和品牌影响力的强大推动力

客户参与对于提升营销领导力和品牌影响力来说,就像鱼儿离不开水。客户参与能够让企业深入了解客户的需求和期望,为企业提供宝贵的市场洞察力。就像一位智慧的军师,客户的参与为营销策略的制定提供了重要的情报,使企业能够精准地满足市场需求。同时,客户参与还能够增强客户与品牌之间的情感纽带。当客户感受到自己被重视和关注时,就会成为品牌的忠实拥护者,积极地传播品牌。就像一颗火种,通过客户的参与,品牌的影响力得以迅速传播,点燃整个市场。

此外,客户参与还能够促进产品和服务的创新。当客户参与到产品设计和改进过程中,他们的创意和建议将为企业带来新的灵感,推动产品的不断升级。

小米,"米粉"都是设计者

小米的"米粉节"是一个标志性的事件,它不仅是一次促销活动,更是一次用户参与和品牌互动的庆典。在2012年的"米粉节"上,小米通过社交媒体和官方论坛发起了一系列的活动，邀请用户参与产品设计、反馈和测试，甚至可以通过投票来决定某些产品的功能或者颜色。

此外，小米还建立了MIUI操作系统的开发者社区，鼓励用户报告漏洞，提出功能改进建议。小米的工程师会定期浏览社区帖子，与用户直接交流，这种互动不仅提高了系统的稳定性和用户体验，也让用户感到他们对产品的改进有实质性的贡献。

通过这样的客户参与策略，小米不仅在产品开发和优化上获得了低成本的用户反馈，还建立了强大的品牌忠诚度。小米的成功在很大程度上归功于它能够将用户的声音转化为产品的改进和创新，这种以用户为中心的模式为小米在高度竞争的市场中赢得了一席之地。

如果真正关注和满足客户的需求，客户就能感受到。这种品牌忠诚度一旦建立，将会给企业带来巨大的回报。如何让客户很好地参与，这是一门艺术，是营销领导者智慧的体现，也是品牌影响力的源泉。

第五章 05

营销领导力的具体落地——打造高效的团队

营销领导力的落地，离不开一个高效团队。现在的商业环境早已过了单打独斗的年代，良好的团队合作才能让企业在这样的环境中生存。只有团队成员间紧密配合、互相扶持，企业才能够在激烈的市场竞争中崭露头角。

第一节　激发团队成员的目标意识

团队的力量，源于每个成员内心的火焰。而这份火焰，正是源于对目标的坚定追求。一支箭，若无目标，怎能击中靶心？同样，团队成员若没有明确目标，又如何能稳步向前？激发团队成员的目标意识，就如同点燃他们内心的火种，使他们为了共同的目标不懈努力。当每个成员都清楚自己的方向，并将个人目标与团队目标紧密结合，团队将展现出惊人的创造力和执行力。

高效团队的动力之源：目标意识

一个高效的团队，其动力来源于明确的目标和共同的价值观。目标，是团队行动的灯塔，也是团队协作的基石。营销领导者必须确保每个团队成员都对共同目标有清晰的认识，明白其重要性。这样的目标，应当是明确的、可衡量的、可实现的，并与企业的整体战略保持一致。它不仅指引团队前进的方向，更能激发团队成员的积极性和热情，使他们全身心投入实现目标的过程。

共同的价值观，则是团队精神的灵魂。它帮助团队成员更好地理解团队目标，为达成这些目标提供指导。共同的价值观有助于建立团队成员间的信任与尊重，形成共识，进而提升团队协作的效率和效果。同时，它还能增强团队成员的归属感和忠诚度。营销领导者需要努力培养团队的共同价值观，使每个团队成员对团队目标有着一致的认知和理解。这样，团队成员才会更有动力去追求与这些价值观相符的目标。

建立有效机制，提升效果效率

高效团队的蓬勃发展，离不开反馈与激励机制的滋润。营销领导者作为团队的"指挥官"，需把握激发团队成员目标意识的关键。这不仅关乎领导者的智慧，更关乎每个团队成员的自我驱动能力。

为了引导团队成员朝着共同的目标奋进，营销领导者需提供及时、明确的反馈，让每个团队成员了解自己的工作表现与目标之间的差距。这不仅有助于他们找到改进的方向，还能让他们感受到领导者的关注与支持。同时，适当的奖励机制也是必不可少的。薪酬激励、晋升机会、奖励制度等多元化的激励方式，能激发团队成员对目标的渴望与追求。当团队成员的努力得到认可，他们的目标意识自然会得到提升，从而更加积极地投身实现团队目标的工作。

然而，激发团队成员的目标意识，不能仅仅依赖营销领导者的推动。培养团队成员的自我驱动能力同样至关重要。营销领导者应善于引导和启发，激发团队成员对工作的内在热情，让他们从心底产生对目标的追求。同时，应创造一个良好的工作环境，给予团队成员足够的自主权和决策权，让他们能够自主设定目标、制订计划，并对自己的工作进行自我评估和调整。这样的环境不仅能激发团队成员的创造力，还能让他们更加主动地投入到工作中。

在这个过程中，有效的沟通和协作是确保团队目标意识一致性的关键。团队成员之间应保持开放、坦诚的沟通，让彼此的工作进展和目标变得透明可见。这不仅能减少误解和冲突，还能促进团队成员之间的相互支持和合作。通过这样的沟通与协作，团队成员将更加深入地理解团队目标的重要性，从而为了共同的目标齐心协力、共同奋斗。

在激发团队成员的目标意识方面，建立有效的沟通渠道也至关重要。一个清晰、畅通的沟通渠道，能够确保每个团队成员准确理解组织的目标，并明确自己在团队中的定位与责任。营销领导者需要创造一个开放、透明的沟通环境,鼓励团队成员提出疑问、分享观点。对于他们的问题,领导者需要及时回应,给予支持与指导。同时,领导者还需要倾听团队成员的声音,主动寻求他们的意见和建议,从而增强他们的参与感和归属感。

而要进一步提升团队成员的目标意识,持续的培训和发展机会同样不可或缺。通过持续培训,团队成员的专业能力得以增强,自信心得以提升,从而能够更好地为实现团队目标贡献力量。营销领导者需要关注团队成员的职业发展需求,为他们制订个性化的培训计划,提供适时的学习机会。同时,领导者还应鼓励团队成员参与行业研讨会、专业培训和交流活动,帮助他们开阔视野、增长见识。这样,团队成员不仅能够提升自己的能力,还能对实现团队目标有更充分的准备。

埃森哲:打造高效团队的故事

咨询公司埃森哲有一个项目团队。起初,团队成员们各自为战,只关注自己的任务,缺乏必要的沟通和协作。这导致项目进度缓慢,质量也不达标。客户对项目的满意度逐渐下降,团队士气也受到了打击。

面对困境,团队领导决定采取行动。他们深知,要提升团队的效率和成果,必须激发团队成员的集体意识和协作精神。于是,一场变革悄然展开。

为了加强沟通,团队引入了定期的团队会议和即时沟通渠道。这鼓励团队成员分享进展、挑战和见解,及时解决问题。这种透明的沟通方式不仅增强了团队凝聚力,还为共同成长创造了条件。

此外,团队领导开始认真对待每一个小胜利,无论是完成一个重要的里程碑还是解决了一个棘手的问题。这种认可和庆祝不仅增强了团队的积极性和动力,还进一步激发了团队的协作精神。

目标,是每个团队成员内心深处的火焰,也是驱动团队向前的强大引擎。激发团队成员的目标意识,是打造高效能团队的助推器。当每个成员都清晰地了解自己的目标,并将其与团队目标紧密相连时,团队的力量便得以汇聚,能量得以爆发。

第二节　确定角色和责任

在高效团队中,每个成员如同精密齿轮,独特且不可或缺。他们各司其职,共同驱动团队这台强大机器的运转。若某个齿轮迷失定位,整台机器将停滞不前。明确各自职责,团队便能如精密机器般迅速稳健前行。团队力量源于每个成员的协同合作,领导者需确保每个齿轮明确定位、责任,创造良好环境,激发潜能并促进协作,从而发挥团队最大效能。

团队高效运作的秘诀：分工明确，各展所长

在团队中,每个成员都是独一无二的。他们拥有不同的专长,各自的能力犹如璀璨的星辰,共同构成了团队的辉煌星空。而要让这星空持续闪耀,分工明确、各司其职显得至关重要。

明确每个成员的角色与责任,就如同为星辰定位,使其能够在自己的轨道上稳定运行。这样,团队成员不仅能更好地理解自己在团队中的位置,还能明确自己的任务,与其他成员形成默契的配合。

作为营销领导者,需要深入了解每个团队成员的优势与短板,根据团队的目标和任务,为他们量身定制最适合的角色。这不仅确保了每个成员清楚自己的职责,还让他们的才华得以充分展现。

分工明确,各展所长,团队的效率将如火箭般飙升。每个人都能在自己擅长的领域发挥到极致,与其他成员形成完美的协同。这样的团队,如同配置精良的机器,运转快速且稳定,能迅速攻克难题,创造出令人惊叹的业绩。

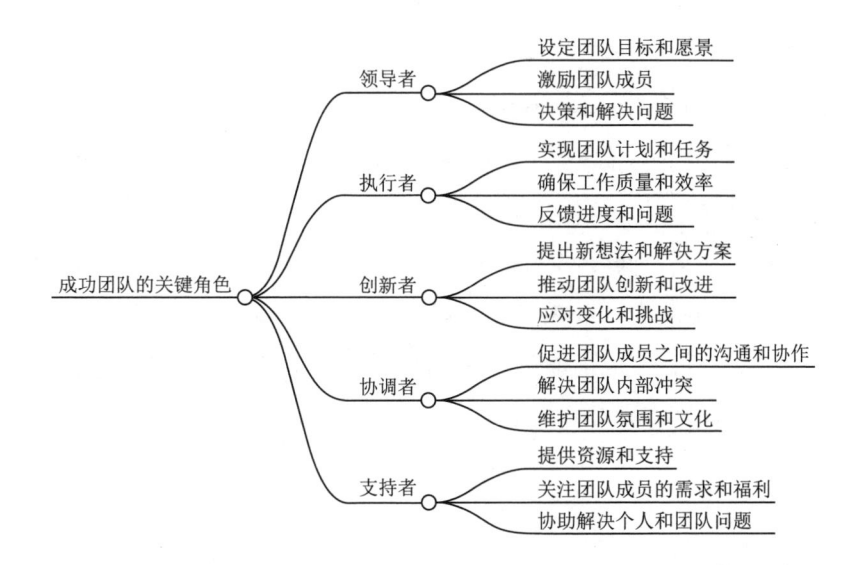

```
成功团队的关键角色
├── 领导者
│   ├── 设定团队目标和愿景
│   ├── 激励团队成员
│   └── 决策和解决问题
├── 执行者
│   ├── 实现团队计划和任务
│   ├── 确保工作质量和效率
│   └── 反馈进度和问题
├── 创新者
│   ├── 提出新想法和解决方案
│   ├── 推动团队创新和改进
│   └── 应对变化和挑战
├── 协调者
│   ├── 促进团队成员之间的沟通和协作
│   ├── 解决团队内部冲突
│   └── 维护团队氛围和文化
└── 支持者
    ├── 提供资源和支持
    ├── 关注团队成员的需求和福利
    └── 协助解决个人和团队问题
```

搭建沟通的桥梁

营销领导者需搭建有效的沟通渠道,确保信息的畅通无阻,让每个成员明确自己的角色与责任。通过定期会议、电子邮件和协作工具,团队成员能够实时掌握项目进度、任务分配和优先级。这将有助于减少误解、避免重复工作,并促进成员间的默契配合,提升工作效率。

团队合作是永远的主题

激发合作精神,共创和谐乐章。团队的成功离不开每位成员的协作。正如交响乐团中的每位乐手,各自担当独特角色,通过合作演绎和谐乐章。为了促进团队协作,营销领导者可以组织团队建设活动,提供培训机会,鼓励知识共享。这将帮助团队成员提升能力、深化友谊,形成更强的协同效应。

动态调整,持续优化

随着环境的变化,角色与责任也需与时俱进。营销领导者需定期评估团队成员的工作表现,及时调整角色与责任分配。这样,团队成员能持续发挥专长，确保团队的高效运作。通过不断优化，为团队注入新的活力，释放更大的潜力，为提高绩效奠定坚实基础。

要构建高效团队，先要明确每个成员的角色与责任。这样，团队成员才能更深刻地理解自己在团队中的位置和作用，进而充分发挥个人优势，为团队的成功添砖加瓦。同时，明确的角色与责任还能推动团队成员间的协作与沟通，增强团队的凝聚力和效率。所以，明确角色与责任是打造高效团队的关键第一步，只有每个成员都清楚自己的职责，团队才能齐心协力，共同实现目标。

第三节　充分授权与赋能

在构建高效团队的过程中，充分授权与赋能至关重要。授权，赋予团队成员自主决策的能力，使他们能够根据自己的实力去出色地完成任务。而赋能，则通过提供资源和支持，让团队成员更有信心、更有能力应对挑战。二者相得益彰，共同激发团队的活力、创新力和执行力。只有当每个成员感受到尊重、信任和支持时，他们才会释放出无限的潜力，为团队创造更大价值。

赋权领航：激活团队潜能，塑造决策英雄

想要释放团队潜能，授权赋能是关键。团队领导者首先要明确团队的目标和责任。让每个成员都清楚自己的工作范围和责任，避免职责不清。同时，建立信任与沟通，倾听团队成员的意见和建议，给予肯定和支持，相信他们的能力和潜力。加强团队内部的沟通，促进信息共享和交流，提高团队协作效率。通过这些措施，营销领导者可以激发团队成员积极性和主动性，提高工作效率，鼓励他们提出更具创新性的想法，并放手让他们自行决策和执行。

要使团队成员发挥潜力、高效完成任务,领导者需提供全方位的支持。这包括人力、物力、财力、技术、信息和情感上的援助。时刻关注团队成员的需求,确保他们得到及时的支援,不仅提升团队效率和绩效,还能增强他们的自信和动力。这样,团队和个人都能共同成长。

要赋予团队成员决策权,充分信任他们的能力和判断。让他们参与决策过程,并有权做出关键决策。这样能激发他们的主动性和创造力,提高工作效率,增强团队的凝聚力和执行力。

持续反馈和调整是赋能过程中的重要环节

营销领导者需对团队成员的工作进行评估和反馈,了解他们的需求和困难,及时调整授权和赋能策略。同时,定期给予认可,当团队成员达到或超越预期时,给予适当的赞扬,以激励他们继续创新和努力。这不仅能增强他们的自信和工作动力,还能提高工作效率和质量。

要打造一个充满活力、积极向上的团队,领导者必须精心营造良好的团队文化。团结、互信、共享的团队文化,能激发每个成员的归属感和使命感,使团队拧成一股绳,共同追求卓越。营销领导者应着力培养这样的团队文化:鼓励成员间互相学习、支持合作、勇于创新,并确保开放、透明的沟通和决策环境。

有了这样的团队文化,每个成员的潜力都能得到充分挖掘,个人优势得以发挥,大家齐头并进,共同实现团队目标。

逆风翻盘,北欧航空的绝地反击

20世纪70年代,一场石油危机席卷全球,航空业遭受重创,瑞典的北欧航空公司也难逃厄运,每年2 000万美元的巨大亏损,公司面临破产。就在这个关键时刻,杨·卡尔松临危受命,走马上任,成为北欧航空公司的总裁。

面对困境,卡尔松提出一个颠覆传统的全新管理理念——"Pyramid

Upside Down",又被称为"倒金字塔"管理法。他坚信,每个人都希望自己是被别人需要的,被重视的;给予他们承担责任的自由,能激发出他们深藏的潜能。任何不了解情况的人是不能承担责任的;反之,任何了解情况的人是不能回避责任的。

基于这些假设,卡尔松重新调整了管理架构,最基础的是个体员工,将决策权下放给一线员工,而CEO和总经理则成为政策的监督者和守护者,不再是高高在上的指挥者。在这样的大胆变革下,北欧航空发生了翻天覆地的变化,仅仅一年时间,就从2 000万美元的亏损转为5 400万美元的盈利,书写了一个商业传奇。

充分授权与赋能,是激发团队活力和创新力的关键。通过明确目标、建立信任、提供全方位支持、赋予决策权和营造良好团队文化,领导者能够点燃团队成员的创新之火,共同实现卓越。这样的团队不仅高效运作,还能让每个成员感受到尊重、信任和支持,从而为团队创造更大价值。

第四节 有效的冲突管理

在团队合作中,冲突难免发生,如不及时妥善处理,将影响团队的协作和效率。而有效的冲突管理是打造高效团队的关键。它不仅化解矛盾,还能促进团队成员间的合作,激发创造力,提升绩效。因此,营销领导者需掌握有效的冲突管理策略,帮助团队更好地应对和解决冲突,促进团队成员间的理解、协作和良性发展。

有效的冲突管理:团队成长的润滑剂

要建立良好的沟通氛围,营销领导者应积极鼓励团队成员进行开放、诚实且相互尊重的沟通。在这样的环境中，每个成员都能安全地表达自己的观点和想法，从而减少误解和冲突。为了实现这一目标，领导者需要倡导倾听和尊重他人的意见，珍视团队成员的多样性和独特性。

此外，共同的目标和价值观是团队凝聚力的基石。领导者应与团队成员共同明确和构建这些目标与价值观，确保每个人都对其有清晰的理解。及时、有效的沟通是解决冲突、达成共识的关键。为此，领导者应建立一套有效的反馈机制，确保信息畅通无阻，问题得到及时解决。

应对冲突的技巧

面对冲突其实是有一些技巧的。营销领导者可提供工具和技术支持，如 SWOT 分析、冲突解决模型、情绪管理技巧等，帮助团队更好地解决问题。

1. 引领团队，化解冲突

营销领导者在解决团队内部冲突中需要有开放和包容的心态，鼓励团队成员积极参与，为冲突解决出谋划策。让成员感受到自己的声音被重视，能增强其责任感和归属感。此外，领导者还应设计公平的激励制度和奖惩机制，以调动成员的积极性。此举不仅奖励积极参与的成员，还警示破坏团队和谐的行为，营造积极、公正、透明的团队环境。因此，领导者的引导与激励是推动团队成员积极参与冲突管理，实现团队和谐发展的关键动力。

2. 寻找共同利益和解决方案

在处理冲突时，营销领导者可以引领团队寻找共同利益和解决方案。要引导团队成员聚焦共同的目标和利益，明确整体目标和利益，让成员认识到彼此合作是实现目标的关键。这样可以减少冲突，增加理解和协作。领导者应鼓励团队成员采用合作解决问题的方式，组织讨论和交流，鼓励表达观点和建议，通过协商达成一致。这种方式可以增加理解和信任，促进冲突解决。最后，领导者要鼓励团队成员寻求双赢的解决方案，强调整体利益，并鼓励寻找满足各方需求、实现共同目标的方案。这样不仅能解决冲突，还能为团队长期发展奠定基础。

3. 化解冲突，维护团队和谐

当冲突出现时，领导者要迅速介入，避免事态升级。保持公正客观立场，根据情况选择合适的处理方式，如调解、协商或仲裁。处理过程中，注重沟通与理解，了解各方需求，寻找共同利益点，实现双赢。此外，建立良好团队氛围，增强成员间的信任与合作，从源头上减少冲突。维护团队稳定和谐，促进共同发展。

打造开放尊重的沟通环境，团队成员得以真诚交流，深入理解彼此，共同树立团队目标，激发凝聚力，让协作如丝般顺滑。面对冲突，营销领导者需以智慧化解，让团队和谐前行。当然，冲突管理非一日之功，需持续学习与改进，在实践中不断探索，总结经验，找到最适合团队的冲突解决之道。

第五节 培养领导力和自主性

要打造一个卓越的团队，领导力和自主性不可或缺。领导力引领团队成员明确目标、把握方向，充分发挥个人影响力。它使团队成员深入理解团队目标，共同为实现目标努力。而自主性，则是激发团队成员创新与主动性的火种。面对挑战与问题，具备自主性的团队成员能积极寻找解决方案，无畏前行。领导力与自主性的结合，将使团队如虎添翼，共同迎接每一个挑战，实现共同的目标。

点亮团队之光：领导力和自主性的培养与激发

营销领导者可以制定一套公正的激励机制，让表现出色的团队成员得到应有的奖励和认可。明确的领导力评估标准，能让他们明确努力的方向。晋升、奖金、荣誉称号等激励手段，将促使团队成员持续提升自己的领导能力。并且，提供领导力的相关培训，提升核心技能。通过专业培训和工作坊，团队成员可以系统地掌握领导技能和知识。从沟通技巧到决策能力，从团队建设到冲突管理，全方位帮助员工提升领导能力。

每个人都有潜在的领导力，关键在于如何激发。通过赋予挑战性的任务和机会，让团队成员在实践中锻炼和提升领导能力；给予他们足够的自主权，让他们能够自主决策并负责项目的推进。这些将激发他们的潜能，培养出卓越的领导才能。

激发团队潜能，培养创新思维。营销领导者在提高团队成员自主性和创新能力方面，扮演着至关重要的角色。营销领导者应该为团队成员量身打造培训和学习计划，让他们在不断学习和进步中实现个人和团队的共同成长。

除此之外，领导者还应该积极引导团队成员接触外部资源，参加行业会议、培训课程和研讨会等，让他们了解行业动态、拓宽视野，并学习最新的管理理念和方法。这样，团队成员就能够不断提升自己的综合素质，为公司创造更多价值。

激发个体潜能：打造自驱力与创新的团队文化

为了激发团队成员的自主性和创新能力，营销领导者需要采取一系列激励措施，使他们感受到被认可和重视。首先，薪酬激励制度至关重要。根据团队成员的绩效和贡献，合理调整薪酬并给予奖金激励，可以激发他们的工作积极性。长期激励机制如股票期权等，能使团队成员与团队的长期发展紧密相连，共同追求卓越。其次，及时的认可和奖励能够增强团队成员的自信心、工作满意度和归属感。管理者可以通过公开表扬、颁发荣誉证书或奖励等方式，对团队成员在工作中展现出的领导力和自主性给予认可和奖励。团队奖励制度如团队旅游、聚餐等也能有效增强团队凝聚力。

管理者可以与团队成员共同制订个人发展计划,这样,团队成员会感受到自己受到了尊重,从而有效地激发潜能。通过深入沟通,了解团队成员的职业发展需求,为他们提供所需的培训、学习资源和晋升机会。这不仅能让他们感受到自己在团队中的价值,还能清晰地看到自己的成长空间。

定期的沟通反馈也很重要。它能够让管理者及时了解团队成员的需求变化,灵活调整个人发展计划。这样的合作与沟通,不仅能够促进团队成员的快速成长,更能增强整个团队的凝聚力和向心力。

第六节　提倡跨部门合作

在现代企业中,跨部门合作已成为提升工作效率与激发创新能力的关键所在。它不仅有助于打破部门间的壁垒,促进信息的自由流动与资源的优化整合,也让团队成员更好地发挥各自的专业优势,共同应对挑战,实现共同的目标。

通过跨部门合作,企业可以汇聚各部门的智慧与力量,共同攻克难题、开创新局面。这种合作模式有助于培养团队成员的沟通技巧、协作精神与全局观,为企业的发展注入强大的动力。

构建桥梁,共创高效未来

在打造高效团队的征途中,跨部门协作发挥着至关重要的作用。通过建立一套行之有效的跨部门协作机制,团队能够实现资源的优化配置,提升组织的灵活性和响应速度,从而增强市场竞争力。

为了打破部门间的壁垒,促进信息的自由流通和资源的共享,设立跨部门协作工作组显得尤为重要。这个工作组由来自营销、产品、技术等不同部门的代表组成,他们能够从多角度理解和解决问题,提高决策的全面性和准确性。这种工作模式有助于提升团队对市场变化的敏感性和应对能力，从而更好地适应不断变化的市场环境。

为了保持各部门间的同步和协调，定期召开跨部门会议是不可或缺的一环。在营销领导者的主持下，各部门代表会聚一堂，分享市场动态、工作进展，讨论面临的挑战，并寻求其他部门的帮助和建议。这种开放的沟通环境有助于各部门建立共享的视角和目标，从而提高整体的协同效应，推动项目顺利进行。

落实营销策略、提升执行效率，有效沟通是关键。无论是线上信息共享平台还是线下面对面交流，都能确保信息准确传递，避免沟通误差，助力工作效率提升。

为增强跨部门协作能力，可以通过提供跨部门协作所需知识培训，如团队建设、项目管理和冲突解决等，提高员工协作意识和技能。同时，营销领导者的引导和鼓励也能激发员工积极性与创造性，促进团队创新成长。

建立评估机制也很重要。设定明确评估指标，定期评估各部门协作效果，根据结果调整策略、改善流程，持续优化跨部门协作效果。

一定程度上的信息共享也有助于提高决策效率与准确性，激发创新与不同部门间的相互学习。企业可以通过建立信息共享平台，打造畅通的信息通道来提升各部门之间信息同步的效率。这包括内部网站、论坛、社交媒体等，让员工轻松获取与发布信息，提高信息的可见性与可用性。当然，营销领导者需明确规定共享信息的范围、方式及敏感信息的处理方式，既能避免信息滥用与泄露，又可以鼓励员工积极参与。

定期举办知识共享会议，推动信息共享的落地。在会议上，各部门分享经验、观点与想法，共同提升团队的知识与创新水平。

除了技能培训，管理层的支持和鼓励同样重要。一个积极的环境能够激发员工的主动性和创造性，让他们更愿意参与信息共享，打破沟通壁垒。为了让信息共享真正落地，建立一套激励机制也是必不可少的。通过提供奖励、认可和晋升机会,可以激发员工的内在动力,使他们更加积极地参与信息共享。这不仅能够提升个人的业绩,更能为整个团队带来巨大的协同效应。

共创和谐:跨部门合作的纽带

在跨部门合作中,难免会遇到意见不合与冲突。化分歧为合作,是确保合作关系持久的关键。

(1)建立坚实的合作机制。营销领导者需要构建一套完善的合作机制。明确各部门的职责与角色,确保沟通畅通,并设定共同的目标与计划。这样,可以减少合作中的冲突与误解,提高整体效率。

(2)培养问题解决能力。在跨部门合作中,团队成员需要具备一定的解决问题的能力。这包括问题分析、解决方案制定、方案执行以及冲突管理技巧等。为了提升团队在这方面的能力,管理者应为团队成员提供培训和学习机会,使他们掌握解决问题的技巧与方法。

(3)共谋解决方案。协商解决问题时,各部门成员需齐心协力,共享信息,发挥各自的专业知识与经验,共同制定最佳解决方案。这一过程中,各部门需深入了解问题背景与原因,分析各种解决方案的优缺点,最终达成共识。通过这样的合作纽带,能够共同应对挑战,创造更多可能!

当打破部门间的壁垒,促进团队成员间的沟通与协作时,企业的效率将大幅提升。不同观点和专业知识相互碰撞,将给企业带来全新的视角和解决方案,为企业的发展开辟更加广阔的道路。

第六章

营销领导力的具体落地——监督和指导，确保完成营销目标

一个目标是否能够顺利完成，取决于很多要素。在整个过程中，实时监督与指导是确保营销目标达成的重要工作内容。有效的监督与指导，不但能够让领导者对项目进度了然于心，而且可以及时发现问题，通过有效指导解决问题，使得整个项目都在掌控之中。

第一节　设定明确的目标和绩效指标

在项目开始之前，首先要设定明确的目标和绩效指标。这样可以使每个成员清楚自己的工作内容、工作重心以及时间节点等关键要素，不但能够大大提升工作效率，还可以增强团队的协同合作能力。同时，这也便于管理者全面掌握团队的工作进展和实际绩效。

下面分享一个在设定明确目标时经常用到的一个工具：SMART 原则。它能够很好地帮助企业确立更加明确和可实现的目标，从而提升目标达成率和工作效率。

"SMART"原则

它是一个目标制定的指导原则，可以应用于个人目标、团队目标、项目管理等各个方面。

S(specific，具体的)：目标必须是具体的，明确描述要达成的结果。

M(measurable，可衡量的)：目标应该是可衡量的，可以通过定量的方式来评估。

A(achievable，可实现的)：目标应该是可实现的，既具有挑战性又在能力范围内。

R(relevant，相关的)：目标应该与组织或个人的整体目标和战略相关。

T(time-bound，有时限的)：目标应该有明确的时间期限，设定完成日期。

在工作中，SMART原则的应用可以帮助提高目标设定的质量和效果，从而提高工作效率和成果。

以下是一些具体的用途：

明确目标：通过使用SMART原则，确保目标清晰明确，避免模糊或歧义。

衡量进展：可衡量的目标使人能够跟踪和评估实现目标的进展情况。

提高可行性：可实现的目标可以避免设定过高或过低的期望，从而增加成功的机会。

保持相关性：相关的目标确保努力与整体目标和战略一致，避免资源浪费。

增强时间管理：设定时间期限有助于提高效率和优先级，促进及时完成任务。

通过SMART分析，可以确立明确的目标与进度，确保团队成员明确知道要完成什么任务和时间节点，同时，可以通过定量或定性的指标来衡量进展和成就，有效地促进整体业务目标的实现。

设定明确的目标和绩效指标，不仅能让团队的合作与协作更上一层楼，还能确保工作进展得到有效监督。管理者可以通过定期的进度评估、项目会议等方式来确保团队成员按照这些目标和指标去努力。

全面了解市场和竞争环境是设定明确目标的基础

营销领导者需深入了解市场和竞争环境，通过市场调研、竞争分析和数据分析等手段深入研究市场动态、竞争对手的优势和劣势以及目标受众的需求，为制定目标提供参考依据。

同时，领导者需倾听团队成员的意见和建议，尊重考虑他们的视角，增强团队的凝聚力，提高团队的参与感和归属感。通过充分的沟通和讨论，营销领导者与团队成员达成共识，共同制定目标，确保每个人都清楚自己的责任和期望，提高团队的协同工作能力。

管理者与团队成员的定期沟通是关键

这不仅有助于了解目标完成情况,还能给予他们及时的反馈和指导。一旦发现问题,管理者应迅速采取措施纠正偏差,并帮助团队成员改进工作方法。这种持续的反馈和指导能够激发团队成员的积极性和创造力,推动他们更好地达成目标。

适当的认可和奖励对激励团队成员非常有效

管理者要善于发现团队成员的优点和潜力,给予他们充分的信任和支持。当团队遇到困难时,管理者应提供必要的支持和资源,帮助团队渡过难关,让他们保持信心和动力。通过这样的鼓励和激励,团队成员将更有动力去追求目标,取得更好的绩效。

明确的目标和绩效指标为团队提供了方向,而监督和指导则是确保团队能够有序、高效达成这些目标的关键。通过持续的反馈、指导和激励,团队的合作与协作能力将得到进一步提升,从而取得更好的业绩。

设定目标只是旅程的起点。企业需要持续地监督和跟踪进度,给予反馈和指导。这就像在航行中,需要不断检查方向、调整航向,确保始终朝着目标前进。

第二节 分解和规划任务

想象一下,如果一艘船在茫茫大海中航行,目的地可能要几个月以后才能到达,那么大家是否会感受到一些担忧和彷徨?这是因为实现最终目标的时间跨度和距离过大,以至于过程中的不确定性会增加。但如果将这次航程分解为一个个清晰的小目标，是否能够让你感觉到确定性增加了，也会少了些许担忧呢？这就是任务分解与规划的意义。将复杂的航行目标分解成一个个具体的任务，精心规划每个任务的执行步骤和时间表，这样就可以更好地掌控航行的进程，有效规避风险，确保团队顺利抵达目的地。

如何通过精准任务分解与规划赋能项目成功

在追求项目成功的道路上，明确目标、精确任务分解与周密规划构成了实现愿景的基石。对于任何规模的项目来说，将宏大的目标细化为可衡量、可执行的子目标，不仅能够为团队提供清晰的方向和动力，还能促进成员间的沟通与合作，提升整体执行效率。

在一个相对较大项目的实施过程中，常常需要将总体目标分解为具体的、可衡量的子目标。这样做能够让团队成员清楚了解每个小任务与整体目标的关系，更加明确工作方向。同时，让每个人明白自己的工作的重要性。

在分解和规划过程中，对每个任务进行深度剖析，包括难度、所需资源、时间等，这样有助于提前识别和规避问题，确保任务切实可行。此外，任务分解和规划还能明晰团队成员的职责，避免工作重叠和冲突。

领导者需要制订详细的任务计划和时间表，让团队成员清楚自己的任务，协调工作进度，提高团队协作效率。这样的规划还能加强团队沟通和协作，增强团队的凝聚力和归属感。总之，科学合理的任务分解和规划是目标实现的有力保障。

营销战略实操：高效任务分解与规划指南

在复杂多变的商业环境中，营销领导者面临的挑战之一是如何有效地将宏伟的营销目标转化为具体、可执行的行动计划。实现这一目标的关键在于精准的任务分解与周密的规划。这个过程不仅要清晰定义目标并将其细化为一系列可管理的小任务，还需要合理分配资源、确保每个环节紧密衔接、高效运作。那么,该如何通过明确的目标设定、细致的任务划分、合理的资源分配和有效的进度监控,构建一个既灵活又高效的营销执行框架,帮助营销团队明确方向,提升团队的执行力和协同效率,最终实现营销目标的顺利达成?

(1)通过 SMART 原则明确营销目标。这意味着每个目标都必须具备特定性、可测量性、可实现性、相关性和时限性。无论目标是增加销售额、提升市场份额还是增强品牌知名度,确保团队成员对这些目标有清晰的认识至关重要。

(2)将这些宏大的目标细化为可操作的小目标和关键业务流程是策略的核心。以提升品牌知名度为例,可能涉及的业务流程包括市场调研、品牌定位、广告宣传等,每个环节都需要详细的计划和具体的执行步骤。

(3)识别每个业务流程的主要任务和支持性子任务,并对它们进行详细规划。例如,在广告宣传中,制定广告策略、选择广告媒介、制作广告内容成为关键任务,而市场调研和目标受众分析则是支持性的子任务。为每项任务明确责任人、完成时间和优先级,是确保项目进展顺利的基础。

分配任务时,考虑团队成员的技能和能力,确保合理高效的任务分配。同时,为每个任务分配必要的资源,包括人力、时间和预算,确保资源的有效利用。制定一个详尽的时间表,对每个任务设置合理的时间节点,留出缓冲时间以应对可能的意外情况,是管理过程中不可或缺的一环。

建立有效的跟踪和监控机制,通过项目管理工具、定期会议等手段,确保任务按计划推进。面对挑战时,需要灵活调整计划,重新分配资源或调整时间线,以保持任务执行的高效性。

通过这种细致的任务分解与规划,不仅能够确保每个团队成员都对自己的角色和任务有清晰的理解,还能够提高团队的整体执行力和协作效率。这不仅是一种策略,更是一种艺术,需要营销领导者的智慧和团队成员的共同努力。通过这种方法,可以更加有效地实现营销目标,推动企业的持续成长和成功。

华为 Mate 系列，智能手机的诞生之旅

华为有一个宏大的愿景：打造一款超越市场、性能卓越的智能手机，让华为在全球市场的地位更上一层楼。这对华为来说不仅是一个目标，更是一个使命。

为实现这个使命，华为将这个大目标分解为无数个小任务，每一个任务都如璀璨的珍珠，需要精心打磨。硬件研发、软件开发、供应链管理、市场营销等，每一个任务都有明确的责任人和截止日期，为每个任务定制了一张时间表。

接下来，华为开始为这些任务制订详细的计划。在硬件研发方面，他们确定了需要进行哪些技术研究和设计工作，并制定了具体的时间表和开发阶段。软件开发团队也不甘示弱，他们致力于让这款手机不仅硬件出众，软件同样引领潮流。

任务分配是关键的一步。华为公司根据员工的专业能力和经验，将任务分配给适合的团队成员。每个团队成员都清楚自己的任务，并与其他团队成员紧密合作，确保任务的顺利进行。这就像将一盘散沙凝聚成一块坚硬的石头。

监控进度是华为的强项。他们设立了有效的监控机制来追踪任务的进展情况。定期召开会议，团队成员汇报任务执行情况、遇到的问题和挑战，并共同寻找解决方案。这种监控机制有助于及时发现和解决问题，确保任务按计划进行。

当然，华为还时刻关注市场的变化和用户反馈，不断对产品进行优化和升级。他们根据用户反馈和市场变化，不断调整产品设计和营销策略，以确保最终实现营销目标。

通过这样的任务分解和规划，华为成功地推出了 Mate 系列智能手机。这款手机在市场上取得了巨大成功，它的出现像一道闪电划破了手机市场的长空。华为的明确目标、详细计划和有效的监控机制，帮助他们顺利完成各项任务，最终实现了营销目标的成功。这不仅是一个产品的成功，更是华为团队精神的成功。

通过将宏大目标细化为具体、可行的子任务，能够降低执行难度，减少潜在风险，并显著提升团队的执行力。在这个过程中，营销领导者需确保资源的合理分配和计划的周密性，通过持续优化和完善任务分解与规划的方法，提高工作效率，取得更好的成果。

第三节　建立有效的沟通渠道

如果企业能建立一个有效的沟通渠道，不仅可以起到信息传递、团队协作和决策执行的枢纽作用，更是激发组织内外活力、增进理解与合作的良方。然而，建造这样的沟通桥梁并非易事，需要营销领导者明确沟通目的，善用沟通手段，更重要的是，要培育开放、互信与共享的团队氛围。这样，企业才能打破信息孤岛，消除沟通障碍，从而提高团队的工作效率和绩效。

构建无障碍：打造高效团队沟通网络

在快节奏的工作环境中，有效的团队沟通是成功的关键。它不仅能够促进信息的流畅交换，还能增强团队协作，提高工作效率。然而，建立一个高效的团队内部沟通渠道并非一蹴而就，需要细致的规划、正确的工具和持续的维护。该如何打造一个无障碍的团队沟通网络，以确保每名团队成员都能在需要时获取信息、表达意见，从而共同推动项目向前发展？

（1）明确沟通的目标至关重要。团队需要共同理解沟通的目的是什么：是保持信息的透明度、促进决策的及时性，还是加强团队成员之间的联系。

明确这些目标可以帮助选择合适的沟通工具和制定有效的沟通策略。

（2）选择合适的沟通工具是建立高效沟通网络的关键一步。市面上有许多团队协作工具，如 Slack、Microsoft Teams 和 Zoom，可以根据团队的具体需求进行选择。选择时，要考虑工具的功能、易用性以及团队成员的偏好。

（3）制定沟通规范也是保证沟通效率的重要因素。团队应该共同制定一套沟通准则，明确何时使用电子邮件、即时消息或是视频会议，以及各种情况下的回复时效要求。这有助于减少误解和沟通延迟。

（4）促进开放式沟通文化是建立有效沟通渠道的另一个关键要素。鼓励团队成员积极分享信息、提出意见和反馈，可以增强团队的凝聚力和创造力。管理层应该通过自己的行为来树立榜样，如定期的团队会议、一对一的交流会等，来展示开放沟通的价值。

（5）定期评估和调整沟通策略是确保沟通渠道有效性的重要步骤。随着团队的发展和项目需求的变化，沟通方式和工具的有效性也可能发生变化。通过定期收集团队成员的反馈，可以及时调整沟通策略，确保沟通网络始终满足团队的需求。

在构建高效团队沟通网络的过程中，明确沟通目标、选择合适的工具、制定沟通规范、促进开放式沟通文化以及定期评估沟通策略是关键步骤。通过这些策略，可以确保团队内部沟通的流畅和有效，从而为团队的成功奠定基础。

建立团队外部沟通渠道

在建立团队外部沟通渠道时，领导者需要与利益相关者建立有效的联系，确保信息的顺畅交流，包括客户、供应商、合作伙伴等。

客户关系管理至关重要。领导者应重视与客户的沟通，建立定期的交流机制。通过与客户保持密切联系，了解他们的需求和反馈，可以及时调整营销策略、优化产品或服务。此外，合作伙伴关系也不容忽视。合作伙伴在营销活动中起着重要的作用。领导者应与合作伙伴建立稳固的合作关系,并保持定期的沟通和协调。通过彼此共享信息、解决问题和制订共同的营销计划,可以增强合作伙伴之间的信任,提升合作效果。还有,及时反馈和评估是优化外部沟通的关键。领导者应鼓励团队成员收集客户和合作伙伴的意见和建议,并将其纳入营销策略和改进计划。通过持续的反馈和评估,领导者可以不断完善和优化营销活动,提高团队的工作效率和业绩。

构建互动桥梁：打造高效反馈机制的秘籍

在快速变化的商业环境中,建立一个有效的反馈机制是企业持续成长和优化决策过程的关键。这不仅有助于提升员工的参与感和满意度,还能够加强顾客忠诚度,促进产品和服务的不断改进。如何才能构建一个既能促进内部沟通又能加强与客户互动的高效反馈机制,确保信息流动顺畅,促进企业的整体发展呢?

(1)明确反馈的目的和期望是构建有效反馈机制的基础。无论是针对员工还是客户,明确反馈的目标可以帮助设计更具针对性的反馈工具和流程,确保收集到的信息具有实际的应用价值。

(2)设计开放且多元化的反馈渠道至关重要。这包括匿名调查、定期评估会议、意见箱、社交媒体互动等多种形式,以适应不同群体的偏好和需求。提供多样化的反馈方式,可以鼓励更多的员工和客户分享他们的意见和建议。

(3)确保反馈过程的透明度和公正性对于增强反馈机制的有效性至关重要。公开反馈的处理流程和结果,可以增强团队成员和客户的信任感,提高参与的积极性。

(4)为了有效地利用收集到的反馈,必须建立快速响应和跟进机制。这意味着不仅要及时回应反馈,还要根据反馈内容制定改进措施,并跟踪实施效果,形成闭环管理。

(5)不断评估和优化反馈机制本身也是确保其长期有效性的关键。通过定期审查反馈流程和工具的适用性和效果，可以不断调整和改进，以适应组织和市场的变化。

高效的反馈机制像一座桥梁，连接了组织的内部与外部、员工与管理层以及品牌与顾客。通过细心构建和维护这座桥梁，企业可以更好地理解并满足内外部利益相关者的需求，促进知识分享，加强团队协作，提升顾客满意度，最终推动组织的持续发展和成功。

通过建立有效的沟通渠道，并倾听团队成员的意见和建议，领导者可以增强团队合作和凝聚力，提高工作效率和绩效。有效沟通有助于促进信息共享、解决问题和制定决策，并促进团队和利益相关者之间的良好关系。因此，营销领导者应重视建立和维护有效的沟通渠道，不断改进和优化沟通方式，以使团队更具竞争力。

真正有效的沟通不仅是说话，更重要的是倾听。倾听团队成员以及外部的声音，了解他们的需求和想法，是增强团队凝聚力、促进每个成员成长的关键，也是取得客户与合作伙伴信任不可或缺的。所以说，建立有效的沟通渠道，能让内部沟通、外部沟通共同发挥作用，让企业在运行的过程中更顺畅、更高效。

第四节　优化流程和资源分配

在企业实施营销方案的过程中，优化流程与合理分配是企业节约成本、提升效率的两个关键。在实现目标的过程中，流程越复杂就意味着越容易出错，所以优化流程非常关键。它是精炼的工艺，这对营销领导者是一个巨大的挑战。而资源的合理分配则是巧妙的布局，需要将有限的资源用在最关键、最有价值的地方。这就需要领导者对团队成员的特长、市场需求和公司战略有深入的理解和精准的判断。

优化流程，让企业运转更高效

优化流程的过程就是通过消除冗余环节和瓶颈，提高团队运作流畅性和灵活性的过程，而且还能有效降低成本，使团队在竞争激烈的市场上占得先机。

首先，要对现有的营销流程进行全面"体检"，识别出冗余和低效环节。这就像医生为病人做全面检查，仔细观察每个细节，深入剖析问题所在。同时，还要警惕可能导致流程阻塞的"瓶颈"，一旦发现，立即解决。在这个过程中，企业还需要挑战过去的遗留问题或是不合理的习惯。

其次，是"改造"环节。这就像一场大扫除，淘汰过时、冗余的环节，使整个流程焕然一新。对于"瓶颈"环节，企业需要深入挖掘原因，然后采取针对性措施。这可能涉及重新设计某些环节、重新分配资源或是提升技术水平。目标是使整个流程充满活力，能够更好地适应市场变化。

再次，市场是不断变化的，企业的营销流程也需要与时俱进。这就像是跳一支永不止步的舞蹈，要随着市场的节奏灵活调整步伐。营销领导者和团队需要时刻关注市场的变化和趋势。一旦发现市场有所变化或者新的机会出现，要迅速调整步伐，适应变化，抓住机会。同时，也要不断收集和反馈数据，持续改进和优化流程。

最后，借助自动化工具和技术为流程助阵。在这个科技日新月异的时代，自动化工具和技术已成为人们的得力助手。例如，自动化数据分析能快速处理和分析大量数据；自动化邮件营销可以快速发送邮件，跟踪数据指标；客户关系管理能快速记录客户信息和互动记录；相关的内容创作工具也能激发创意灵感；自动化监控与报告则能实时掌握营销活动的进展情况。通过这些智能工具的支持，领导者可以更好地优化营销流程、提高工作效率和降低成本。

合理分配资源，让每一颗子弹都能发挥最大效用

在资源稀缺的背景下，每一份资源的有效利用都至关重要，这既是一门科学也是一种艺术。历史上，许多伟大的成就都是在资源有限的情况下取得的，展现了超凡的组织与资源配置能力。这背后不仅是坚定的意志力，更是对资源分配的高度智慧与精准把控。高效的资源管理不仅要求明确任务需求、全面评估资源、设定优先级、协调资源分配，还需持续监控与调整，以确保每一份资源都能发挥其最大效用。如何通过五个关键步骤，实现资源管理的最优化，帮助团队和组织在资源有限的情况下，实现目标和愿景？

(1) 明确任务需求。为了合理分配资源，领导者首先需要全面了解任务的需求和优先级。可以与团队成员共同讨论，明确任务的重要性和紧急程度，了解任务的期望和限制，为资源分配提供依据。

(2) 资源全面评估。在了解任务需求后，领导者需要评估团队的人力、物力和财力等资源。通过评估资源的实际状况和限制，领导者可以更好地了解团队的能力和局限，为合理资源配置打下基础。

(3) 设定优先级。在资源评估的基础上，领导者需要确立任务的优先级顺序。根据任务的紧急性和重要性进行排序，确保高优先级任务得到优先支持，并提前安排资源。这有助于减少资源浪费和延迟，提高团队的工作效率和绩效。

(4) 协调资源分配。领导者在资源分配过程中需要进行协调和平衡。这意味着要充分利用现有资源，同时也要避免过度分配导致资源短缺。领导者可以与团队成员有效沟通和协商，确保每个任务得到适当的资源支持，避免资源过度或不足，保持平衡和合理利用。

(5) 持续监控与调整。这不是一次性的工作，而是一个动态的过程。在任务执行过程中，密切关注资源的使用情况，发现问题及时调整。确保资源得到最佳利用，避免浪费和闲置。

通过这五个步骤,不仅可以实现资源的高效管理,还能够激发团队的创新潜力,提升执行效率,最终推动组织向着既定目标稳步前进。

宜家(IKEA):优化流程和资源分配的典范

宜家的营销流程就像一部高效运转的机器,每一个零件都精确无误。从产品设计到价格制定、供应链管理再到市场推广,每一个环节都经过精心打磨,确保能够迅速吸引消费者的目光。这样的流程,既简单又直接,极大地提高了运作效率,同时也降低了不必要的成本。

宜家瞄准了中低端市场,深入了解这个群体的需求和喜好,制定出有针对性的营销策略。这种精准的定位,使得宜家能够集中火力,避免了资源浪费。

说到资源分配,宜家更是展现了其独到的眼光。大量资金被投到产品设计上,而广告宣传则追求创意和质量,而非盲目追求覆盖面。这样的策略,使得每一分投入都能得到最大的回报。

品牌建设方面,宜家同样不遗余力。他们与各类设计师和艺术家合作,推出限量版产品,举办设计展览等,不断强化自己的品牌地位,树立起独特的品牌形象。这不仅提高了消费者的忠诚度,更为企业的长期发展打下了坚实的基础。

在供应链管理方面,宜家同样表现出色。他们与供应商建立了长期合作关系,实施严格的品质控制,并采用高效的物流配送系统。这一切,都确保了资源的合理利用和产品的快速流通,为企业的稳健发展提供了有力支持。

随着市场变化和消费者需求的变化,宜家通过线上销售平台的建立和社交媒体的广泛运用,扩大了市场覆盖面,提高了销售效率。这种持续的优化和创新精神,使得宜家始终站在行业的前沿,保持领先地位。

通过以上内容和宜家的成功故事,可以看到优化流程和合理分配资源的重要性。它们不仅提高了团队的工作效率和绩效,还降低了企业成本,确保每个任务都得到充分支持并达到预期效果。因此,营销领导者应重视优化流程和资源分配,不断改进和优化工作方式,以提高企业整体在市场中的竞争力。

第五节　建立有效的绩效评估机制

绩效评估机制就像是一面明镜,让营销领导者可以清晰地看到团队成员的真实面貌。透过这面镜子,可以深入了解每个人的优点和不足,识别潜在的改进空间,并为每个人制订更具针对性的发展计划。这样的评估并非简单的数字统计或者冷冰冰的打分。相反,它更像一次深度的心灵对话,是领导者与团队成员共同成长的契机。及时、公正、富有建设性的反馈,不但能够让团队成员更加客观地了解自己,而且能够激发他们的积极性,使他们感受到自己的工作被看见、被理解、被认可。

激活企业与员工潜能的动力引擎:绩效评估

在当今快速变化的商业环境中,绩效指标不仅是衡量企业和员工成功的标尺,更是一种强大的动力,引领着企业和员工共同迈向卓越。明确而具有挑战性的绩效指标能够激发员工的积极性和创造力,提高团队的凝聚力,同时促进企业的持续发展和竞争力提升。通过精心设计的绩效指标体系,企业可以确保每一步行动都紧密围绕核心战略目标展开,使员工的个人目标与企业的长远发展紧密相连。

在制定绩效指标的过程中,采用 SMART(具体、可衡量、可实现、相关性和有时限)原则来确保目标的明确性和可执行性是至关重要的。这种方法不仅帮助员工明确他们的工作目标,还提供了一种量化成功的方式,从而使得绩效评估过程更加客观和公正。具体而言，企业需要制定一系列具体的绩效指标，如销售额、市场份额、客户满意度等，这些指标既反映了团队成员的工作表现，也指示了他们实现目标的程度。

进一步，通过实施定期的量化评估，包括数据收集、分析和定期的调查研究，企业可以获得关于团队表现的客观信息，这有助于领导层做出更加明智的决策，并对团队成员进行准确的反馈。这种反馈机制不仅有助于员工了解自己的表现，还提供了改进和个人成长的机会。

明确的绩效指标和有效的评估体系对于提升企业的市场竞争力、加强内部沟通和协作具有不可估量的价值。它们为企业提供了一个公正的评价和激励机制，确保了员工的努力和成就能够得到认可和奖励。更重要的是，这种机制促进了一种以目标为导向的文化，激发了员工的积极性，增强了他们对企业目标的投入和忠诚度。

通过建立一套明确、公正和全面的绩效指标体系，企业不仅能够更好地管理和激励员工，还能够促进企业的持续成长和发展。在这个过程中，绩效指标不仅是评价的工具，更是推动企业和员工共同进步的动力源泉。

构建高效绩效评估体系，驱动企业与员工共成长

在企业的航程中，绩效评估体系扮演着指南针的角色，不仅衡量员工表现，更为企业揭示前进的方向与策略调整的依据。如同海上的航行者需要雷达等来预测天气和海域变化，企业通过精细化的绩效数据分析，能够预见市场动向，洞悉业务机遇与挑战，确保决策的及时性和准确性。构建这样一个高效的绩效评估体系，需要从以下几个关键步骤着手：

（1）制定明确的评估标准。为每项绩效指标设立清晰、具体的量化和质化标准，保障评估过程的公平与客观。

（2）选择多元化的评估方法。根据岗位特性和企业文化，采用多样化的评估工具，如360度反馈、团队评估等，以获得全面且深入的评估结果。

(3)培训专业的评估团队。通过专业培训,确保评估者对评估目标、标准和方法有充分理解,以提升评估的准确性和一致性。

(4)实施及时反馈与有效沟通。建立一个正向反馈机制,让员工及时了解自身表现和改善方向,同时开放沟通渠道,鼓励员工表达意见和建议。

(5)绩效结果的多维度应用。将评估结果与员工的奖励、晋升以及个人发展紧密关联,既激励员工的积极性,也促进人才的合理流动和成长。

(6)持续优化评估体系。定期审视和调整评估体系,使其与企业战略目标和员工需求保持同步,从而持续提升体系的有效性和适应性。

通过这一系列精心设计和实施的步骤,企业不仅能够实现对员工表现的公正评估,更能通过战略性的洞察推动企业和员工的共同成长,航向更加成功的未来。

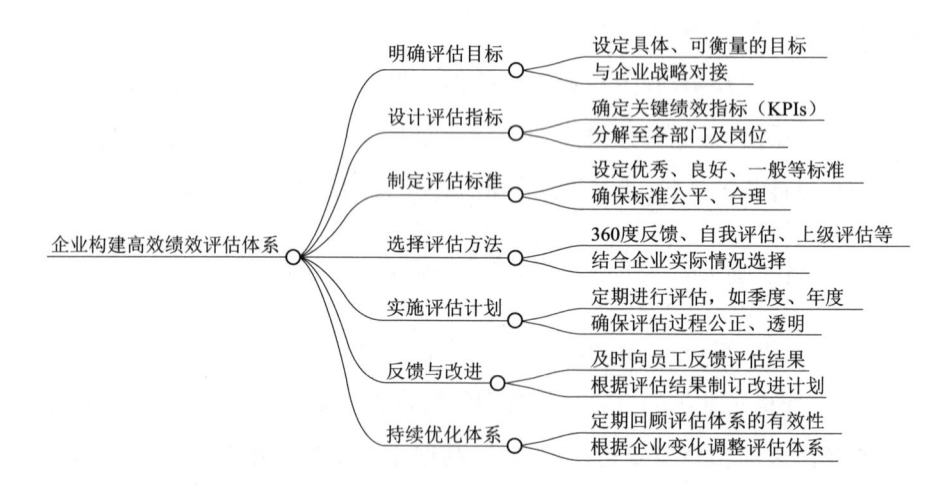

```
企业构建高效绩效评估体系
├── 明确评估目标
│   ├── 设定具体、可衡量的目标
│   └── 与企业战略对接
├── 设计评估指标
│   ├── 确定关键绩效指标(KPIs)
│   └── 分解至各部门及岗位
├── 制定评估标准
│   ├── 设定优秀、良好、一般等标准
│   └── 确保标准公平、合理
├── 选择评估方法
│   ├── 360度反馈、自我评估、上级评估等
│   └── 结合企业实际情况选择
├── 实施评估计划
│   ├── 定期进行评估,如季度、年度
│   └── 确保评估过程公正、透明
├── 反馈与改进
│   ├── 及时向员工反馈评估结果
│   └── 根据评估结果制订改进计划
└── 持续优化体系
    ├── 定期回顾评估体系的有效性
    └── 根据企业变化调整评估体系
```

构建高效绩效评估体系:定期评估绩效

绩效评估不仅是衡量成果的工具,更是激励团队和个人发展的关键驱动力。一个精心设计和定期执行的绩效评估体系能够确保团队的目标与组织的愿景保持一致,同时促进持续的进步和优化。建立好绩效评估体系后,要定期进行评估,以确保及时反馈和调整,并且确保团队与组织信息、与目标的

同步。评估的频率可以根据企业的需求和岗位的性质而定。

绩效评估不是简单的打分，而是深入理解、精准定位、及时反馈和持续优化的过程。

首先，选择合适的评估周期。这取决于业务性质、团队规模和工作复杂性。季度或半年度评估是常见的选择，但对于快节奏或高变动的行业，可能需要更频繁的评估。确保评估周期既足够收集和分析数据，又方便及时调整。

其次，在评估的过程中，相关负责人一定要明确评估的指标和标准。这些指标应与组织战略和营销领导力定位相契合，并真实反映个人和团队绩效。例如，销售业绩、市场份额、客户满意度等都可以作为指标。

再次，在评估周期内，要精准地收集和分析绩效数据。这些数据可以来自各种渠道，如销售报告、市场调研和客户反馈。通过对数据的深入分析，可以准确了解团队的真实绩效，找到改进之处。

评估的真正价值在于提供及时、具体的反馈和指导。这不仅是对团队成员的肯定，更是对需要改进之处的明确指导。这样的反馈能够帮助团队成员明确方向，持续进步。

然后，将评估与个人和团队的发展计划紧密结合，是实现持续改进的关键。评估结果可以为发展计划提供依据，帮助团队成员明确职业路径和发展机会。

最后，定期评估绩效是一个持续改进的过程。通过定期评估，领导者可以发现并优化修正绩效评估机制中的问题，确保其始终与业务环境和战略目标相适应。

打造卓越反馈系统：从领导者做起

在当今快节奏、高效能的工作环境中，领导者不仅是指挥和决策，更是扮演着激励和培养团队的关键角色。有效的反馈系统是打造高效团队的核心，它能够激发团队成员的潜能，促进个人及团队的共同发展。实现这一目标，领导者需要采用以下策略：

(1) 实时反馈至关重要。通过即时沟通,领导者可以帮助团队成员迅速识别并改正错误,或是进一步提升自己的表现。这种及时性不仅可以防止问题的恶化,还能为个人的成长提供即时的指导和支持。

(2) 精确和具体的反馈是提升效果的关键。在给予反馈时,明确具体的行为和结果,无论是表扬还是指出改进空间,都应具体到点,并提供清晰的方向和建议。这样做可以确保每位团队成员都能明白自己的优势和改进的方向。

(3) 公平和中立是维护团队和谐的基石。作为领导者,维持一个无偏见、公正的评价体系对于保持团队成员之间的信任和尊重至关重要。这样的环境鼓励开放交流,减少冲突,增强团队合作。

(4) 建设性的反馈能够指引团队成员朝着正确的方向发展。在指出问题的同时,提供解决方案和正面的激励,可以帮助个人识别并发挥自己的长处,同时克服弱点。

为了有效实施这些原则,领导者可以采取多种方法,如一对一的深度对话,以个性化的方式提供反馈,确保每个人都感受到被重视和理解。通过组织团队共享的时刻,如会议和工作坊,鼓励团队内部的开放交流,增强集体的凝聚力。采用360度反馈,从多个角度获取反馈,确保评价的全面性和公正性。同时,使用正面和建设性的语言来表达反馈,避免负面情绪的产生,营造一个支持和鼓励的氛围。

通过这样一套全面而细致的反馈机制,领导者不仅能够促进团队成员的个人成长,还能够激发团队的整体潜力,推动组织向着更高的目标前进。

为了确保团队能够长期稳定运行,领导者需明晰每个团队成员的动态。这离不开强大的绩效评估机制。领导者据此调整和优化营销策略,确保团队走在正确道路。而此机制的价值不仅在于评价和监督,更在于为团队成员提供宝贵的反馈,成员据此了解工作表现,发现不足并提升能力。此机制是推动团队和个人成长的重要杠杆，也是领导者的智慧与艺术。领导者应重视绩效评估，并根据评估结果来优化团队工作和个人能力，以确保团队在竞争激烈的市场中取得成功。

第六节　鼓励试错和承担失败

成功不是一蹴而就的，绝大多数成功都离不开失败，甚至在这个信息高速发展的时代，很多企业将低成本试错作为工作的一部分。他们通过这样的方法快速推出产品，并且第一时间收集市场反馈，从而快速找到企业或产品的方向。失败谁都经历过，但重要的不是失败本身，而是如何看待和应对以及从失败中获得了什么。所以，鼓励试错和承担失败是现在这个时代成功路上不可或缺的环节。领导者也需要引导团队成员正确对待失败，并从失败中学习和改进。

拥抱失败：推广"无责试错"理念

大多数人都追求安全感、舒适区，他们都渴望成功而讨厌失败。如果一个企业的文化是"只许成功不许失败"，那么这个企业在现代的商业环境中就很难快速发展，等到"万事俱备"时，最好的时机可能早已过去。所以，企业要想在这样的时代生存、发展，就必须敢于试错，敢于拥抱失败。

作为企业领导者，首先要了解员工害怕失败都有哪些主要原因，比如，他们担心出错了会扣奖金，担心在大会上说错话，担心影响部门整体形象，等等。当了解了原因之后，可以制定相应的政策，降低员工的疑虑，并且设定一些正向的激励机制，让他们清楚失败具体对他们有怎样的正向或者负面的影响。

同时，可以在企业中推行"无责试错"的观念，让团队明白失败是成长的垫脚石，每一次的尝试都是为了更好的未来。这样，团队成员慢慢就会对于失败卸下包袱，更加积极地接受挑战。

鼓励创新，不惧失败

领导者应鼓励团队成员敢于创新，勇于试错。因为，只有通过不断创新，企业才能在激烈的市场竞争中保持竞争优势。创新就意味着接受挑战、打破常规，以及可能遭遇的失败。因此，领导者需要在企业中建立"鼓励创新，不惧失败"的企业文化，引导团队成员正确对待失败，并从失败中学习和改进。为了实现这一目标，领导者需要采取以下措施：

（1）提供必要的支持和资源。领导者应为团队成员提供培训、工具和技术支持，使他们能够尝试新方法。这可以为他们创造一个安全的创新环境，鼓励他们敢于尝试新策略和方法。

（2）建立奖励和认可机制。对那些敢于尝试和创新的团队成员给予必要的经济奖励、晋升机会或公开表彰等。通过奖励和认可，领导者可以激励团队成员积极参与创新，并给予他们相应的回报。

（3）建立开放和包容的沟通氛围。鼓励团队成员主动提出想法和建议，领导者应尊重每个人的意见，给予积极的反馈。这样可以促进团队成员分享创新思路和经验，促进团队的学习和进步。

勇于试错，承担失败

企业的领导者，尤其是创新科技行业的领导者，他们需要引领团队尽快走出舒适区，改变对失败的看法，以适应这个时代。当然，这里所说的试错和失败是在可承受范围内的，是必须经过严谨分析的。为此，可以通过以下四点内容将这一理念传递给员工：

（1）接受失败。领导者应明确传达给团队，失败是成功的一部分，失败是成长的催化剂，而非终结。通过试错和失败，才能更快地成长。领导者应鼓励团队成员勇敢面对失败，将其视为学习的机会。

（2）分析失败原因。面对失败时，团队成员和领导者应共同深入分析失败的原因。这包括评估策略的有效性、团队合作的问题或者外部环境的变化等。通过深入分析，团队可以识别失败的根本原因，并在未来的工作中避免类似的错误。

（3）学习和改进。从失败中学习并持续改进至关重要。领导者应帮助团队成员总结经验教训，找到失败中的亮点和不足，并提出相应的改进方案。通过学习和改进，团队能不断提升自身能力和竞争力。

（4）衡量风险和回报。在鼓励团队成员尝试新的策略和方法时，领导者应引导他们衡量风险和回报。团队成员需要了解尝试的风险和潜在回报，以便做出明智的决策。

一场昂贵的"烟花秀"

马斯克创办的SpaceX公司在发展过程中遇到了很多次火箭发射失败的情况。2023年4月，SpaceX的猎鹰9号火箭发射，搭载着星链卫星，承载着期望和探索宇宙的心。火箭如巨龙般冲向夜空，然而不久后，灾难发生了——火箭在升空过程中爆炸了。这场失败的代价是昂贵的，经济损失巨大。

但这场"烟花秀"的主角却对这次失败赞赏有加，称之为"宝贵"的失败。他微笑着对媒体说："这不是结束，而是一场美丽的烟花秀"，并声称SpaceX的工程师们已经从这次爆炸中拿到了宝贵的数据。这位科技巨擘对团队充满了信任，对未来更是乐观无比。

马斯克的这种态度，正是SpaceX团队的灵魂。他们不畏失败，不视其为终点，而是将其视为通往成功的必经之路。每一次失败，都是他们前进的动力，每一次的挫折，都是他们进步的阶梯。通过吸取教训，并在失败中发现改进的机会，SpaceX不断提升自己的技术能力和项目的成功率。

在科学和工程领域，失败是家常便饭。但马斯克和他的团队，展现了强大的乐观心态和韧性，他们能从中吸取教训，发现改进的机会。他们用行动说明，只有正确面对失败，才能看清前方的路。只有拥抱失败，才能实现真正的突破。正是这种精神和积极应对失败的态度，驱使 SpaceX 继续推动航天技术发展和突破。

成功往往伴随着失败。不能因为失败而退缩，而是应该敢于面对挑战，从失败中吸取教训并不断改进自己。只有勇于尝试、不怕失败的人才能把握机遇，最终获得成功。马斯克及其团队的经验说明，失败是通往成功的必经之路，拥抱失败才能实现自己所追求的目标。

如果每个团队成员都能勇敢地迈出那一步，探索新的点子和策略，那将会为企业带来多大的价值啊？作为领导者，应该为他们提供强有力的支持和资源，并建立激励和认可机制，让他们明白自己的努力是被看见、有价值的。当然，创新和尝试总是伴随着风险，失败是成长过程中不可避免的一部分。要学会以开放的心态去接受失败，分析其中的原因，从失败中吸取教训，以便更好地成长和进步。

在企业的发展过程中，鼓励试错和承担失败是至关重要的。通过营造一种敢于挑战的文化土壤，一种鼓励创新和尝试的企业文化，将为企业带来无限的生机。一起勇敢地迎接挑战，面对失败，不断探索，共创未来。

第七章

营销领导力的具体落地——发挥创新力

处在这个日新月异、变革飞快的时代，任何企业要发展都离不开创新。创新不仅是推动企业发展的核心动力，更是营销领导者应对市场挑战、抓住机遇的关键能力。营销领导者需要敢于打破陈规，跳出传统的思维框架，以创新思维引领团队探索新的营销策略和商业模式。

第一节　培养开放的思维，建立创新的文化

创新和开放的思维已是当今组织和个人在不断变化的世界中取得成功的关键。世界变得越来越复杂，各种问题也愈加错综复杂，因此，培养开放的思维、建立创新的文化显得尤为重要。通过开放的思维，可以打破惯性思维的束缚，拓宽视野，迎接新挑战；而创新的文化则能够激发团队和个人的创造力，推动组织的持续发展。

突破传统思维束缚，激发团队创新活力

传统思维模式已然成为团队创新与发展的瓶颈。要想培养开放的思维，企业领导者需采取一系列措施，以激发团队成员的创造力与想象力。

首先，激发个体创造力。企业领导者应鼓励团队成员积极发表新观点、新想法，并为其提供必要的支持与资源。通过营造一个鼓励创新、包容失败的文化氛围，使每个人都感受到自己的创意与贡献被认可、被重视，从而激发出更强的创新欲望。

其次，提供跳出舒适区的机会。舒适区容易使人陷入一种安逸的状态和惯性思维，难以产生创造力和创新思维。领导者要通过组织一些具有挑战性的项目或活动，促使团队成员面对新情境、新问题，从而激发其创新思维与解决问题的能力。

最后，鼓励多元化的观点与意见。不同观点的碰撞往往能激发创新的火

花。因此，在讨论与决策过程中，企业领导者应鼓励团队成员发表不同意见，挑战传统观念，这不仅可以拓宽思维，还可以激发更深层次的创新思维。通过接纳不同的声音，可以碰撞出更多的创意火花，为企业的发展注入源源不断的活力。

打造开放沟通桥梁，共建知识分享之梦

创新已成为现代企业永远追求的目标。企业领导者需要采取一系列措施，以促进团队成员间的深度交流与合作。建立开放的沟通渠道和知识分享机制，是激发团队创新活力的关键所在。

可以打造无障碍的沟通桥梁。定期的团队会议和座谈会为成员提供了一个畅所欲言的平台，每个声音都应被听到，每个观点都有机会展现其价值。领导者需要主动走进团队，深入了解每个成员的所思所想，真正做到心与心的交流。同时，利用现代技术手段如线上会议、即时通信工具等，打破沟通障碍，让信息流通更加畅通无阻。

共建知识宝库。知识分享是推动创新的重要途径。通过建立一个知识共享平台，团队成员可以彼此分享经验和学习成果，将个体智慧转化为集体智慧。鼓励团队成员参加行业会议、研讨会等活动，以拓宽视野、增长见识，这不仅可以增强团队的专业素养，还有助于激发新的创新灵感。

强化团队合作。团队合作是创新的基础。通过组织丰富多彩的团队建设活动和搭建协同工作平台，可以促进团队成员间的深度合作与交流。在这样的氛围中，每个人都能充分发挥自己的特长和才智，共同推动创新的实现。同时关注团队成员的成长与发展，为他们提供更多的培训和学习机会，激发他们的潜能和创新精神。

同时，创建创新开放的企业文化。培养开放的思维、建立创新的文化是保持竞争力的关键。

第二节　建立专门的创新团队

创新是企业持续发展的核心动力。而建立一个专门的创新团队,是推动企业创新的重要举措。这个团队将挖掘潜在机会,突破技术瓶颈,引领行业变革,为企业注入源源不断的创新动力。通过创新团队的引领,企业将不断探索新的商业领域,推出创新产品和服务,成为市场的领导者。

创新团队：引领企业未来，打造市场优势

创新团队能够为企业带来独特的竞争优势。在激烈的市场竞争中,只有不断创新才能在市场中立足。创新团队通过研究市场需求、洞察行业趋势,开发出满足消费者需求的新产品或服务,从而在市场中脱颖而出。

创新团队通常拥有开放的思维和敢于冒险的精神。他们不受传统思维的束缚,勇于尝试新的方法和途径。正是这种勇于探索的精神,使得创新团队能够引领企业走向未来,成为行业的领导者。

创新团队还能为企业带来持续的成长和发展。创新团队不仅关注眼前的利益,更注重企业的长远发展。他们通过持续的创新和改进,为企业创造源源不断的增长动力。同时,创新团队也注重培养和挖掘内部潜力,为企业培养更多的优秀人才。

如何创建一个创新团队

在当今这个快速变化的商业世界中,一个企业的创新能力往往决定了它的竞争力和生存能力。因此,建立一个能够驱动创新的团队,不仅是战略上的选择,更是企业走向未来的必要条件。如何打造这样一个团队呢?

(1)明确团队目标和职责。企业领导者需要清晰地定义创新团队的目

标,并为其分配相应的职责。确保这些目标和职责与企业的整体战略相一致,并有助于推动创新和提升竞争力。明确的目标和职责将为团队成员提供一个清晰的方向,并激发他们的工作动力。

(2)招聘合适的成员是建立高效团队的关键。寻找具有创新思维、专业知识、团队协作精神的优秀人才。在招聘过程中,除了考查应聘者的技能和经验,还要关注其创新能力和团队合作精神。选择具备不同专业背景和技能的成员,以促进团队内部的多样性和互补性。

(3)建立良好的团队氛围对于激发创新至关重要。一种积极、开放、包容的团队氛围能够鼓励成员之间的沟通和合作,促进知识分享和创意碰撞。领导者需要创造一个鼓励创新、接受失败、相互支持的工作环境。促进成员之间的信任和理解,培养团队精神,以共同应对挑战和实现目标。

(4)为团队提供必要的支持和资源。确保团队拥有所需的工具、技术和资源,以支持其创新活动。这可能包括资金、设备、软件、专业知识等。提供足够的培训和发展机会,帮助团队成员提升技能和知识水平。同时,给予团队一定的自主权和灵活性,让他们能够自由地探索新的创意和解决方案。

(5)持续的团队建设和发展。定期评估团队的进展和成果,关注潜在的问题和挑战。根据需要调整团队结构、提供反馈和激励,确保团队始终保持高效运作。鼓励团队成员参与培训、分享会等活动,促进知识和经验的交流与共享。

打造一个创新团队是一项系统工程,需要企业在战略、人才、文化和资源等多方面进行投入和协调。一旦成功,这样的团队将成为企业最宝贵的资产之一,引领企业在未来的竞争中走在前列。

激活创新动力:打造高效能团队成员的策略

拥有一个能够不断创新和自我超越的团队,是企业立足之本。如何从根本上提升团队的创新能力和执行力,成为每个领导者思考的问题。企业想要打造高效能团队成员,要从培养每个成员的独特技能到激发他们的创新潜能,以及通过个性化的发展计划和创新激励机制来实现团队的全面提升。

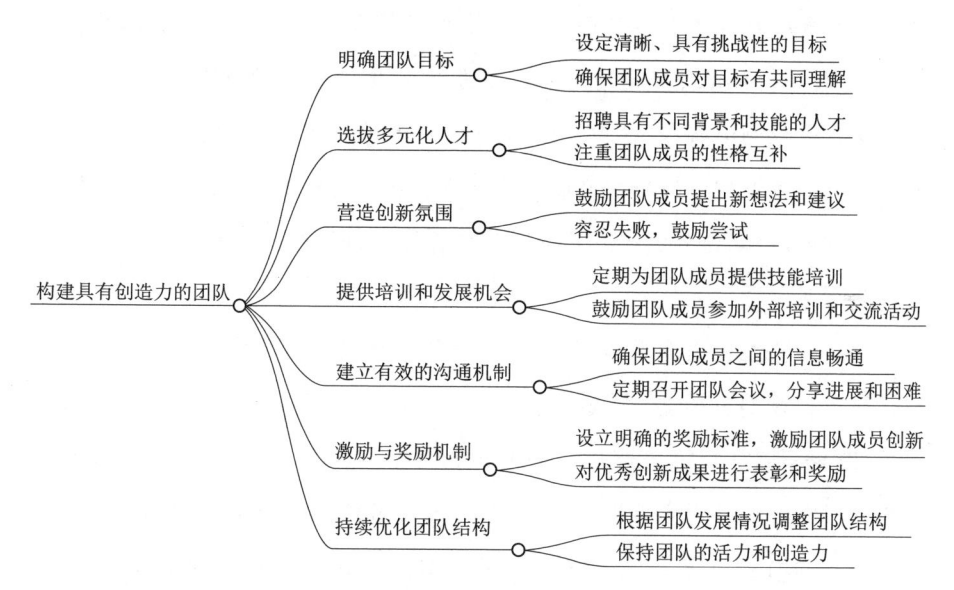

构建具有创造力的团队
- 明确团队目标
  - 设定清晰、具有挑战性的目标
  - 确保团队成员对目标有共同理解
- 选拔多元化人才
  - 招聘具有不同背景和技能的人才
  - 注重团队成员的性格互补
- 营造创新氛围
  - 鼓励团队成员提出新想法和建议
  - 容忍失败,鼓励尝试
- 提供培训和发展机会
  - 定期为团队成员提供技能培训
  - 鼓励团队成员参加外部培训和交流活动
- 建立有效的沟通机制
  - 确保团队成员之间的信息畅通
  - 定期召开团队会议,分享进展和困难
- 激励与奖励机制
  - 设立明确的奖励标准,激励团队成员创新
  - 对优秀创新成果进行表彰和奖励
- 持续优化团队结构
  - 根据团队发展情况调整团队结构
  - 保持团队的活力和创造力

首先,精心策划的培训和发展机会是提升团队能力的基石。通过引入创新的学习方法和实践机会,企业可以帮助团队成员掌握最前沿的创新技术、理解行业趋势,并激发他们的创造潜力。这包括如何运用新工具、采纳新方法以及从行业领袖那里获得灵感。

其次,个人成长的支持对于激发团队成员的潜能至关重要。通过提供具有挑战性的项目,企业不仅能够推动业务的发展,还能促进员工的个人技能和职业生涯成长。赋予员工更多的责任和自主权,鼓励他们发挥创新思维,并通过正面反馈和适当的认可来增强他们的成就感和归属感。

最后,激励创新思维是构建高效能团队的关键。通过实施创新奖励制度,企业可以有效激发团队成员的创造力和参与感。无论是通过物质奖励还是非物质形式的认可,这些奖励策略都能够促进一个积极、创新的工作氛围,从而提高团队的整体表现。

"智"造中国传奇,"创"出世界奇迹

连钢创新团队由工程应用研究员张连钢领衔,集结了一批知识丰富、技能卓越的复合型人才。尽管面临国外技术封锁和"三无"困境(无经验、无资料、无外援),他们依然坚定地选择了自力更生、自主创新的道路。

在张连钢的引领下,这个团队仅用三年半的时间,就完成了国外码头需要8~10年才能完成的研发建设任务。他们不仅实现了当年投产、当年达产、当年盈利的壮举,还开创了多个全球"首创"技术,取得了一批世界级的原创性科研成果。

这个团队在国内率先构建了"自动化集装箱码头标准体系",荣获青岛市科学技术进步奖一等奖、中国航海学会科学技术一等奖、中国港口协会特等奖等20余项荣誉。他们六次打破桥吊单机作业效率的世界纪录,10多次受邀参加国际会议并做主旨发言,赢得了国内外同行、专家的高度评价。

2025年1月1日,自动化码头实现了作业吞吐量的上升,创出了60.9自然箱/小时的桥吊单机作业效率,第十二次刷新世界纪录。这样的成绩令人惊叹!

每家企业都需要建立一支专门的创新团队,为企业的竞争力和业绩提供有力的支持。只有通过团队的努力和创新,企业才能在市场中脱颖而出并保持持续的竞争优势。

第三节 把企业培养成学习型企业

在知识经济时代,企业面临前所未有的挑战与机遇。为适应这一时代变化,将企业培养成学习型企业已成为必然趋势。学习型企业不仅强调个体学习,更注重团队与组织的知识更新与能力提升。它要求企业建立健全的学习机制,鼓励员工不断学习、创新,激发企业整体活力与竞争力。通过学习型企业建设,企业能够更好地应对市场变革,抓住发展机遇,实现可持续发展。同时,学习型企业也有助于提升员工个人素质,实现自我价值。在未来的商业竞争中,唯学习型企业能够立于不败之地。

建立学习文化,塑造企业创新之源

将企业转变为学习型企业的基础是建立一种深厚的文化底蕴。这种文化强调持续学习、开放沟通和持续创新。

企业领导者应积极鼓励员工持续学习,激发员工的学习热情,为他们提供丰富的学习资源和机会,如定期培训、在线学习平台、研讨会和知识分享会等。这样可以帮助员工提升技能和知识,增强他们应对挑战的能力。

此外,构建一个开放、真诚的沟通环境是学习型组织的基石。领导者应鼓励员工之间进行开放、真诚的交流,打破沟通壁垒,分享各自的经验和知识,聚集体智慧,推动创新和进步。同时,建立有效的反馈机制,让员工能够提出对产品、服务或流程的改进建议,不断优化企业的运营。

学习型企业的核心是持续改进和创新。领导者应积极倡导这种精神,鼓励员工勇于尝试新方法、新思路。当员工提出创新性的想法时,企业应给予充分的支持和资源,帮助他们将想法转化为实际的解决方案。这样,企业就能在不断变化的市场环境中保持竞争优势,实现可持续发展。

打造员工培训与发展的企业氛围

要将企业转变为学习型组织,企业领导者需要制订全面而详细的培训计划,并采用多元化的培训方式,鼓励员工积极参与跨部门的学习和交流,关注员工的成长,并采取一系列的措施来推动。

企业领导者需要与人力资源部门密切合作,制订一个全面而详细的培训计划。这份计划不仅包括明确培训的主题、目标，还涵盖了培训的形式、内容、时间安排以及评估标准。通过这样的计划，确保员工技能和知识得到提升，满足他们职业发展的需求，增强他们在职场中的竞争力。

采用多元化的培训方式。除了传统的培训方式，如课堂讲座和研讨会，企业领导者还可以探索更加多元的培训方式，如在线学习平台、远程教育和虚拟现实训练等方式。为员工提供更灵活和便捷的学习机会。这种多样化的学习方式有助于提高员工的学习兴趣，还能增强他们的学习效果。

同时，要鼓励员工积极参与跨部门的学习和交流活动。通过这样的机会，员工可以更全面地了解公司的运营模式，加强不同部门间的沟通与合作，实现资源的共享与优化。此外，这种跨部门的学习和交流还有助于培养员工的全局观和团队合作精神，进一步推动企业的整体发展。

构建学习型企业的要点

要点	具体内容
明确学习目标	设定与企业战略相符的学习目标
	确保学习目标具有可操作性和可衡量性
建立学习文化	鼓励员工持续学习，提升个人素质
	营造学习氛围，促进知识共享
提供学习资源	为员工提供丰富的学习资源，如在线课程、图书资料等
	支持员工参加外部培训和交流活动
制订学习计划	根据员工岗位需求和个人发展计划，制订个性化的学习计划
	定期组织学习活动和分享会，促进学习成果的交流
建立学习评估机制	对员工的学习成果进行评估和反馈
	将学习成果与绩效考核、晋升等挂钩，激励员工积极学习
培养学习型领导	领导层要树立学习的榜样，积极参与学习活动
	领导层要鼓励和支持员工学习，为员工提供学习资源和机会
持续优化学习体系	根据企业发展和员工需求，不断优化学习体系
	引入新的学习方法和工具，提高学习效率和效果

激励员工主动学习，打造学习型企业

为了激发持久的竞争力，一个企业不仅需要提供一个充满学习机会的环境，更需要激发员工的学习热情。

首先，要设立一套激励制度，让员工感受到自己的努力得到了认可。通过给予财务奖励、晋升机会或其他形式的认可，来激发员工进一步的学习动力。

其次，需要提供丰富的学习资源，帮助员工克服学习障碍。企业领导者需要确保员工有内部外部的学习材料，在线学习平台和专业指导等资源，提高他们的学习效果和效率。

再次，要建立及时的学习反馈机制，确保员工的学习方向和方法是正确的，企业领导者应该建立一个及时的学习反馈机制。通过跟踪学习进展、评估学习成果和给予指导，帮助员工更好地了解自己的学习状况，及时调整学习策略，从而提高学习效果。

最后，要营造良好的学习氛围，让员工感受到学习的重要性。这需要领导者培养一种重视学习、鼓励知识分享和交流的文化氛围。在这个氛围中，每个人都能感受到学习的乐趣和价值，愿意主动投入学习。

当企业真正转型成一个学习型企业时，它的组织文化和氛围会变得更为开放和包容，能够更快地适应市场的变化。这不仅能够提升企业的竞争力和市场地位，更能够激发员工的创造力和潜能，实现个人与企业的共同成长。因此，企业领导者应该重视激励员工主动学习，努力打造一个充满活力和创新的学习型企业。

第四节　建立创新流程和管理机制

创新是企业持续发展的原动力，而流程和管理机制则是驱动创新的重要引擎。面对日益激烈的竞争环境,企业需要不断寻求创新,才能立于不败之地。创新流程和管理机制的建立,有助于企业整合资源、优化流程、提高效率,从而更好地应对市场变化,抓住机遇。

目标导向的创新之旅:塑造未来商业版图

在这个快速变化的时代,创新不仅是企业生存和发展的关键,更是塑造其未来竞争力的核心要素。然而,真正的挑战在于如何确保这些创新活动能够有的放矢,即有明确的目标和方向。企业如何通过深入分析市场趋势,设定具体可行的创新目标,并确定清晰的实施框架,来实现持续且有效的创新?

首先,企业必须投入资源来深入了解未来的市场趋势,包括行业动态、竞争环境、技术进步以及消费者的需求和期望。这一步骤是制定创新目标的基石,要求企业领导者具备前瞻性思维,以便能够捕捉到那些可能影响市场的关键变量。

其次,基于这些洞察,企业需要设定具体、可衡量且实际可达成的创新目标。这些目标不仅应当涵盖产品创新,还应包括服务、营销策略、渠道开发等多个维度,确保企业在全方位上进行创新。明确的目标不仅能够为团队提供清晰的方向,还能帮助企业有效地衡量创新成果,确保每一步行动都能够为实现最终的商业目标作出贡献。

最后,确定创新目标的时间框架和优先级至关重要。这关乎资源的合理配置和工作的有效安排,确保创新项目能够在预定时间内完成,并达到预期的效果。这需要企业领导者具有高度的组织和规划能力,以及对市场和内部资源的深刻理解。

在这个以创新为驱动的商业环境中,只有那些能够精准定位其创新目标,并围绕这些目标制定和执行战略的企业,才能在未来的市场竞争中占据有利地位。

激发企业创新活力：构建高效企业创新体系

真正的创新不仅是偶然的灵感闪现，更需要通过精心设计的流程和支持系统来培育和实现。一个高效的企业创新体系能够将创意转化为实际价值，推动企业走在变革的前沿。如何通过绘制创新路线图、打造跨界合作团队，以及提供充足的创新资源来激发企业的创新活力和潜能呢？

（1）制定明确的创新路线图。成功的创新始于明确的规划。企业应制定包含从创意产生到市场实施各阶段的详尽创新流程，明确每一步的目标、方法和期望成果。这样的流程规范不仅能确保创新活动的系统性和连续性，还有助于优化资源分配，提升创新项目的成功率。

（2）建立多元化的创新团队。创新源于多样性的碰撞。通过组织跨领域、跨职能的团队，企业可以集合广泛的知识、技能和视角，促进创意的产生和迭代。在这样的团队中，每个成员的独特背景和专长都被视为宝贵的资源，共同构建一个无界限的创新环境。

（3）确保创新资源的充足。资源的投入是创新能够持续进行的基础。企业需要为创新团队提供必要的资金、人才和技术支持。这不仅包括直接的项目投资，还涉及为团队成员提供持续学习和实验的机会。只有在资源充足的条件下，创新团队才能自由探索、快速迭代，最终实现突破性成果。

在构建一个既灵活又高效的创新体系过程中，创新不仅是产品和服务的更新换代，更是一种文化和思维方式的转变，这将成为企业持续发展的核心动力。

创新价值实现：打造全方位绩效评估体系

创新的过程充满挑战，其成果的实现更需通过科学和全面的方法来评估。一个有效的绩效评估机制能够确保企业的创新活动能够转化为实际的商业价值，同时激励团队持续推动创新。如何构建一个既能衡量财务成果，又能反映非财务价值的绩效评估体系，以及如何通过定期评估和激励机制来促进企业的持续创新和成长？

要有效地评估创新的成果，企业首先需要设立明确且全面的评估标准。这不仅包括传统的财务指标，如市场份额的扩大和产品销售的增长，还应包括客户满意度、品牌影响力等非财务指标。这些指标能够从多角度反映创新对企业整体价值的贡献。

进一步，建立一个周期性的绩效评估和反馈流程对于促进创新至关重要。这一流程不仅帮助企业及时识别和解决创新过程中的问题，还能优化创新战略，确保资源的有效分配，提高创新项目的成功率。

此外，激励机制的设计也是激发员工创新热情的关键。通过提供物质和非物质奖励，如奖金、晋升机会、公开表扬和职业发展机会，可以有效地激励员工参与创新活动，释放他们的创造潜能，从而推动企业整体向更高目标迈进。

通过构建一个科学合理的绩效评估机制，企业不仅能够全面地评估和激励创新活动，还能够确保创新持续地为企业带来实际价值和竞争优势。这样的体系能够帮助企业在不断变化的市场环境中稳定前行，实现长期的成功和发展。

创新是企业发展的永恒动力，而流程和管理机制则是实现创新的关键。通过制定明确的创新目标、设定创新流程和规范以及建立绩效评估机制，企业可以更好地整合资源、优化流程、提高效率，应对市场变化，抓住机遇。只有这样，企业才能在竞争激烈的市场中保持竞争力，实现持续、健康的发展。

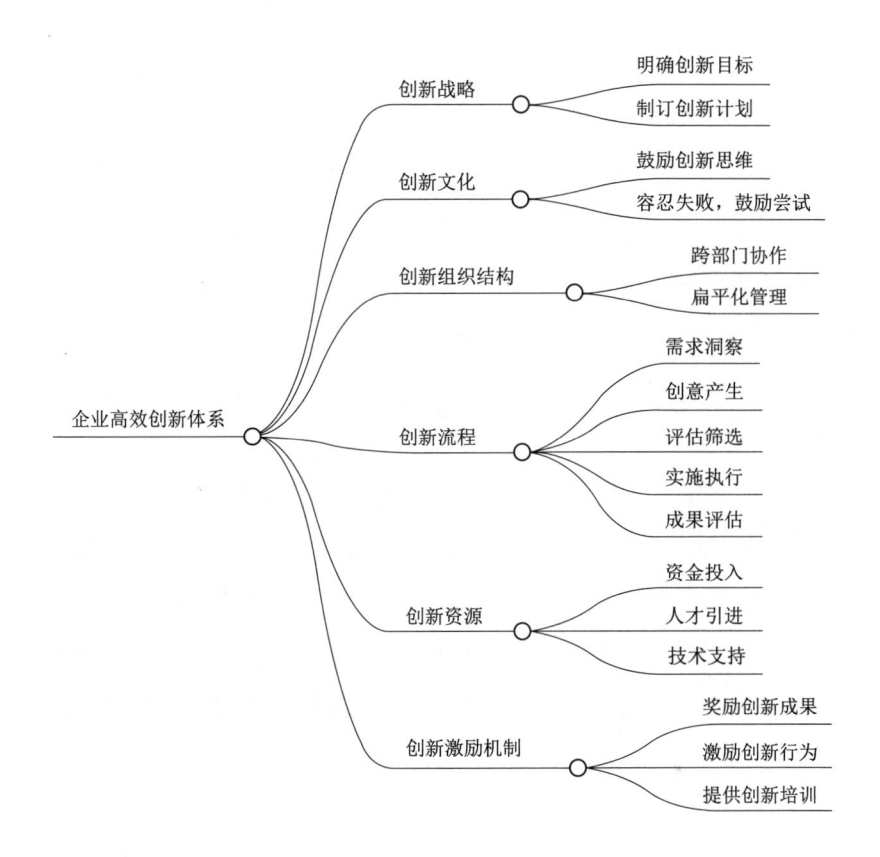

企业高效创新体系
- 创新战略
  - 明确创新目标
  - 制订创新计划
- 创新文化
  - 鼓励创新思维
  - 容忍失败，鼓励尝试
- 创新组织结构
  - 跨部门协作
  - 扁平化管理
- 创新流程
  - 需求洞察
  - 创意产生
  - 评估筛选
  - 实施执行
  - 成果评估
- 创新资源
  - 资金投入
  - 人才引进
  - 技术支持
- 创新激励机制
  - 奖励创新成果
  - 激励创新行为
  - 提供创新培训

第五节　建立风险管理机制

在创新过程中，企业常常面临各种潜在的风险和挑战。这些风险和挑战可能源自内部管理的不完善，也可能来自外部环境的突变。为了确保企业的稳定发展和最大化创新带来的收益，建立一套科学、完善的风险管理机制显得尤为关键。这不仅有助于企业精准地识别和评估潜在的风险，还能制定有效的应对策略，确保创新的顺利进行。同时，通过全员参与和跨部门的协作，企业能够提高风险管理的效率和效果，增强应变能力，共同应对创新过程中的挑战。

建立一套有效的风险管理机制是企业应对创新过程中潜在风险和挑战的重要手段。建立这套机制，首先要对项目进行风险评估，以确定这个项目上马之前需要关注的核心点；其次，是对整个项目的风险监控，以便能够第一时间发现问题；最后，需要针对这些关键点采取有效的措施，应对随时可能发生的状况。

先知先觉：精准导航企业风险管理之路

在企业的发展征程中，风险无处不在，如同航海中的暗礁和风浪，只有通过精准的导航，企业才能安全航行，避免触礁。现代企业领导者在面对不断变化的市场环境和技术创新时，如何进行有效的风险评估和管理，成为决定企业能否稳健前行的关键。如何通过深入分析市场和内部环境、精确评估风险概率及其可能带来的影响，并制定具体的风险应对策略，为企业的稳定发展提供保障？

成功的企业领导者总是能够预见未来的挑战，并提前准备。

首先，他们通过深入分析市场环境、竞争对手的动态、技术发展的可行性等因素，全面识别可能面临的内部外部风险。这一过程不仅需要丰富的经验，更需要敏锐的洞察力和高效的信息分析能力。

其次，基于收集到的信息，领导者会对每一项潜在风险进行细致的评估，包括其发生的可能性和对企业可能造成的影响。通过这一评估过程，可以帮助企业明确哪些风险需要优先应对，从而合理分配资源，确保关键领域的安全。

最后，根据风险的具体情况，企业领导者将制定出针对性的应对策略。这些策略可能包括规避风险、减轻风险的影响、将风险转嫁给第三方，或者有时候选择接受不可避免的风险。关键在于选择最适合企业当前情况的策略，确保在面对挑战时能够保持冷静和稳定。

通过深入的风险评估和精心的策略规划，企业不仅能够有效应对当前的挑战，还能够预见并准备未来可能遇到的风险，确保企业的长期稳定发展。这一过程体现了企业领导者的先知先觉，是企业航向成功的不二法门。

构筑企业的风险防控堡垒：风险监控

在企业的航程中，风险就像是海上的暗礁，时刻威胁着安全前行的道路。在这个充满不确定性的商业环境中，如何及时发现并应对潜在的风险，成为每一个企业领导者必须面对的重大课题。构建一个有效的风险监控体系，不仅能够保障企业的航行安全，还能够在波涛汹涌的市场中抢占先机，稳健前行。

要实现有效的风险管理，需要建立一个全面的风险监控机制。这包括但不限于设定关键的风险指标、制定周期性的风险评估报告和建立快速反应的沟通渠道。通过这样的机制，企业不仅能够在第一时间捕捉到风险信号，还能够对风险进行实时跟踪和分析，及时预警，从而为制定应对策略赢得宝贵的时间。

同时，企业领导者和团队成员必须培养一种敏锐的风险意识，这意味着要不断关注市场动态、技术变革、法律法规变化以及竞争对手的行为等多方面的信息。一旦发现潜在的风险信号，能够迅速做出反应，通过有效的应对措施，将风险降到最低。

在面对不可避免的风险时，企业需要具备快速适应和调整的能力。这可能意味着重新评估企业的战略目标、调整资源分配或改变市场策略。通过这样的灵活调整和创新思维，企业可以确保在遭遇风险挑战时，不仅能够保持稳定，还能够寻找到新的发展机会。

在这个变化莫测的商业世界里，风险管理已经成为企业成功的关键因素之一。通过建立一个全面而有效的风险监控体系，培养全员的风险意识，并保持组织的灵活性和创新能力，企业可以更加自信地在风浪中航行，不仅保护了自己不受伤害，还能够利用风浪中的机遇，乘风破浪，向着成功的彼岸前进。

构筑抵御风险的堡垒：策略、责任与优化的融合

在不断变化的商业环境中，风险管理不仅是企业生存和发展的必要条件，更是推动企业持续成长的重要动力。有效的风险管理策略能够帮助企业预见未来的挑战，制定出应对措施，保障企业稳健前行。

1. 核心策略

首要步骤是制订一个全面的风险应对计划，这不仅包括应急措施，还要涵盖预防和恢复策略。一个有效的计划需要企业领导者与团队成员的共同努力，确保每个层级都能在风险发生时迅速而有效地行动。

以一家上市企业为例，看看它是怎么制订全面的风险应对计划的：

(1) 风险管理体系的建立。

首先，有效的风险管理需要一个系统的框架来识别、评估、应对和监控潜在的风险。为此，集团成立了专门的风险管理委员会，由 CEO 担任主席，成员包括各业务部门负责人和风险管理专家。委员会的职责是确保风险管理策略与企业的整体战略一致，并定期审查风险管理流程的有效性。

(2) 风险识别与评估。

风险识别：企业采用定性和定量相结合的方法来评估风险。例如，对于新市场的扩张，集团不仅会分析市场潜力和竞争态势，还会通过敏感性分析来评估潜在的经济、政治和监管风险。此外，集团还运用风险地图和关键风险指标来监测和预警重大风险。

风险评估：在识别出潜在风险后，企业会对这些风险进行评估，确定其发生的可能性和影响程度。通过制定具体的风险评估标准，如将风险发生的可能性分为五档，风险影响程度从税前利润、声誉、安全、运营和环境五个方面进行评估，从而计算出初始风险和剩余风险的大小。

(3) 风险应对策略。

规避策略：对于那些可能对公司造成重大损失且无法有效管理的风险，

如某些新兴市场的风险,企业选择不参与或退出。通过避免未来可能发生事件的影响而消除风险。

转移策略:通过购买保险或与合作伙伴分担风险,将风险转移给第三方。例如,该企业为其全球供应链购买了商业中断保险,以减少供应链中断带来的损失。

减轻策略:通过采取措施减少风险发生的概率或影响。如对关键设备进行冗余设计,以降低单点故障的风险;通过市场调研和消费者反馈来了解市场需求,调整产品定位和营销策略,以降低市场风险。

接受策略:对于那些无法避免且风险可控的情况,如日常运营中的常规市场风险,企业选择接受并主动管理。通过合理设计的组合工具来抵消风险,或将风险保持在现有水平。

(4)风险监控与报告。

该企业建立了一套风险监控系统,通过定期审查和报告,确保风险管理策略的有效实施。集团使用风险仪表盘来跟踪关键风险指标,并设置阈值警报,以便在风险超过预定水平时及时采取行动。此外,集团还建立了内部审计机制,以确保风险管理流程的合规性和有效性。

(5)应急计划。

为了应对突发风险事件,该企业还制订了详细的应急计划。例如,针对供应链中断的风险,集团提前寻找替代供应商、调整生产计划和优化库存管理。这些应急计划旨在确保在风险发生时,企业能够迅速响应、减少损失并恢复正常运营。

综上所述,该企业制订全面的风险应对计划涵盖了风险管理体系的建立、风险识别与评估、风险应对策略、风险监控与报告以及应急计划等多个方面。这些措施共同构成了集团稳健运营的重要保障。

2. 责任分配

成功的风险管理不仅依赖于策略,还需要清晰的责任分配。领导者必须确保每位团队成员都明白自己的角色和责任，以及如何利用有限的资源以最大效率应对风险。这种责任感和目标的共享能够促进团队合作，提升整体的应对能力。

3. 持续优化

风险管理是一个动态过程，需要企业不断地监督、反馈和调整。通过定期评估风险应对措施的有效性，企业可以发现潜在的弱点，并及时进行优化。这种持续的改进过程有助于企业构建更加稳固的风险管理体系。

4. 增强员工意识

除了建立机制外，培养员工的风险意识也是至关重要的。通过定期的培训和教育，不仅可以增强员工的风险识别和应对能力，还能鼓励他们积极参与到风险管理过程中来。员工的主动性和参与度是提高企业应对风险能力的关键。

中国建设银行的风险管理机制

中国建设银行在风险管理机制的建立上具有显著的成功经验。下面看看它具体如何打造风险管理机制的。

明确风险管理目标：中国建设银行设定了"保障资产质量、控制操作风险、确保合规经营"的风险管理目标。这些目标与银行的经营策略和长期发展目标相一致，为风险管理提供了明确的方向。

风险识别与评估：建行通过多种手段全面、准确地识别各类潜在风险，包括内部审查、外部监管反馈、市场动态跟踪等。此外，建行还定期进行风险评估，以便及时了解风险的性质、影响范围和可能造成的损失。

制定风险管理策略：基于风险识别和评估的结果，建行制定了一系列针对性风险管理策略。这些策略重点关注信用风险、市场风险、操作风险等方面，并为银行提供应对风险的指导。建行还特别注重风险与业务的平衡发展，确保风险控制在可承受范围内。

实施风险管理措施：为了确保风险管理策略的有效实施，建行制定了一系列具体措施。例如，建立完善的内部控制体系，加强内部审计和监控；实施严格的风险管理制度，确保银行业务的合规性；加强员工培训和教育，提高员工的风险意识和应对能力。

持续监控与反馈：建行的风险管理机制并非一成不变，而是持续监控和调整的过程。通过内部监控、外部监管反馈和市场动态跟踪等多种渠道，收集风险管理信息，并对策略进行定期审查和调整。这有助于确保风险管理始终与市场环境和银行实际情况一致。

培养风险管理文化：在建行，风险管理不仅是一项任务，更是一种企业文化。通过培训、宣传和教育等多种方式，培养员工的风险意识，鼓励员工在日常工作中积极发现和应对风险。这有助于提高整个银行的风险防范意识和应对能力。

建立风险管理机制是企业持续创新发展的保护伞。通过明确风险管理目标、建立风险识别与评估体系、制定风险管理策略、实施风险管理措施、持续监控与反馈以及培养风险管理文化，企业可以建立一套全面、有效的风险管理机制。这不仅有助于企业应对创新和发展过程中的挑战，确保稳定发展，还能提高企业的竞争力和市场地位。因此，作为企业的领导者，应该高度重视风险管理，并将其纳入创新战略和管理。只有这样，企业才能在不断变化的市场环境中保持竞争力和可持续发展。

第六节 分析竞争对手

当今市场环境，企业间的竞争日趋激烈，营销策略的制定显得尤为重要。

而要制定出有效的营销策略,首先需要对竞争对手进行深入分析。通过对竞争对手的优势和劣势进行细致的剖析,企业可以更加准确地把握市场动态,并针对性地制定应对策略,从而在激烈的市场竞争中脱颖而出。因此,对竞争对手的准确分析不仅是企业领导者制定营销策略的关键,更是企业在市场竞争中保持领先地位的重要保障。

揭秘胜者策略:高效竞争对手分析的艺术

在激烈的市场竞争中,了解并分析竞争对手是制胜的关键步骤。一项深入的竞争对手分析不仅可以揭示市场趋势,还能帮助企业发现潜在的机会和威胁,从而制定出更加有效的市场策略。

(1)竞争对手分析的第一步是识别你的真正竞争对手,包括那些直接与你争夺客户群的企业,以及提供替代产品或服务的企业。明确这些信息后,你可以更加专注地分析竞争对手的策略和表现。

(2)分析竞争对手的产品和服务。这涉及比较功能、质量、价格和服务等多个方面。了解竞争对手的产品优势和劣势可以帮助你找到差异化的市场定位。

(3)分析竞争对手的销售和营销策略。这包括他们的广告活动、促销技巧、社交媒体策略以及客户服务方法。通过这种分析,你可以发现自己在哪些方面可以做得更好,以及可能的市场缝隙。

(4)了解竞争对手的财务状况也非常重要。这包括他们的盈利能力、销售收入和增长速度。这些数据可以帮助你评估竞争对手的市场地位和长期可持续性。

(5)分析竞争对手的企业文化和组织结构可以提供深入的洞察,帮助你理解他们的长期战略方向和创新能力。

战略视角:巧用竞争分析塑造营销优势

在激烈的市场竞争中,企业如何制定营销策略,既是一门艺术也是一种科学。深度分析竞争对手的优势和劣势,不仅能帮助企业准确定位,还能指导企业制定有效的营销策略,以巧妙地应对市场竞争。如何通过竞争对手分析来精细化企业的营销布局,从而在市场上取得突破?

(1)识别并利用竞争对手的劣势是获取市场优势的关键一步。当企业发现竞争对手的某些短板时,就是发力的时机。比如,通过突出产品的稳定性和高品质,来吸引因竞争对手产品质量波动而犹豫的消费者。这种策略不仅能增加市场份额,还能提高品牌的口碑。

(2)面对竞争对手的明显优势时,需要采取差异化的策略。差异化拒绝盲目竞争,要在产品、服务、品牌形象等方面创新,寻找新的价值点。例如,对手产品价格优势明显时,可以通过提高产品的附加值、改善用户体验或提供卓越的售后服务来吸引目标客户群,从而绕开价格战,建立独特的市场定位。

(3)抢占空白市场是避免正面冲突、实现市场突破的有效策略。通过市场细分和消费者需求研究,可以发现并进入那些被忽视的市场领域,通过满足特定的消费者需求来构建新的增长点。这不仅能避开与竞争对手的直接竞争,还能为品牌带来新的增长机会。

(4)深入的竞争对手分析,可以让企业更加精确地制定营销策略,扬长避短,创造差异化的竞争优势。这种策略的实施需要企业具备敏锐的市场观察力、创新的思维方式和灵活的战略调整能力。通过这种方法,企业不仅能在现有市场中稳固立足,还能探索和开发新的市场空间,从而实现长期的成长和发展。

迪士尼的竞品分析策略

迪士尼始终关注着市场的每一个细微变化,精心地研究市场细分,明确自己的目标受众,通过仔细分析竞争对手的产品和服务,洞悉各细分市场的需求和竞争状况,从而制定出精准的市场策略。

在内容的创新上,迪士尼同样独具慧眼。它善于从竞争对手的成功中汲取灵感，同时融入自身品牌特色，创造出令人瞩目的动画片、电影和主题公园项目。这些独具特色的作品，为迪士尼赢得了无数粉丝的心。

跨平台的整合与合作，让迪士尼如虎添翼。它与各大流媒体平台携手，提供独家内容，拓宽了自身的传播渠道。同时，电影、动画相关的衍生品也纷纷推出，进一步提升了品牌影响力。

用户体验是迪士尼始终坚守的初心。它倾听用户对竞争对手产品和服务的反馈，深入了解消费者的痛点和期望。这使得迪士尼能够针对性地改进自己的产品和服务，不断提升用户满意度。

持续的改进与迭代，更是迪士尼保持竞争优势的关键。它时刻关注市场变化和新技术的发展，不断优化自己的产品和服务。定期评估竞争对手的优缺点，借鉴其成功经验，同时保持创新，使迪士尼始终站在市场的前沿。

通过对竞争对手的深入分析，企业可以更清晰地理解市场格局和消费者需求。运用SWOT分析、竞争对手行为分析以及市场情报收集等方法，可以全面评估竞争对手的优势和劣势，并制定出针对性的营销策略。在竞争激烈的市场环境中，只有保持敏锐的洞察力和灵活的应对能力，企业才能在竞争中脱颖而出。准确地分析竞争对手，是企业领导者制定有效营销策略的关键，也是企业在市场竞争中取得成功的基石。

第八章 08

营销领导力的具体落地——走在市场前沿

营销的成功对企业的生存和发展至关重要。为了实现好的营销效果，企业必须从市场入手，深入了解市场需求和消费者行为，通过市场研究获得有价值的信息。只有基于精确的市场信息，企业才能制订出精确的营销计划，并在市场中脱颖而出。它要求企业不仅要有敏锐的市场洞察力，更要有将理论转化为实际行动的智慧和能力。走在市场前沿，时刻保持对市场的敏感度，捕捉每一个微小的变化，理解每一个消费者的需求。

第一节　开展有效的客户调研

企业营销要想有好的效果,就必须要触及市场的脉搏,开展深入、有效的客户调研是必经之路。客户是企业的生命线,只有明晰他们的需求、期望和痛点,才能精准制定营销策略。通过深入挖掘,企业能提供满足客户需求的产品或服务。而有效的调研,不仅为企业提供宝贵的第一手资料,还能洞察市场变化,助力企业在竞争中抢占先机。在这个变革的时代,客户需求和行为都在不断演变。作为营销领导者,必须保持敏锐、持续学习,以便更深入地理解客户。

读懂市场语言:客户调研如何塑造企业竞争力

在这个以客户为中心的时代,企业的成功与否越来越依赖于对市场需求的敏锐洞察和对客户声音的深度理解。深度的客户调研不仅是企业获取这些宝贵信息的重要渠道,更是连接市场与企业策略的桥梁。有效的客户调研能够帮助企业从多维度解码市场语言,为企业提供制胜的洞见和策略。

市场需求和趋势洞察:客户调研使企业能够直接面对市场,理解消费者的需求、期望和消费趋势,这对于把握市场脉搏至关重要。

精准的市场定位:通过分析客户特征和反馈,企业可以更精确地确定其产品和服务的市场定位,以及目标消费人群,优化营销策略。

产品与服务优化:调研揭示的用户痛点和使用体验问题是改进产品功能、界面设计和用户体验的依据,直接指导企业如何调整以满足客户需求。

竞争分析与优势明晰：了解客户对竞争对手的看法，帮助企业发现差异化的竞争优势，并针对性地加以强化。

提升竞争优势：深入挖掘调研数据，发现并利用市场机会，甚至创造新的需求，为企业赢得先发优势。

风险管理：通过预见产品或服务上市可能遭遇的风险，企业可以采取措施预防潜在失误，降低风险。

策略制定与调整：客户调研结果是制定和调整营销策略、销售策略以及产品开发策略的重要依据。

绩效评估：比较调研数据和市场实际表现，帮助企业评估营销活动、客户服务和产品推广的效果，及时调整方向。

客户调研是企业与市场对话的重要途径，为企业提供了一套完整的工具和方法，以理解和满足客户需求，优化产品和服务，精准定位市场，提升竞争力，同时也为风险管理和策略调整提供了坚实的数据支持。通过高效的客户调研，企业能够更好地适应市场变化，把握发展机遇，实现持续增长。

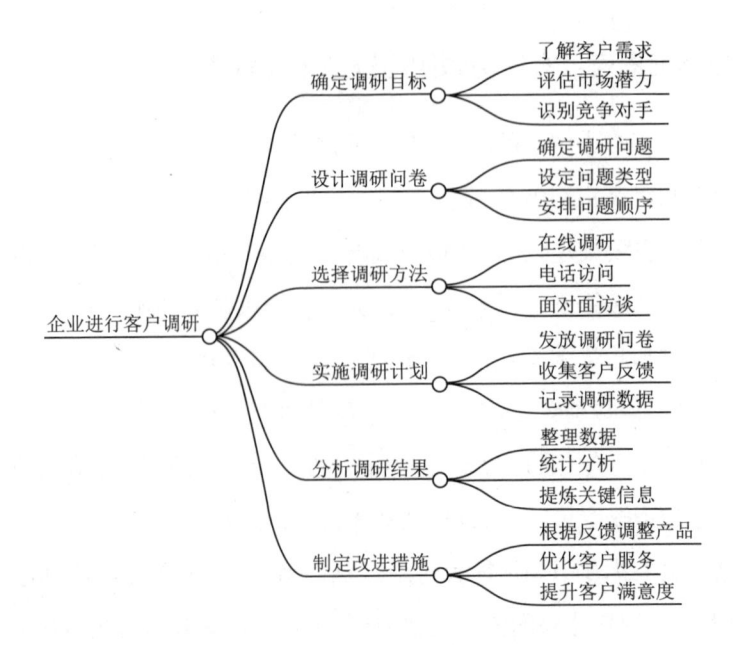

```
企业进行客户调研
├─ 确定调研目标
│   ├─ 了解客户需求
│   ├─ 评估市场潜力
│   └─ 识别竞争对手
├─ 设计调研问卷
│   ├─ 确定调研问题
│   ├─ 设定问题类型
│   └─ 安排问题顺序
├─ 选择调研方法
│   ├─ 在线调研
│   ├─ 电话访问
│   └─ 面对面访谈
├─ 实施调研计划
│   ├─ 发放调研问卷
│   ├─ 收集客户反馈
│   └─ 记录调研数据
├─ 分析调研结果
│   ├─ 整理数据
│   ├─ 统计分析
│   └─ 提炼关键信息
└─ 制定改进措施
    ├─ 根据反馈调整产品
    ├─ 优化客户服务
    └─ 提升客户满意度
```

选择合适的调研方法和工具：确保调研准确是关键

客户调研的方法很多，也随着社会的发展而发展。早期有纸质问卷调查，问身边的亲戚朋友，到后来的电话调研、电子邮件、手机短信等，随着智能手机的普及，调研的方法更是层出不穷，效率也有了极大提升。当然，企业需要根据自身的特点或目标选择调研的方法和工具，这样才能够做到事半功倍。

可以通过编制调查问卷，向客户发送并收集他们的意见和反馈。问卷调查可以是电子的，也可以是纸质的，可以是多问题的，也可以是单一问题的，具体还是要根据企业到底想获得什么而定。比如，你是一家饭店的老板，你需要调研客人的口味喜好、饮食喜好等信息，那么就可以采取纸质或电子调查问卷的形式，在这家店覆盖的区域内进行调研。问题最好在5个之内，并且都是选择题，最后再设一项建议栏，对提出有建设性意见的人赠送相应的小奖品，如饭店的一道菜或者代金券等。

利用互联网平台或社交媒体进行在线调研，特点是覆盖面广、效率高，成本相对来说比较低。它的形式也比较多，有问卷形式、投票形式、问答形式等。这种形式的调研一般适合大众类消费品的企业，当然也并不局限于这一类的企业，还是要根据自己的具体需求进行选择和设计。比如，你的企业要推出一部手机，目前设计出了三款样式，你就可以将三款样式的图片设计成一个投票问卷，大量通过移动端的媒体发出，然后根据后台的数据进行最终的定稿，可以快速获取大量的客户反馈和意见。

通过与个别重要客户进行深入的访谈，深入了解他们的购买决策流程、喜好和需求，进行客户访谈。比如，一个设备研发制造公司，准备研发一款针对航天制造的机加工设备，在研发之前一定会与重点客户进行深度沟通，详细了解客户的需求与痛点，有针对性地围绕这些需求与痛点进行下一步的工作。

还有用户测试，邀请客户及目标受众试用产品或服务，以了解用户体验和改进建议。这个方法有很多化妆品公司至今还在用。他们定期会推出一些新品的试用装,然后通过一些渠道送达目标客户,并且定期收集客户反馈,从而确定他们的产品及营销策略。

当然,现在的客户调查方式远远不止以上几种,相信以后还会发展出更多形式。但不论什么样的形式,营销领导者都需要根据自己企业的需求进行选择,以得到自己想要的结果。

定制化策略驱动客户洞察:调研

当企业与客户之间的沟通桥梁变得越来越短,获取客户反馈和洞察的方法也就日益多样化。选择合适的调研方法和工具,不仅能够确保调研的准确性,更是企业制定市场策略和产品开发计划的基础。从传统的纸质问卷到智能手机应用,调研方式的演变反映了市场研究领域的创新和进步。如何根据企业的特定需求选择恰当的调研方法,以及如何通过这些方法获得真正有价值的客户洞察,助力企业在激烈的市场竞争中脱颖而出?

在市场研究的众多方法中,问卷调查依旧是最常用的。无论是纸质还是电子形式,简洁明了的问题设计和适当的激励措施都是提高回应率和获取有价值信息的关键。

然而,随着技术的进步和消费者习惯的改变,互联网平台和社交媒体成为新的调研前沿阵地。这些平台不仅能够迅速触达广泛的受众,还能以较低的成本收集大量数据。

客户访谈和用户测试则提供了更深层次的洞察,它们能够揭示消费者的真实需求和未被满足的市场空白。通过面对面的交流或实际的产品体验,企业可以获得关于产品优化和创新的宝贵意见。

在选择调研方法时,企业需要考虑目标市场的特性、调研的目的以及资源的可用性。灵活运用多种调研工具,结合定量和定性的分析方法,可以帮助企业更准确地把握市场脉搏,捕捉消费者需求的细微变化。随着新技术的不断涌现,未来的市场调研将更加个性化、互动化,为企业提供更深入、全面的市场和消费者洞察。在这个不断变化的市场环境中,保持灵活和创新是赢得竞争的关键。

调研的最终目的:精准地分析和利用调研结果

获得调研数据后,首要任务就是对这些数据进行深入梳理和分析,最终拿到想要的结果。在进行客户调研数据分析时,可以采用多种方法来揭示数据背后的信息。

首先,定性分析包括个别深入访谈、焦点小组讨论和内容分析。访谈可以获取客户的独特见解,而焦点小组能观察和分析客户的意见,了解其对产品或服务的看法。内容分析则通过对开放式问题的答案进行解析,提取关键信息。

其次,定量分析运用更具体的统计和数学方法。描述性统计是基础,使用均值、标准差等统计指标来总结数据特性。交叉分析展示不同变量间的关系,如年龄与产品喜好的关联。因子分析和聚类分析能识别大量变量背后的主要因素,以及将客户按照其特性进行分组,以发现目标市场细分群体。关联规则分析发现变量间的有趣联系,如产品的购买模式。

再次,趋势分析通过对历史数据的分析,揭示客户需求的变化趋势。预测分析利用统计模型或机器学习算法预测未来的客户行为和市场趋势。情感分析则借助自然语言处理技术来理解客户的情绪倾向。

最后,可视化是数据分析的重要环节,通过图表、图形等方式直观地展示数据,可以更好地理解数据的分布、关系和趋势。

奈飞的有效客户调研

早期,奈飞发现许多用户对推荐系统的不准确感到不满。于是,他们投入大量资源开发先进的推荐算法,结合用户的观影历史、喜好和行为模式,提供更精准的内容推荐。这一改进极大地提高了用户满意度和留存率。

此外，奈飞还通过调研了解到用户对原创内容的兴趣日益浓厚。他们决定加大在原创内容上的投入，推出了一系列备受好评的自制剧。这些原创内容不仅吸引了大量新用户，还提高了用户的付费意愿和订阅忠诚度。

再有，奈飞还通过调研了解不同地区和文化的观众需求，推出针对不同市场的定制化内容。

从案例可以看到客户调研的力量，只有深入了解客户，才能制定出真正有效的产品和营销策略，引领企业走向成功。

有效的客户调研是企业提升发展并能够走在市场前沿的重要步骤。通过了解目标客户群体的需求和喜好，企业可以精准定位自己的产品和服务，把握市场需求和趋势，这就是数据的力量。

第二节　建立客户关系管理系统

当今商业环境高度竞争，建立和维护强大的客户关系成为企业成功的关键。随着市场变化的加速和客户需求的日趋多样化，传统的客户管理方法已经无法满足企业发展的需要。客户关系管理（customer relationship management，CRM）系统的引入，代表了企业对这一挑战的积极响应。CRM不仅是一个技术工具，更是一种战略思维。它帮助企业从数据中洞察客户需求，优化客户互动，提高服务质量，最终实现客户价值的最大化。

引入CRM系统，企业能够在全面了解每一位客户的基础上，实施更加个性化的营销策略和服务方案。这种以客户为中心的方法，不仅能提升客户满意度和忠诚度，还能带来更高的营销效率和更强的市场竞争力。然而，实现这些益处并非不劳而获，要求企业在选择、实施和优化CRM系统的过程中，投入相应的资源和精力,建立跨部门的合作机制,确保数据的准确性和实时性。

解锁客户价值：CRM 系统在现代企业中的转型力量

在这个客户需求不断演变的商业时代,理解并满足这些需求已成为企业成功的关键。CRM 系统,或客户关系管理系统,不仅是企业战略转型的核心工具,也是构建客户满意度和忠诚度的桥梁。通过深入分析客户数据,CRM 系统使企业能够洞察消费者的每一个需求和行为,提供量身定制的服务和产品,从而在激烈的市场竞争中脱颖而出。

CRM 系统:即客户关系管理系统,是一种以客户为中心的企业管理理念和工具,通过管理和分析客户数据来提高客户满意度、增加销售额和优化业务流程。它可以帮助企业更好地了解客户的需求和行为,从而提供更加个性化的服务和产品。

CRM 系统的核心作用：

客户管理:CRM 系统可以帮助企业集中管理客户信息,包括联系方式、购买历史等。这有助于企业更好地了解客户,提供个性化的服务。

销售管理:CRM 系统可以跟踪销售机会和销售业绩,帮助企业优化销售流程,提高销售效率。

营销管理:CRM 系统可以帮助企业制定和执行营销策略,提高市场推广效果。

客户服务管理:CRM 系统可以帮助企业快速响应客户的咨询和投诉,提高客户满意度

企业建立 CRM 系统的意义和价值

意义	具体价值
提升客户满意度	通过个性化服务满足客户需求
	快速响应客户问题和反馈
	提供一致的服务体验

续上表

意义	具体价值
增强客户忠诚度	建立长期稳定的客户关系
	促进客户复购和口碑传播
	提高客户留存率
优化销售流程	自动化销售流程，提高效率
	精准把握销售机会，提高转化率
	减少人为错误和遗漏
提升市场营销效果	精准定位目标客户群体
	制定个性化的营销策略
	提高营销投入产出比
加强团队协作	促进销售、市场、客服等部门沟通
	共享客户信息和资源
	协同工作，提高整体效率
数据驱动决策	收集和分析客户数据
	提供数据支持，辅助决策制定
	预测市场趋势，把握商机
提升企业竞争力	通过优质服务吸引和留住客户
	提高市场占有率和品牌影响力
	实现可持续发展和竞争优势

建立 CRM 系统，搭建一座通往客户心灵的桥梁

在今天的商业竞争中，客户不再仅仅是交易的对象，更是长期成功的合作伙伴。建立并维持这种伙伴关系的核心工具之一便是客户关系管理系统。一个高效的 CRM 系统不仅能帮助企业搭建起通往客户心灵的桥梁，还能深化客户关系，提高客户满意度和忠诚度。但是，构建一个既满足当前需求又能适应未来发展的 CRM 系统，需要深思熟虑的规划和执行。从需求调研与分析，到系统设计与开发，再到员工培训与系统优化，每一步都是构筑这座桥梁的关键。

1. 需求调研与分析

在开始建立 CRM 系统之前，需要进行深入的需求调研与分析。这包括与各部门的关键人员、业务领导和客户进行沟通，明确 CRM 系统的目标、功能和期望。确保对企业的业务需求、市场定位和客户群体有清晰的了解。

2. 客户信息收集

不仅从传统的销售和客户服务渠道收集信息，还可以利用社交媒体、在线调查、活动参与等方式获取更全面的客户视图。考虑使用数据挖掘工具来深入分析客户行为和偏好，以获取更有价值的洞察。

3. 数据整理与存储

对于收集到的海量客户数据，需要进行有效的整理和分类。利用数据清洗技术去除重复、错误或不完整的信息。同时，选择合适的数据存储解决方案，确保数据的安全性和可访问性。考虑采用分布式存储或云存储来提高可扩展性和数据备份能力。

4. 数据管理策略

制定并实施严格的数据管理策略，包括数据的更新、删除和备份等。设定数据的准确性、完整性、安全性和隐私保护的标准。此外，要定期审查和优化数据管理流程，以适应不断变化的市场和客户需求。

5. 客户关系管理流程

基于企业的业务需求和目标，设计一个高效、灵活的客户关系管理流程。明确各部门的职责和协作方式，确保信息的顺畅流动和有效利用。通过自动化工具和定制化的工作流程，提高客户服务的响应速度和满意度。

6. 系统设计与开发

基于需求和流程设计，开始构建 CRM 系统。这包括后端数据库的设计、前端用户界面的开发以及中间件的集成。利用现代的软件开发方法论，如敏捷开发或 DevOps，以加快开发速度并提高系统的质量。

7. 数据迁移与集成

如果企业已有客户数据，需要进行数据迁移。这一过程需要仔细规划和测试，以确保数据的完整性和准确性。考虑使用数据迁移工具或服务来简化这一过程。同时，确保新系统能够与其他业务系统进行无缝集成，如 ERP、财务系统等。

8. 系统测试与优化

在正式上线之前，进行全面的系统测试是必不可少的。这包括功能测试、性能测试、安全测试和用户体验测试等。根据测试结果进行必要的优化和调整，确保系统能够满足实际运行的需求。

9. 员工培训与支持

为员工提供 CRM 系统的培训，以确保他们能够充分利用该系统。培训内容包括系统功能、操作流程、最佳实践等。此外，提供持续的支持和更新服务，以帮助员工解决使用过程中遇到的问题并保持系统的正常运行。

10. 监控与持续改进

在系统上线后，持续监控系统的运行状况和性能指标，确保系统稳定可靠地运行。根据业务需求和市场变化，定期评估系统的功能和性能并进行必要的优化和改进。同时，收集用户反馈和建议，不断改进和提高 CRM 系统的用户体验和价值。

利用 CRM 系统分析客户数据和行为模式，揭秘背后隐藏的秘密

CRM 系统首先是一个强大的数据库。它整合了来自不同渠道的客户数据，包括销售记录、客服记录、市场活动反馈等。通过这一全景视图，企业可以全面了解每位客户的历程，从初识到现在的每一次互动。

行为分析：揭示客户真实需求。客户的每一次点击、浏览、购买行为，都是他们需求的直接或间接表达。通过分析这些行为数据，企业可以洞察客户的喜好、购买习惯以及市场趋势。

细分市场：定制化营销策略。基于客户数据和行为模式，企业可以将客户细分成不同的群体。针对不同群体，制定更加精准的营销策略。例如，对于高频购买的用户，可以通过推送定制化优惠或新品信息，提高复购率。

预测模型：提前布局市场。基于历史数据和机器学习算法，CRM 系统可以构建预测模型，预测未来的市场趋势和客户行为。这为企业提前布局市场、调整产品策略提供了有力支持。

优化体验：个性化服务与关怀。有了深入的客户洞察，企业可以提供更加个性化、贴心的服务和关怀。例如，通过推送生日祝福或定制化优惠券，增强客户忠诚度。

CRM 系统不仅是一个工具，更是一种思维方式。它要求企业真正地站在客户的角度思考问题，深入挖掘每一组数据的价值。

肯德基的 CRM 之旅

首先，肯德基推出了会员注册活动。鼓励用户通过手机 App 或其他在线渠道成为会员。这不仅简化了订餐流程，还为肯德基提供了一个庞大的数据库，里面包含了无数顾客的喜好、消费习惯等信息。

接着，肯德基运用 CRM 系统分析会员数据，如点餐频率、口味偏好等。有了这些信息，系统就能为每位顾客提供个性化的菜单推荐和定制优惠。这就像为每位顾客量身打造美食指南。

此外，肯德基还针对不同客户群体策划了各种营销活动。对于喜欢新口味的顾客，系统会推荐新菜品；对于有孩子的家庭，则会推荐儿童套餐和家庭套餐。这种个性化的服务让顾客倍感温暖，也进一步提高了品牌的忠诚度。

通过 CRM 系统的有效运用，肯德基成功地挖掘了客户的相关信息，实现了营销的个性化和精准化。这不仅提高了顾客的消费体验，也为肯德基带来了销量的增长和品牌忠诚度的提升。

建立 CRM 系统是提升企业影响力、在市场前沿取得竞争优势的关键一步。在这个信息爆炸的时代，企业若想确保市场地位稳固，就必须精准掌握客户心理，从而与客户建立长久稳固的关系。

第三节　设立客户服务团队

市场趋势的把握和客户关系的维护是决定企业成功的关键因素。走在市场前沿，设立客户服务团队，不仅是一项明智的商业决策，更是企业持续发展的重要保障。通过打造一个高效、专业的客户服务团队，企业能够更好地理解客户需求，及时捕捉市场变化，赢得客户的信任与忠诚。

打造企业生命线：构建客户服务团队，赢得客户忠诚的关键策略

企业要取得市场竞争优势，赢得客户的心是关键。客户服务团队，作为企业的重要支柱，为企业注入了坚不可摧的生命线，使其在激烈的竞争中始终保持领先地位。客户服务团队，不仅是企业与客户之间的桥梁，更是企业的忠实守护者。他们提供卓越的售后服务，满足客户的每一个需求，让客户感受到企业的关怀与专业。

当客户遇到疑难问题或不满时，客户服务团队总是第一时间出现，用他们专业和耐心细致的态度化解问题，赢得客户的信任和满意。他们的存在，让客户深切感受到企业的关怀与支持。

此外，他们还是企业的"顺风耳"。时刻关注市场反馈和客户需求的变化。为企业提供源源不断的创新灵感，助力企业在产品和服务的道路上不断突破自我，实现持续发展和成长。

客户服务团队的影响更是深远。他们为企业树立了良好的形象，赢得了客户的口碑和信任，为企业的业务拓展铺平了道路。同时，他们降低了客户流失率，提高了客户留存率，为企业带来了持续增长的动力。更重要的是，他们还形成了良好的企业文化，激发了员工的工作热情和归属感。设立客户服务团队是企业明智的选择。这不仅是对客户的承诺，更是企业长远发展的战略部署。

会聚精英，共创卓越：打造高效的客户服务团队

选拔优秀人才是首要任务，要注重应聘者良好的沟通能力、应变能力、解决问题的能力以及专业知识。同时，还有团队合作精神，只有齐心协力，才能提供最优质的客户服务。

系统培训和技能提升对于团队的发展至关重要。除了沟通技巧、问题解决技巧和产品知识，团队成员还需要了解行业动态。定期的技能提升课程和研讨会可以帮助团队成员保持最新知识和技能，以应对不断变化的客户需求和市场环境。

另外，建立完善的客户服务流程和制度。这包括客户反馈处理流程、问题解决流程和服务响应时间标准等。通过制定明确的流程和制度，可以确保团队成员能够快速响应客户需求和问题，从而提高客户满意度。

为了保持团队成员的积极性和服务质量，还需要定期评估和激励。评估应基于客户满意度、响应时间、问题解决率等指标。对于表现优秀的团队成员，应给予适当的奖励和激励，如晋升机会、奖金、公开表扬等。这不仅能提高团队整体素质，还能保持员工的工作热情和动力。

随着科技的不断发展，数字化技术为提高客户服务效率和智能化水平提供了有力支持。利用人工智能、大数据分析、云计算等技术,可以更好地了解客户需求,提供个性化服务。自动化工具则能提高客户服务的响应速度和准确性,减少人工错误和延误。

加强跨部门合作是确保客户需求得到全面满足的关键。客户服务团队需要与其他部门(如销售、产品开发、市场营销等)保持紧密合作,共同解决客户问题并满足其需求。通过跨部门协作,可以更好地整合资源,提供更全面、专业的服务,从而提高客户满意度。

面对不断变化的市场环境,客户服务团队需要持续学习和创新来适应客户需求的变化。参加行业会议、研讨会、培训课程等可以帮助团队成员了解最新的市场动态和行业趋势。再有,积极鼓励团队成员分享经验、交流想法和创新实践可以帮助团队保持领先地位并为客户提供卓越的服务体验。

通过这些策略的实施,企业可以打造一个高素质的客户服务团队,提供卓越的客户服务体验,从而在激烈的竞争中脱颖而出并创造长期商业价值。

构建客户信任与忠诚的三大技巧

在快节奏的商业环境中,与客户建立稳固且持久的关系是企业成功的关键。有效的沟通不仅能够深化客户关系,还能提升品牌的市场竞争力。掌握与客户沟通的艺术,意味着要精通三项核心技巧:有效倾听、使用温暖友好的语言和始终保持尊重与礼貌。这些技巧共同构成了强化客户信任和忠诚的框架,是每位商业人士和团队成员不可或缺的技能。

(1)有效倾听。真正的沟通始于倾听。通过耐心地倾听客户的需求和意见,团队成员能够准确把握客户的真实需求,并提供针对性的解决方案。有效倾听不仅关乎信息的接收,更是对客户情感的理解和回应。这种深度的交流能够建立起客户的信任感,是良好客户关系的基石。

(2)温暖友好的语言。语言是传递情感和建立联系的桥梁。使用温暖友好的语言可以让客户感受到真诚的关怀和尊重,从而拉近与客户的距离。积极和鼓励的反馈也是提升客户体验的重要组成部分,有助于增强客户的信任和忠诚度。在商业沟通中,温暖的语言不仅能够促进关系的发展,还能显著提高客户满意度和忠诚度。

(3)尊重与礼貌。无论在任何情况下,尊重和礼貌都是与客户沟通时的基本原则。尊重客户的意见和权益,以礼貌和专业的态度解决问题,可以有效避免冲突,建立起正面的互动关系。尊重不仅体现在言语上,也体现在行为上,包括认真对待每一次交流和反馈。这种专业而礼貌的沟通方式,能够增强客户的信任感,巩固企业的市场地位。

掌握与客户沟通的艺术,对于建立和维护长期的客户关系至关重要。有效倾听、温暖友好的语言以及尊重与礼貌,这三大技巧是提升客户信任与忠诚的关键。在日常的商业活动中,每一名团队成员都应该将这些技巧内化于心,转化为自己的行动准则。通过精心的沟通策略,不仅能够满足客户的需求,更能在激烈的市场竞争中脱颖而出,实现企业的长期发展目标。

转危为机:化解企业的超级客户投诉解决方案

在竞争激烈的商业环境中,客户投诉不再是企业恐惧的噩梦,而是转变为提升服务质量和加强客户关系的宝贵机会。一个有效的客户投诉处理机制不仅能够帮助企业迅速解决问题,避免潜在的负面影响,更能够作为一种强大的工具,促进企业的持续改进和创新。因此,构建一个清晰、高效的投诉处理流程,对于任何注重客户满意度和企业可持续发展的公司来说,都是至关重要的。

(1)企业必须认识到客户的投诉是一种价值。它们提供了从客户视角审视服务和产品的机会,揭示了改进的方向。因此,企业需要建立一种文化,鼓励客户提出反馈和投诉,同时保证每一条投诉都被认真对待,及时回应。

(2)制定和实施一个有效的投诉处理流程至关重要。这个流程应该从接收投诉开始,详细记录投诉内容,然后展开调查,最终解决问题,并对客户进行回复。在这一过程中,速度和专业性是关键因素。快速响应不仅能够缓解客户的不满,更能体现出企业的专业度和对客户关怀的承诺。

(3)企业需要深入分析每一次投诉,挖掘问题的根源。这种分析不仅能够帮助企业解决眼前的问题,而且防止未来的重复,推动产品和服务的持续改进。通过这种方式,投诉变成了推动企业前进的力量。

(4)向客户反馈处理结果和采取的改进措施是建立信任和透明度的重要一步。它向客户展示了企业的行动力和改进的决心,有助于恢复甚至增强客户对品牌的信任和忠诚。

通过建立和执行一个有效的客户投诉处理机制,企业不仅能够解决问题,避免负面影响的扩散,更重要的是能够利用这些宝贵的反馈促进自我改进和创新。这种机制将成为企业转危为机、赢得市场竞争的重要策略。在这个过程中,每一次客户投诉都是一个提升和进步的机会,是企业与客户关系更加密切的桥梁。

打造卓越的售后服务体验

优质的售后服务对于增强客户满意度和忠诚度具有不可估量的价值。它不仅体现了企业的专业素养,更是赢得客户信任和口碑传播的关键。

要实现优质的售后服务,先要建立一个完善的体系。这个体系应包括快速响应客户需求、有效解决问题、定期进行客户满意度调查以及持续改进服务质量等环节。这不仅能够确保客户及时获得优质的支持,还能够持续提升售后服务水平。

此外,为更好地了解客户满意度,企业需要建立一套有效的反馈机制。通过定期收集客户反馈和建议,企业可以及时发现服务中的不足之处,并迅速采取行动进行改进。这种积极的反馈和改进过程有助于不断提升客户满意度,从而为企业赢得更多客户的信任和支持。

特斯拉，以高效客户服务团队引领电动汽车革命

特斯拉的客户服务团队是一支技术精湛、经验丰富的队伍。他们深知电动汽车在使用过程中可能遇到的各种问题，无论是软件更新还是硬件故障，都能迅速给出解决方案。这背后，是他们对技术的深入理解和不断创新的精神。

特斯拉的客户服务团队还致力于满足每位客户的个性化需求。从车辆配置到售后服务，他们都能根据客户的具体需求提供定制化的服务。这不仅体现了团队的细致入微，更为特斯拉赢得了无数忠实粉丝。

更难能可贵的是，特斯拉的客户服务团队始终坚持快速响应和透明沟通的原则。无论客户通过何种方式寻求帮助，他们都会在第一时间给予回应，并详细解答客户的问题。这种高效、贴心的服务让客户感受到被重视和关心。

不仅如此，特斯拉的客户服务团队还不断探索新的服务模式和技术创新。他们与研发团队紧密合作，共同推动电动汽车技术的进步，满足市场的不断变化。正是这种持续创新的精神，让特斯拉始终走在行业的前沿。

一个专业且高效的客户服务团队，是企业与客户之间信任的桥梁。他们通过提供优质的售后服务，不断提升客户满意度和忠诚度，进一步稳固了企业与客户的关系。特斯拉的成功展现了客户服务团队在市场竞争中发挥的重要作用。他们不仅是企业形象的重要代表，更是企业赢得客户信任、塑造良好口碑的关键因素。建立高效的客户服务团队，是提升企业营销领导力的必经之路，也是企业在市场前沿取得竞争优势的重要保障。

第四节　社交媒体

社交媒体已成为现代营销中不可或缺的一部分。它不仅改变了消费者的信息获取和交流方式,也为企业提供了前所未有的机会与目标受众互动。因此,如何充分利用社交媒体的力量来推动品牌的发展和提升营销效果,已是每个企业必须深入研究和掌握的技能。

社交媒体:心灵之桥,未来之窗

在数字世界中,社交媒体如同一座心灵的桥梁,让人们跨越时空的隔阂,感受彼此的喜怒哀乐;又如同一扇未来之窗,让人们窥见世界的无限可能。

社交媒体,简而言之,是一种基于互联网的社交工具,让人们能够分享信息、交流观点、建立联系。通过社交媒体,人们可以将自己的想法、感受以及对世界的认知以文字、图片、视频等形式展现出来,与他人分享。同时,也可以通过社交媒体了解他人的动态,与他们互动交流。

社交媒体:企业腾飞不可或缺的翅膀

社交媒体为企业提供了一个低成本、高效率的市场推广平台。传统广告投放不仅费用高昂,而且效果难以保证。而社交媒体的出现,让企业能够以更低的成本快速接触到目标客户群体。通过精准定位和个性化推广,企业可以更有效地吸引潜在客户,提高品牌知名度和销售业绩,为企业节省了大量广告费,同时增强了营销效果。

社交媒体是连接企业与客户的坚固纽带。在社交媒体平台上,企业可以及时了解客户的反馈和需求,收集第一手市场信息,对产品和服务进行持续改进。这种互动与沟通有助于企业更好地满足客户需求,提升客户满意度。同时,积极回应客户问题和建议,有助于树立良好的企业形象,增强客户对品牌的信任感。通过与客户的互动,企业能够更好地理解客户需求,为客户提供更优质的产品和服务。

社交媒体还是企业展示创意和特色的舞台。在这里,企业可以发布有趣、有创意的内容,通过精美的图片和视频展示产品特点和优势。这种创意性的展示方式不仅能吸引客户的注意力,还能激发潜在客户的购买欲望。同时,与网红、意见领袖的合作也是社交媒体营销的一种重要方式。通过与他们合作,企业能够扩大自身的影响力,触达更广泛的受众群体。这种模式能够提高企业的曝光度和知名度,进一步推动企业的发展。

然而,社交媒体营销并非一蹴而就的过程。企业需要制定明智的营销策略,不断优化和调整营销内容,以保持与客户的互动和吸引力。同时,企业还需要关注市场动态和竞争对手的动向,及时调整营销策略以应对市场变化。在这个过程中,企业需要不断创新和尝试,找到最适合自己的营销方式。

社交媒体战略:企业如何精准锁定目标受众与提升品牌影响力

社交媒体已不仅是人们交流的平台,也成为企业营销的重要战场。它的多样性和广泛覆盖使得企业能够接触到各个年龄段和兴趣的目标群体。然而,面对众多社交平台和工具的选择,企业如何精准定位其品牌信息,有效吸引目标受众,进而提升品牌的市场影响力呢?

(1)企业需要深入研究各大社交媒体平台的用户基础和特性。比如,微信朋友圈广受各个年龄段用户的欢迎,而B站则更受年轻一代的喜爱。企业应根据自身的产品或服务特性,选择与目标受众匹配度高的平台进行营销推广。

(2)内容是吸引用户的关键。企业需要根据所选平台的特点制定内容策略,创作出既有趣又有价值的内容来吸引目标客户。这要求企业不仅要了解目标客户的兴趣偏好,还要掌握各种内容形式,如短视频、图文或直播,确保内容形式与平台特性相匹配。

(3)社交媒体工具的运用可以极大提升企业的营销效率。无论是社交媒体管理工具,还是数据分析工具,都能帮助企业更有效地管理账号、发布内容和监测用户反馈,从而实现更精准的市场定位和用户分析。

在社交媒体营销的世界里,选择合适的平台和工具,制定有针对性的内容策略,是企业实现品牌增长和提升市场影响力的关键。通过精心策划和执行,企业不仅能够精准锁定目标受众,还能在社交媒体的浪潮中稳扎稳打,实现品牌的持续增长。

三大主流社交媒体比较

社交媒体平台	小红书	抖音电商	微信
主要特征	多元生活方式聚集地、消费决策入口、"种草"文化	短视频、直播带货、兴趣电商	社交通信、公众号、小程序
客户群体	"90后"、高学历、追求品质生活、女性用户为主	年轻人、女性用户、一线城市、二线城市	广泛、各年龄段、各行业
内容类型	生活方式、美妆、时尚、健康	短视频、直播、挑战、话题	文章、视频、服务
互动形式	笔记分享、社区互动	点赞、评论、分享、参与挑战	聊天、公众号互动、小程序使用
商业模式	电商转型、号店一体、蒲公英平台	广告、直播带货、电商	广告、微信支付、小程序电商
营销策略	IDEA营销方法论	FACT经营矩阵、商家自播八项能力模型	私域营销、视频号直播

社交媒体洞察:解锁市场动态与消费者心理的钥匙

在数字化时代,社交媒体已成为企业获取市场信息、洞察消费者行为的重要阵地。有效的社交媒体监测和分析不仅能够帮助企业实时了解品牌形象和消费者反馈,还能提供宝贵的数据支持,以优化营销策略,提升品牌竞争力。如何通过科学的社交媒体监测和分析,深入理解市场趋势和消费者需求,从而制定更具针对性和效果的营销策略?

(1)持续监测的重要性。社交媒体平台的动态性要求企业必须持续关注品牌提级、用户互动和竞争对手情况。这种实时监测不仅能够帮助企业迅速响应市场变化,还能预测潜在趋势,为战略调整提供及时依据。

（2）深度分析的力量。通过对社交媒体上的互动、转发和评论等数据进行深入分析，企业可以准确描绘出目标受众的偏好和行为模式。这种洞察力使企业能够在产品开发、内容创造和营销传播上更贴近消费者心理。

（3）策略调整的灵活性。基于社交媒体数据分析的结果，企业可以及时调整其营销策略和内容发布计划。这种灵活性不仅提升了市场反应速度，也增强了品牌与消费者之间的互动和连接。

（4）优化营销策略。利用社交媒体分析工具，企业可以细化其内容策略，制订更有效的营销计划。这不仅提高了品牌知名度，也有助于增加市场份额。

社交媒体监测和分析是企业在数字化市场中保持竞争优势的关键。通过不断的数据收集和分析，企业能够更深入地理解消费者需求和市场动态，从而制定出更加精准和有效的营销策略。在这个过程中，企业需要不断地调整和优化其策略，以确保在不断变化的市场环境中保持领先。

Airbnb 的社交媒体营销策略

在 Airbnb 的社交媒体之路上，故事化的内容营销是一块璀璨的宝石。他们在各大社交媒体上发布了一系列关于旅行和房屋租赁的感人故事，这些故事让人仿佛身临其境，感受到旅行的魅力和 Airbnb 带来的独特体验。通过情感化的内容，Airbnb 吸引了用户的关注，并让他们与品牌产生了深厚的情感联系。

与此同时，Airbnb 巧妙地利用了视觉营销这一平台的特点。他们发布了一系列令人惊叹的房屋和旅行照片，吸引了大量热爱旅行的年轻人。这些精美的图片让人心动不已，纷纷想要加入 Airbnb 的大家庭。而 Airbnb 也鼓励用户分享自己的旅行故事和房屋照片，进一步增加了用户的参与度和互动性。

除了视觉营销，Airbnb 还与许多旅游和生活方式的影响者建立了合作关系。这些影响者在社交媒体上拥有大量的关注者，他们分享的 Airbnb 住宿体验吸引了更多潜在客户的目光。通过与影响者的合作，Airbnb 成功地扩大了品牌影响力，吸引了更多目标客户。

在社交媒体上，Airbnb建立了一个充满活力的社区。他们鼓励用户之间分享旅行经验和故事，举办线上活动和讨论，进一步加强了与用户的联系。这个社区成为一个交流和分享的平台，让用户感受到归属感和参与感。

社交媒体作为营销利器，紧密连接企业与目标受众，传递品牌内涵与价值观，激发用户参与，塑造良好口碑。精准选择平台，制定有针对性的内容策略，实时监测数据，并汲取成功案例经验，企业将在市场角逐中脱颖而出，引领营销潮流。

第五节　建立反馈机制

在市场的最前沿，每一步策略都可能影响全局。建立有效的反馈机制，不仅是对消费者的尊重，更是企业保持领先的关键。这就像在激流中掌舵，需要时刻感知水流的方向与力量，以便调整航向。而反馈，就是那阵风、那道光，指引企业前进的方向。消费者的每一次回应，都是对品牌的最大支持。通过反馈，企业可以听到市场的声音，感知消费者的需求，从而走在市场的前沿，引领潮流。

反馈机制，不仅是一种信息传递和处理的系统，能够将市场的声音、用户的需求、竞争对手的动态等信息及时、准确地传递给企业，帮助企业做出更明智的决策，更是一座桥梁，连接着企业与市场，让信息的交流畅通无阻。

反馈机制：企业成功的雷达

当今的市场环境快速变化，企业如何保持竞争力并持续增长成为一个至关重要的问题。答案之一就是建立一个有效的反馈机制。这不仅是一个工具，更是一种策略，使企业能够敏锐地捕捉市场动态和用户需求的微妙变化，及时做出调整。一个高效的反馈机制能够转化为企业的核心竞争力，帮助企业在激烈的市场竞争中占据优势。

反馈机制的作用不可小觑，它对企业的意义重大，体现在以下几个方面：

（1）市场敏感度提升。反馈机制充当企业的雷达，实时捕捉市场和用户需求的变化，使企业能够快速响应市场，提升市场敏感度。

（2）决策支持。通过收集和分析反馈信息，企业能够获得大量实时、准确的市场数据和用户意见，这些数据为决策提供了科学依据，大大提高了决策的效率和准确性。

（3）用户满意度和忠诚度。建立有效的反馈渠道，意味着企业在乎用户的声音，愿意根据用户的反馈改进产品和服务。这种正向互动增强了用户的满意度和忠诚度，为企业稳固和扩大用户基础提供了支持。

（4）持续改进与创新。反馈机制促进了企业内部的持续改进和创新。通过不断地收集用户反馈，企业可以及时发现产品或服务的不足，并针对性地进行改进和创新，推出更符合市场需求的产品和服务。

在未来的市场竞争中，那些能够建立和利用有效反馈机制的企业将更加灵活和具有适应性，能够更好地满足用户需求，提升用户体验，从而赢得市场。因此，反馈机制不仅是企业与用户沟通的桥梁，更是企业持续成长和成功的秘密武器。通过不断优化反馈机制，企业能够保持竞争优势，实现可持续发展。

构建高效反馈生态：从目标设定到持续优化

在快速变化的商业环境中，建立一个高效的反馈机制是企业持续成长和优化的关键。这不仅关乎产品质量的提升和客户满意度的增强，也是挖掘新的市场机遇、形成持续创新能力的基石。一个有效的反馈机制能够确保企业及时听取并响应来自客户、员工和市场的声音,从而在竞争中保持领先。企业该如何从目标设定到持续优化,构建起一个促进成长的反馈生态系统?

(1)明确目标。确立反馈机制的首要步骤是明确其核心目标,这决定了后续策略的方向和焦点。无论是提升产品品质、增强客户满意度,还是探索新的业务机会,明确的目标是指引一切行动的灯塔。

(2)选择多元反馈渠道。在信息爆炸的今天,企业需要通过多渠道收集反馈,包括社交媒体、客户调研、在线论坛等,以获得全面的市场和客户视角。这种多元化的收集方法有助于企业从不同角度理解客户需求和期望。

(3)激励参与。通过奖励机制激励员工和客户提供反馈,不仅能增加反馈的数量和质量,也能加强企业与客户之间的联系。公开认可和感谢提供有价值反馈的个人,能够营造一种正向的反馈文化。

(4)及时处理与回应。快速且有效地响应反馈是建立信任的基石。对反馈进行及时的分类、处理和回应,展示企业的责任心和效率,有助于维护良好的客户关系和企业形象。

(5)持续改进。利用反馈进行产品、服务和流程的持续改进,是反馈机制的最终目标。企业需要根据反馈结果不断自我反思和调整,确保反馈机制本身也能适应市场变化和用户需求的演进。

构建一个高效的反馈机制,对企业来说是一个持续的过程,要求企业不仅要在技术和流程上做出投入,更要在文化和价值观上进行培育。通过明确目标、采用多元化的反馈渠道、激励广泛参与、及时响应处理以及持续的改进和优化,企业可以构建起一个促进成长的反馈生态系统。这样的系统不仅能提升企业的竞争力,还能促进企业与客户之间的深层次连接,开启持续创新和改进的循环,推动企业在不断变化的市场中获得成功。

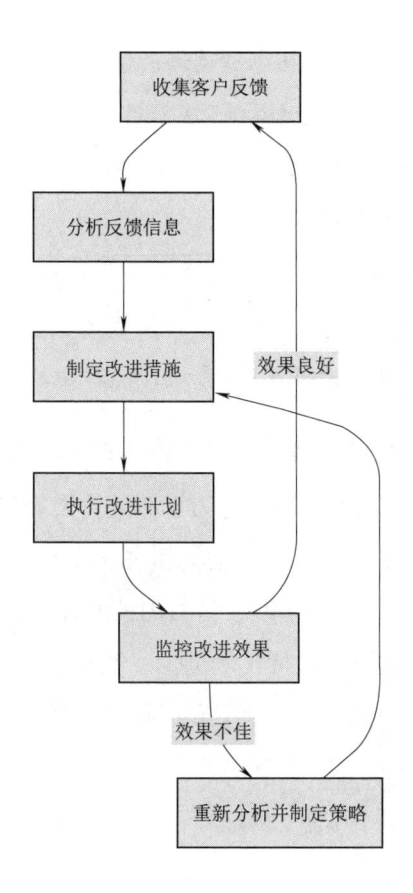

```
        收集客户反馈
              │
              ▼
        分析反馈信息
              │
              ▼
        制定改进措施  ◄──── 效果良好
              │                    ▲
              ▼                    │
        执行改进计划                │
              │                    │
              ▼                    │
        监控改进效果                │
              │                    │
              ▼ 效果不佳            │
        重新分析并制定策略 ─────────┘
```

宜家家居，以用户为中心反馈机制的成功实践

宜家深知用户的每一次微笑、每一次点头，都是对企业最好的肯定。因此，他们定期邀请用户参与调研，聆听他们的声音，了解他们对产品的满意度、使用习惯和改进建议。这不仅是对用户的尊重，更是对品质的追求。

宜家还通过实体店和线上渠道，时刻关注用户的反馈。洞察用户的需求，并及时调整迭代和优化自己的产品和服务，使其更符合用户的需求和使用习惯。例如，根据用户的反馈，不断优化家具的组装方式和材料选择，让用户在享受美观的同时，更能感受到便捷与舒适。

宜家还懂得与用户建立深厚的情感纽带，精心打造了多个线上社区，让用户能够分享自己的家居设计、使用经验和问题。这些社区宛如一座座桥梁，让品牌与用户紧密相连，共同创造美好的家居生活。

而当用户提出宝贵的反馈意见时，宜家迅速对产品或服务中的问题进行分类和评估。一旦发现问题，他们会立即采取措施进行改进或修复，确保用户始终能够享受到最佳的体验。

宜家还通过会员系统、定期邮件等方式与用户保持联系，提供家居搭配、优惠活动等信息。这不仅让用户感受到宜家的关心，更为他们带来了无尽的惊喜与实惠。同时，收集用户的反馈，形成一个持续互动与反馈的循环。

通过上述实践，宜家家居成功地建立了一套始终以用户为中心的反馈机制，不仅提升了用户体验和满意度，也为企业的发展提供了有力支持，让宜家在家居业中独树一帜，成为无数家庭的信赖之选。

建立有效的反馈机制，是营销领导力的核心要素。它如同指南针，指引着企业在复杂多变的市场中保持正确方向。当员工和客户的建议与问题得到及时回应，企业的决策便能更加贴近实际，减少误差。而那些被倾听和采纳的创意，也将成为企业发展的强大动力。一个成功的反馈机制，不仅能提升客户满意度，更能培养团队的责任感与参与感，激发企业内部的创新活力。

第六节　参与行业会议和调研

行业会议和调研作为获取市场信息和行业趋势的重要途径，不仅能让企业紧跟市场动态，还能启发新的思考，激发创新。通过行业会议，可以与业界同行交流心得，共享资源；通过调研，可以深入了解市场需求，挖掘潜在机会。

抢占行业先机：会议与调研的力量

在快速变化的商业世界里，保持领先不仅是追赶最新趋势，更是主动掌握行业脉动和深度洞察市场的能力。行业会议和市场调研正是企业和专业人士抢占这一先机的关键。它们不仅开启了获取最新知识、技术和市场动态的窗口，还为建立关键人际关系和启发创新思维提供了平台。通过深入参与，企业能够预见市场变化，捕捉商业机遇，从而在激烈的竞争中占据一席之地。

参与行业会议不仅能让企业和个人直接接触到行业的前沿动态和发展趋势，还提供了一个与行业领袖、同行和潜在合作伙伴面对面交流的机会。这种交流不仅可以拓宽视野，还能够在非正式的环境中探讨合作可能，为企业带来新的业务机会。

此外，行业会议是建立和维护专业人际关系的绝佳场所。在这样的聚会中，一个简单的交流可能就是开启新项目或合作的钥匙。更重要的是，这些人际关系有助于企业在需要时获取支持和资源，共同应对行业挑战。

与此同时，市场调研为企业提供了深入了解消费者需求和市场动态的途径。通过有效的调研，企业能够发现未被满足的市场需求，识别潜在的竞争对手，从而制定出更为精准和有效的市场策略。在今天这个以客户为中心的时代，深入了解目标客户的需求和喜好，是制胜市场的关键。

在商业和产品营销的世界中，信息和良好的人际关系是无价之宝。通过积极参与行业会议和进行深度市场调研，企业不仅能够获得这两者，还能在这个过程中促进团队的创新思维和战略规划。这种主动出击的姿态，能够让企业在竞争中始终保持领先一步，抓住每一个成长和扩张的机会。

行业洞察：会议与调研的策略性参与指南

在快速演变的商业世界中，持续学习和网络拓展是企业保持竞争力的关键。参与行业会议和调研活动不仅是获取最新趋势、技术和市场洞察的有效途径，也是建立关键人际关系和获取前沿知识的重要平台。然而，要从这些活动中获得最大价值，企业需要采取策略性的方法。

(1)明确参与目的。明确目标是成功参与行业会议和调研的第一步。企业应事先设定具体的目标,如掌握特定技术趋势、寻找业务合作伙伴或是吸收先进的管理理念。这些目标将引导企业选择最合适的会议和调研活动,确保时间和资源的投入能够产生最佳效益。

(2)选择适宜的平台。在众多的行业会议和调研机会中,挑选最适合企业当前需求的活动至关重要。评估会议的议题范围、发言嘉宾的专业背景以及预期参与者的行业地位,可以帮助企业做出明智的选择。

(3)积极交流互动。会议和调研提供了与同行交流及向业内专家学习的宝贵机会。积极参与讨论、提问和网络活动不仅可以扩大个人和企业的人际交往,还可以增加与行业领袖接触的机会,从而为企业带来潜在的合作和发展机会。

(4)总结与分享成果。参会和调研后的总结工作同样重要。企业应将学习到的知识、观察到的趋势、建立的新联系以及可能的业务机会等进行系统整理,并与团队成员进行分享。这样不仅能加强团队的知识储备,还能激发新的创意和改进思路。

参与行业会议和调研是企业发展策略的重要组成部分。通过策略性地选择和参与这些活动,企业不仅能够及时把握行业脉搏,还能在竞争中保持领先。最成功的企业不仅是信息的接收者,更是主动学习和应用新知识以驱动创新和成长的实践者。

与行业专家交流:打开智慧之门的钥匙

与行业专家交流,是每个渴望进步的人都不会忽视的宝贵机会。那么,如何才能有效地与这些行业翘楚互动,来打开智慧的大门呢?

(1)准备充分。在参加行业会议或调研前,确保企业代表对该领域有足够的了解。研究会议的主题、议程和参会人员,明确自己的学习目标和问题,这样才能在交流中更有针对性地获取信息。

(2)积极参与互动。不要害羞或害怕被拒绝,主动与其他参会者交流,分享经验、建立联系。不仅能帮助你了解行业的最新动态,还能积累宝贵的人脉资源。别错过向专家提问或请教问题的机会,他们的见解和建议往往能提供宝贵的指导。

(3)善于倾听和思考。在与行业专家交流时,要耐心倾听他们的观点和建议。思考他们话语背后的逻辑和意义,而不仅仅是表面的信息。同时,注意观察他们的非言语表现,如肢体语言、面部表情等,有助于更全面地理解他们的意思。通过倾听和思考,能吸收专家的智慧,并应用于实际工作中。

(4)与行业专家建立长期的联系非常有益。企业代表要主动与他们建立联系,可以通过邮件、社交媒体等方式与他们保持长期的交流合作。

(5)持续学习和实践是关键。与行业专家的交流学习只是学习的一种方式,真正理解和掌握还需要在实践中的应用和反思。因此,将所学知识与实践相结合,不断探索和创新,才能不断提升企业的营销领导力。

腾讯科技的全球探索之旅

腾讯每年都会启动一场盛大的全球之旅,就像一场科技界的嘉年华。腾讯会发布最新的产品和技术,与合作伙伴进行深入交流,共同探讨行业趋势和未来发展方向。在这个盛会上,腾讯不仅提升了品牌形象,还扩大了合作伙伴网络,为未来的业务发展奠定了坚实的基础。

另外腾讯科技还积极参加世界互联网大会,这是一个汇聚全球顶尖互联网企业和专家的盛会。在大会上,腾讯展示了最新的技术和产品,如人工智能、云计算等,与众多企业和专家共同探讨互联网行业的未来发展趋势。通过这些交流和合作,腾讯不断提升自身技术水平和创新能力,为未来的发展提供了源源不断的动力和重要支持。

通过参与行业会议和调研,企业可以持续站在市场前沿,获取最新的市场信息和行业趋势。与行业专家交流学习,拓展人际资源,从而在激烈的市场竞争中获取优势。这是提升营销领导力的关键手段。通过不断学习、交流和实践,企业能够保持领先地位,为产品的创新和市场营销提供新的思路和机会。

第七节　定期举办市场研究和客户反馈会议

市场无时无刻不在变化,为了能及时把握市场的脉搏,企业需要定期举办市场研究和客户反馈会议。通过这些会议,不仅可以深入了解市场趋势和客户需求,还可以从中获取宝贵的建议和反馈,从而优化公司的产品和服务。这不仅有助于提升企业竞争力,更有助于企业与客户建立更加紧密的关系。

照亮商业航道：市场研究与客户反馈

在快速变化的商业海洋中,企业的成功往往依赖于对市场趋势的敏锐洞察和对客户需求的深刻理解。市场研究和客户反馈是企业不可或缺的双翼,它们共同构成了推动企业成长和创新的动力源泉。如何有效地利用市场研究和客户反馈这两个工具来优化决策过程,创造更大的商业价值？

1. 市场研究：企业成长的灯塔

市场研究提供了关于市场动态、消费者行为、竞争格局等方面的宝贵洞察,帮助企业在复杂多变的市场环境中找到明确的发展方向。它能够揭示潜在的市场机会,指导产品开发和市场定位,从而确保企业资源的有效配置和优化。通过分析消费者需求和偏好,企业可以设计出更具吸引力的产品和服务,提升市场竞争力。

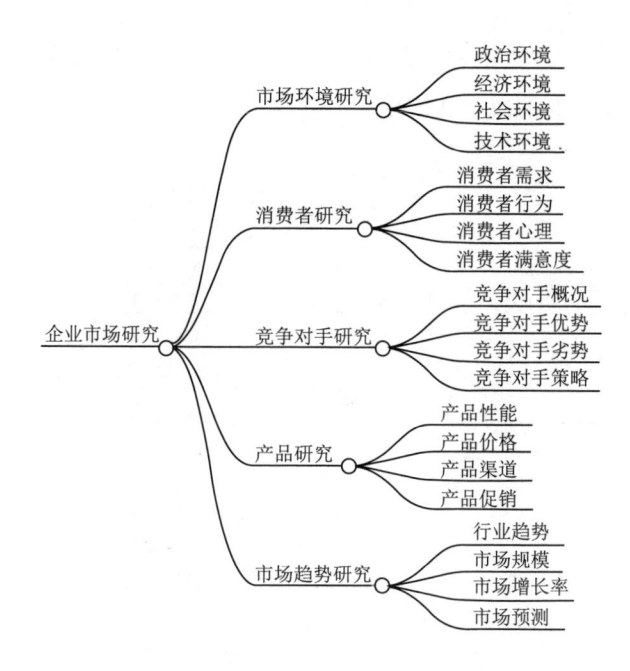

```
                                    ┌─ 政治环境
                    市场环境研究 ────┤─ 经济环境
                                    │─ 社会环境
                                    └─ 技术环境

                                    ┌─ 消费者需求
                    消费者研究 ──────┤─ 消费者行为
                                    │─ 消费者心理
                                    └─ 消费者满意度

                                    ┌─ 竞争对手概况
    企业市场研究 ───┤ 竞争对手研究 ──┤─ 竞争对手优势
                                    │─ 竞争对手劣势
                                    └─ 竞争对手策略

                                    ┌─ 产品性能
                    产品研究 ────────┤─ 产品价格
                                    │─ 产品渠道
                                    └─ 产品促销

                                    ┌─ 行业趋势
                    市场趋势研究 ────┤─ 市场规模
                                    │─ 市场增长率
                                    └─ 市场预测
```

2. 客户反馈会议：连接企业与客户的桥梁

直接从客户那里获得反馈是获取第一手市场信息的最有效方式之一。客户反馈会议不仅能够加深企业对客户需求的理解，还能够及时发现并解决产品或服务中的问题，提高客户满意度。这种互动还有助于建立客户忠诚度，通过持续改进和创新，企业可以更好地满足客户的期望，进而推动销售增长和品牌建设。

将市场研究与客户反馈相结合，可以为企业提供一个全面的视角来审视市场和自身的产品。市场研究揭示了宏观的市场趋势和机会，而客户反馈则提供了微观的、针对性的见解。这种双向视角的结合，能够帮助企业更准确地定位自己，制定更有效的产品开发和市场战略，以适应不断变化的市场需求。

市场研究与客户反馈是推动企业持续成长和创新的双引擎。通过有效地利用这两个工具，企业不仅可以更好地理解市场和客户，还能够在竞争激烈的市场中保持领先地位。为了实现这一目标，企业需要建立起一套系统的机制来定期收集和分析市场数据和客户反馈,将这些洞察转化为实际的行动计划,从而驱动企业的成长和成功。

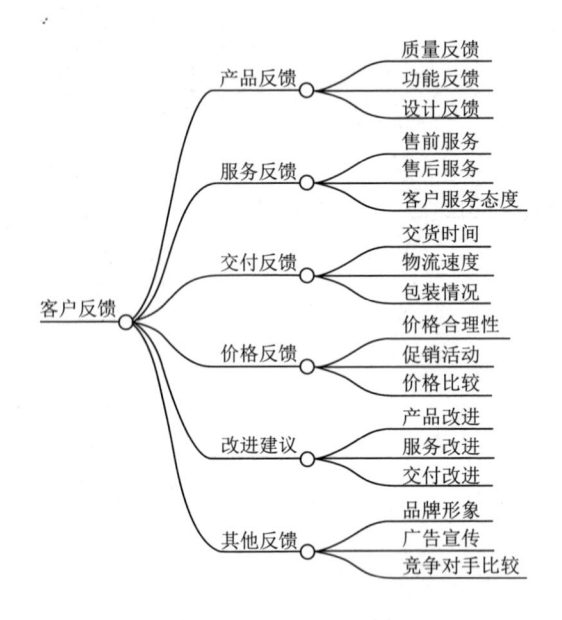

```
                        ┌─ 质量反馈
              ┌─ 产品反馈 ─┼─ 功能反馈
              │          └─ 设计反馈
              │          ┌─ 售前服务
              ├─ 服务反馈 ─┼─ 售后服务
              │          └─ 客户服务态度
              │          ┌─ 交货时间
              ├─ 交付反馈 ─┼─ 物流速度
   客户反馈 ───┤          └─ 包装情况
              │          ┌─ 价格合理性
              ├─ 价格反馈 ─┼─ 促销活动
              │          └─ 价格比较
              │          ┌─ 产品改进
              ├─ 改进建议 ─┼─ 服务改进
              │          └─ 交付改进
              │          ┌─ 品牌形象
              └─ 其他反馈 ─┼─ 广告宣传
                         └─ 竞争对手比较
```

精准掌舵:市场研究与客户反馈的战略对话

在快速变化的商业环境中,企业如何确保自身的市场策略和产品方向与时俱进,满足消费者的不断变化的需求?答案在于有效地进行市场研究和客户反馈会议。这不仅是收集关键信息的过程,更是企业内部决策和创新的重要推动力。通过精心准备和执行这类会议,企业能够深入了解市场趋势、竞争态势及客户需求,进而制定出更加精准和有效的市场策略和产品开发计划。

(1)议题与目标设定。企业需要明确会议的核心议题和目标。这些议题可能涵盖市场趋势分析、竞争对手状况、客户需求调查等关键领域。目标应是基于这些讨论洞察,提出实际可行的市场策略和产品调整建议。

(2)参与者的精心挑选。成功的会议依赖于参与者的质量。邀请来自市场、客户服务、研发、销售等部门的关键成员,可以确保讨论从多角度出发,覆盖企业运营的各个方面。同时,引入外部专家或顾问,可以提供新的洞察和建议,为会议增添更多价值。

(3)议程与资料的准备。制定详细的议程是确保会议高效运行的关键。议程应明确每个环节的主题、时间安排和目标。提前分发会议资料,如市场研究报告、客户反馈摘要等,能够帮助参会者更好地准备,使他们在会议中的讨论更加深入和有建设性。

通过精心的准备和执行,市场研究和客户反馈会议能够成为企业战略制定的强大工具,不仅帮助企业捕捉市场的最新动态和客户的真实声音,还能促进跨部门的协作和沟通,共同为企业的长期发展和竞争优势奠定坚实的基础。在这个过程中,企业将能够更加精准地定位自己在市场中的位置,制定出真正符合市场需求和趋势的策略和产品。

从市场研究与客户反馈中汲取智慧:策略与实践

在市场研究和客户反馈会议中,每一个观点、每一条建议,都可能成为公司前进的灯塔。因此,准确、详尽的会议记录至关重要,不仅是为了不遗漏任何智慧的火花,更是为了确保信息的准确性。

每位发言者的声音都应被捕捉,他们的观点、疑虑和建议都应被细致地记录下来。有了这些珍贵的观点,企业才能更全面地理解市场和客户需求。

数据是市场的语言。对收集到的信息进行系统性的分析,是理解市场趋势、客户心声和竞争对手动态的关键。首先,对数据进行分类与筛选,确保信息组织的逻辑性和条理性。随后,利用统计工具深入研究数据,寻找隐藏在数字背后的模式和趋势。这包括市场趋势、客户喜好、竞争对手动态等。

除了数据分析,人的情绪、意见和态度也是重要的信息来源。它们共同构成了市场的全貌,为企业的决策提供了有力支持。

基于深入的分析,制订一个明确、具体的行动计划是至关重要的。这包括短期和长期的目标设定、责任的明确以及时间表的制定。确保行动计划具有足够的灵活性,以应对市场的变化和不确定性。同时,这个计划应与公司的整体战略和市场定位紧密相连。让每一步行动都能为公司的发展增添动力。

在行动中蜕变：市场研究与客户反馈会议的持续改进之道

在市场研究和客户反馈会议中，不仅需要倾听，更需要回应。客户的每一次反馈都是对产品的关心与期待。及时、真诚地回复，不仅能展现企业的专业与诚意，更能加深客户对产品的信任与依赖。

捕捉风向，灵活调整营销策略。市场的魅力在于变化。营销策略也需要随着市场的变化而调整。从客户反馈中，企业可以洞察到市场的微妙变化、竞争对手的动态以及消费者需求的新趋势。这些宝贵信息为企业提供了调整营销策略的依据。持续进步，每一次反馈都是新的起点。

持续将反馈转化为动力。真正的成长并非一时的成功，而是持续的进步。客户的每一次反馈都是企业前进路上的指引灯。通过定期的市场研究和客户反馈会议，将这些宝贵的意见转化为行动的动力。每次会议后，不仅要总结经验、分析问题，更要制定出具体的改进措施。这不仅是对客户的回应，更是企业对自己产品和服务质量的不断提升。

市场研究和客户反馈会议是企业与市场、与客户深度对话的桥梁。通过及时回应、灵活调整和持续改进，不仅可以更好地满足客户需求，更能在变化的市场中稳步前行。

现代企业的发展，必须紧跟市场和客户需求，定期举办市场研究和客户反馈会议不仅关乎营销策略的优化，更是提升市场竞争力的关键。通过精心筹备、系统收集与分析会议成果，企业能够精确调整产品设计与市场策略，进而稳固市场领导地位。持之以恒地与客户和研究结果保持互动，持续优化内部流程，企业的营销领导力将不断提升，最终在激烈的竞争中取得辉煌胜利。

第九章 09

营销领导力的具体落地——风险管理

在当今竞争激烈的市场环境中，每家企业都面临着来自内外部的各种挑战和不确定性，这些风险可能对企业的稳定发展产生重大影响。企业需要能够及时发现和应对潜在的市场风险，以保持竞争优势并实现长期发展。因此，风险管理成为企业管理中不可或缺的一环。有效的风险管理不仅能够降低企业的风险敞口，保护企业的资产和利益，更能够帮助企业在复杂多变的市场环境中保持竞争优势。

第一节　收集和分析数据，预测市场风险

在企业风险管理中，数据的重要性不言而喻。它不仅是理解市场动态的窗口，更是预测市场风险的风向标。通过收集和分析数据，企业可以深入洞察市场的微妙变化，预见潜在的风险，从而制定出更加明智和有效的风险管理策略。

预测市场风险，多维度数据的综合收集

要准确预测市场风险，就需要多角度广泛收集数据，包括市场趋势、竞争情报和消费者洞察等。

市场趋势数据的收集有助于企业了解行业的整体发展方向和变化趋势。通过分析市场规模、增长率和市场份额等关键数据，把握市场的未来走向，从而制定出更加精准的战略。

而竞争情报数据的收集，能够随时掌握竞争对手的动向，了解竞争对手的战略和行动，发现潜在的威胁和机会，从而调整自身的竞争策略。此外，市场上其他竞品和服务的情况也是需要关注的重要信息，通过这些信息，企业可以实时了解整个行业的动向。

另外，消费者的反馈和意见也是企业需要重点关注的。消费者的意见和建议是了解市场需求和消费者行为模式的关键。通过收集和分析这些数据，企业可以更好地调整产品和服务，满足消费者的需求，同时为市场策略的制

定提供有力依据。通过多角度、全方位的数据收集和分析，企业能够更准确地预测市场风险，制定出相应的策略。

收集数据的常用有效方法

在第八章第一节里介绍过一些数据收集的方法，这些方法主要是用于营销相关的方面。在本节将给大家分享一些风险预测方面收集数据的方法，两者因为侧重点不同，会有一些差别。

（1）历史数据收集。收集过去的市场数据，包括股票价格、指数数据、市场指标等，通过分析历史数据的趋势和模式，预测未来的市场走势。

（2）统计数据收集。收集与市场相关的宏观经济指标，如GDP增长率、失业率、通胀率等，以及行业和公司的财务数据等，通过分析这些数据，了解经济和企业的基本面，从而预测市场风险。

（3）行情数据收集。通过收集社交媒体、新闻媒体、博客和论坛等渠道上的行情信息，了解市场情绪和投资者情绪的变化，预测市场的波动和风险。

（4）情报信息收集。通过收集与市场风险相关的情报信息，包括竞争对手的动态、政策变化、行业新闻等，了解市场的变化和趋势，预测市场风险。

（5）数据调查收集。通过定期进行市场调查，收集消费者的购买意愿、消费习惯、购买力等信息，分析消费者行为和需求的变化，预测市场风险。

（6）专家意见收集。通过与市场专家、分析师进行交流和咨询，获取他们对市场趋势和风险的观点和建议，从而辅助预测市场风险。

（7）外部数据购买。购买商业数据供应商提供的市场数据，包括行业报告、市场研究报告、消费者调研数据等，通过分析这些数据，预测市场风险。

（8）企业内部数据收集。收集和分析企业内部的销售数据、客户数据、供应链数据等，了解企业的经营状况和市场风险。

（9）实地调研。通过实地调研和访谈，了解市场参与者的意见和看法，预测市场风险。

综合运用这些数据收集方法，可以帮助企业更全面、准确地收集企业所需的数据，从而对它们进行分析。

数据分析和风险预测

在收集到数据之后，就要对它们进行深入分析，从而对潜在的风险或机会进行预测。通过分析，企业可以及时发现市场上的问题，如产品需求下降或竞争加剧，并采取相应的措施应对。同时，数据分析还能揭示市场的机会和潜力，帮助企业抓住市场的蓝海和新增长点。

为了更好地进行数据分析，企业可以利用各种工具和技术，如统计分析、数据挖掘、机器学习和人工智能等。这些技术可以帮助企业从大量数据中提取有价值的信息，并深入洞察市场趋势。例如，统计分析可以揭示市场的整体态势和趋势，数据挖掘可以发现潜在的关联和规律，而机器学习和人工智能则可以通过模型预测市场的未来发展。

预测技术是数据分析的重要方法之一，它能够根据历史数据和模型来预测未来的市场趋势和风险。通过预测技术，企业可以及时洞察市场的变化和趋势，从而调整战略和行动计划。例如，时间序列分析可以预测市场的周期性波动，回归分析可以预测市场的影响因素和关联关系，而机器学习和深度学习则通过复杂的模型来预测市场的发展趋势。

数据驱动决策：企业成功的关键

在数字化时代，数据已成为企业决策的核心。数据分析和预测的最终目的是为决策提供依据和支持，而数据驱动的决策方式则能够降低主观偏见和决策风险，更准确地捕捉市场风险和机会。

1. 数据驱动决策的优势

数据驱动的决策能够准确地识别市场风险和机会，因为是基于客观数据和分析结果，与传统的决策方式相比，数据驱动的决策更加科学、客观，减少了主观臆断和经验主义的偏误。通过数据分析，企业能够更加清晰地了解市场趋势、客户需求和竞争态势，从而准确地识别市场风险和机会。这种决策方式有助于企业做出更加明智、准确的战略选择和业务决策。

2. 结合实际制定策略

在数据驱动的决策中，关键是将数据分析与实际情况相结合。企业需要根据数据分析的结果来制定战略和行动计划，并将其与实际业务需求和市场变化相结合。只有将数据分析与实际情况紧密结合，才能确保决策的有效性和适用性。

3. 跟踪与评估决策效果

为了确保数据驱动的决策的有效性，企业需要建立相应的指标和评估体系。通过这些指标和评估体系，企业可以实时跟踪和评估决策的效果和影响。这有助于企业及时发现问题、调整策略，并不断优化和改进决策过程。

4. 提高风险管理效果

数据驱动的决策在风险管理方面也具有显著优势，能够帮助企业提高风险管理的效果和成功率。通过数据分析，企业可以更好地识别和评估市场风险，并提前采取相应的措施来应对。这有助于企业降低风险、减少损失，并提高整体运营的稳定性和可持续性。

在风险管理中，数据收集与数据分析扮演着核心角色。通过广泛收集相关数据，并运用先进的数据分析技术，企业能够及时洞察潜在的市场风险，从而提前制定应对策略。数据驱动的决策为企业提供了更为科学、客观的决策依据，降低了决策风险，并显著提高了风险管理的效果和成功率。因此，每一家企业都应充分重视并发挥数据在风险管理中的作用，以应对日益复杂的市场环境。

第二节　多元化产品组合

多元化产品组合作为有效的风险管理的策略，越来越受到现代企业的认可，单一的产品线往往难以抵御各种风险的冲击。很多企业在不断改进现有产品的同时，也在研发新产品，保持产品组合的平衡。通过这种方式，企业能够有效地分散风险、扩大市场份额，降低对单一产品或市场的依赖，增强企业的稳定性。

开发新产品：企业多元化战略的关键一环

面对复杂多变的市场环境，多元化产品组合的策略在一定程度上抗风险的能力会加强，所以，很多企业都在积极开发新产品。

开发新产品能更好地满足不同客户群体的个性化需求，从而增强客户黏性并巩固市场份额。同时，新产品有助于企业拓展新的市场或细分领域，进一步扩大市场份额。更重要的是，新产品代表着新技术、新思路，有助于企业保持创新活力，始终站在行业前沿。

然而，在决定开发新产品前，企业需要进行深入的市场调研与分析，了解目标市场的需求、竞争对手情况以及潜在机会。同时，评估技术的可行性，确保产品能够实现预期的设计和功能要求。此外，制定合理的成本与定价策略，确保产品既有竞争力又能为企业带来可观的利润。

企业除了要关注市场需求、技术可行性、成本和定价等方面的内容之外，还需要关注法规与合规性，确保新产品符合相关法律法规要求，避免因违规行为带来的风险。同时，新产品的推出要与企业的品牌定位和市场策略相匹配，以提升品牌形象和市场竞争力。

为了确保新产品的成功上市和企业的稳健发展，企业需要制定相应的风险管理策略。在开发新产品时,充分考虑可能面临的市场风险、技术风险等潜在问题,并提前制定应对措施。还有,持续改进与优化新产品。通过市场反馈和客户意见不断对产品进行调整和改进,确保其始终具有竞争力。

总之,企业在开发新产品时,需要综合考虑市场需求、技术可行性、成本、法规等多方面因素,并制定全面的风险管理策略。只有这样,才能确保产品的成功上市和企业的稳健发展。

企业在开发新产品过程中需要注意的关键点

注意点	具体描述
市场调研	深入了解需求:通过直接和间接调研了解消费者的真实需求、竞品情况和市场趋势
	目标市场定位:明确新产品的目标市场和潜在用户群体
产品开发策略	功能策略:以原型产品为基础,通过开发使产品变成多能化或高能化的改型产品
	微型化策略:产品朝着功能不变、体积缩小、重量减轻的方向发展
	简化结构策略:改革产品的内部结构,简化部分功能,使之系列化、通用化、标准化
	降低消耗策略:对于使用过程中需要消耗某种能源的产品,进行节能性开发
组织与管理	组建灵活的开发组织:确保新产品开发组织具有高度灵活性、简单的人际关系、高效的信息传递系统和高决策权力
	跨部门协作:供应、生产、技术、财务、销售等部门紧密配合,形成一个相互协作的团队
产品设计与开发	功能为中心:围绕实现一定的功能进行产品开发,确保产品满足用户的确切需求
	成本控制:在产品设计阶段就考虑制造成本和使用成本,力求降低产品总成本
	迭代优化:通过原型测试、用户反馈等方式,对产品进行迭代优化,提高产品的用户体验和市场竞争力
市场推广策略	制定营销战略:明确新产品的市场定位、目标市场、销售渠道和营销预算等

续上表

注意点	具体描述
市场推广策略	品牌建设：通过品牌建设活动提升新产品的知名度和美誉度
	渠道拓展：积极拓展销售渠道，确保新产品能够顺利进入目标市场
风险评估与应对	技术风险：评估新产品开发过程中的技术难度和可行性，制定相应的风险防范措施
	市场风险：分析市场需求和竞争态势，预测新产品的市场接受度和销售潜力
	财务风险：合理控制新产品开发过程中的资金投入和成本支出，确保项目的财务可行性
知识产权与合规性	加强知识产权保护：对新产品中的创新点进行专利申请、商标注册等保护措施
	遵守法律法规：确保新产品开发过程和销售过程符合国家和行业的法律法规要求
持续创新与优化	建立创新机制：鼓励团队成员提出创新想法和建议，形成持续创新的良好氛围
	产品迭代升级：根据市场反馈和用户需求，不断优化和升级新产品，保持产品的市场竞争力

可口可乐的多元化战略

可口可乐公司是全球最大的饮料公司，除了传统的碳酸饮料（如可口可乐、雪碧、芬达）外，他们还生产和销售其他类型的饮料，如果粒橙、冰露、功能性饮料（如能量饮料、运动饮料）等。

可口可乐公司通过为不同的市场和消费者提供多样化的产品来满足各种不同需求。举个例子，他们不仅为碳酸饮料爱好者提供了多种口味和包装选择，还开发了低糖和无糖饮料（健怡可乐），以满足健康意识较高的消费者。

可口可乐公司通过不断推出新产品和扩大产品线，吸引消费者的注意力和需求。他们也会根据市场趋势和消费者喜好进行调整和创新。此外，可口可乐公司还通过品牌合作、市场营销和广告宣传等手段来推广和推动产品的销售。

可口可乐公司的多元化产品组合策略不仅使产品在全球范围内占据市场份额并扩大销售额，还使其成为全球知名的饮料品牌。产品多样化不仅满足不同消费者的口味偏好，还能够迎合不同地区和文化的需求。这种多元化产品组合策略为可口可乐公司带来了市场影响力、收益增长和长期竞争优势。

现有产品升级：风险管理中的稳定器

在风险管理的多元化产品组合中，除了开发新产品，改进现有产品也是维持企业竞争力和盈利能力的关键。

企业需要持续对现有产品升级和优化，以确保留住老客户的同时吸引新客户。不断通过提高现有产品质量、优化用户体验等方式，使现有产品在市场中更具吸引力。

客户的需求是不断变化的，企业需要时刻关注并满足客户的需求。通过改进现有产品，企业可以更好地适应市场变化，满足客户的期望，从而保持和提升客户忠诚度。

有效的成本控制是企业盈利的关键。通过改进生产流程、采用更高效的材料或零部件等方式，企业可以降低生产成本，提高盈利能力。

现有产品与新产品形成协同效应。在多元化产品组合中，不同产品之间需要相互配合，形成完整的解决方案。改进现有产品能与新产品更好地配合，从而提高整个产品组合的竞争力和价值。

增强企业品牌形象。营销领导者需要持续通过产品创新和提高质量，来提升企业的品牌形象，赢得更多客户的信任和认可。

总的来说，改进现有产品在风险管理多元化产品组合策略中至关重要。因此，企业应该持续关注市场动态，以保持竞争优势并实现可持续发展。

保持产品组合的平衡，企业发展的艺术

多元化产品组合是企业发展的必然选择，但仅仅拥有多元化的产品还不

够，还需要保持产品组合的平衡。假如一个企业拥有大量的产品，而这些产品都集中在某一特定领域或市场，那将会带来巨大的风险。比如，当这个市场发生变化或竞争加剧时，企业可能会遭受巨大的损失。

产品组合的平衡，就是要在不同的产品和市场之间找到一个最佳的分配点。这个点既要考虑资源的有效利用，又要考虑风险的分散。比如，有些企业会选择在成熟的市场推出创新的产品，以获得稳定的收入；而在新兴市场，则推出相对成熟的产品，以降低风险。

要达到这样的平衡，企业需要进行深入的产品组合分析和优化。分析的目的是了解各个产品的表现、它们之间的关联性以及与市场的契合度。通过这样的分析，企业可以清楚地看到哪些产品是核心的、哪些是辅助的，以及它们在整个组合中的角色。而优化则是基于分析的结果进行的调整。企业可以根据市场的变化、技术的发展或者竞争态势，对产品组合进行微调，剔除那些表现不佳的产品、增加新的有潜力的产品。

总之，保持产品组合的平衡就像在玩跷跷板，要在稳定和风险、创新和传统之间找到那个最佳的平衡点。只有这样，企业才能在不断变化的市场中立于不败之地。

企业通过精心打造多元化产品组合，能够有效降低市场风险，并稳固自身市场地位。开发新产品的目的在于满足不同客户群体的独特需求，进而拓宽市场份额。与此同时，不断优化现有产品可以增强产品的市场竞争力，进一步稳固企业的市场地位。

第三节　持续创新，跟上市场变化

在面对快速变化的市场环境时，创新这个话题是绕不开的。通过持续创新,企业才能适应市场变化,满足不断变化的客户需求。持续创新不仅是企业适应市场变化的必要手段,更是满足客户不断升级的期望、保持领先优势的关键因素。

创新驱动：风险管理中的未来之钥

从金融波动、市场竞争,到技术变革和全球性挑战,企业面临的风险日益多样化和复杂化。所有这些因素都要求企业不仅要在风险管理上采取防守策略,更需要主动出击,通过持续创新来增强其适应性和韧性。创新在风险管理中的角色已经从传统的边缘支持转变为核心驱动力,不仅能帮助企业预见和应对未来的风险,还能够开辟新的增长机会,使企业在不断变化的市场中保持竞争力。

持续创新有助于企业及时发现和预防潜在的风险。通过不断探索新的商业模式、技术和产品,企业能够更好地理解市场趋势和客户需求,从而预测潜在的风险和挑战。通过提前采取措施,企业可以降低风险发生的机会,减少潜在的损失。

持续创新有助于提高企业的适应性和韧性。面对突发风险和危机,企业需要有足够的适应性和韧性来快速调整策略和应对挑战。通过持续创新,企业能够不断完善自身的组织架构、流程和业务模式,提高应对风险的能力和速度。

此外,持续创新还能为企业带来竞争优势。在竞争激烈的市场中,持续创新是企业保持领先地位的关键。通过创新,企业可以开发出独特的产品和服务,满足客户的独特需求,从而获得市场份额和竞争优势。

再者,持续创新有助于提升企业的风险管理能力。通过不断创新和改进风险管理工具和方法,企业能够更准确地评估和管理风险,降低风险对企业的影响。同时,创新也可以帮助企业提高员工的风险意识和应对能力,形成全员参与的风险管理文化。

企业创新，员工为本

鼓励员工参与创新，是企业实现持续创新的关键。员工是企业最重要的资源，他们具有丰富的经验和知识，是企业创新的源泉。为了激发员工的创新热情，企业需要采取一系列措施。

营造一个鼓励创新的文化氛围至关重要。这需要企业高层领导的引领和倡导，通过制定相关政策和措施，鼓励员工勇于尝试、敢于创新。企业可以设立创新奖励制度，对具有突出贡献的创新项目或个人进行表彰和奖励，从而激发员工的创新热情。同时，通过举办创新活动、创意大赛等，让员工在轻松愉快的氛围中发挥自己的创造力。

另外，企业要为员工提供一个创新平台。这可以是线上或线下的平台，让员工可以分享和交流创新思路和想法。企业可以组织跨部门的创新团队，让不同领域的专家共同合作，共同探讨创新的解决方案。此外，企业可以举办创新活动，如创意大赛、创新论坛等，让员工能够展示自己的创意并接受他人的建议和反馈。同时，可以建立创新网络，让员工能够与外部的专家、合作伙伴进行交流和学习，拓宽他们的视野和思路。

还有，要支持员工的创新实践。企业需要提供必要的资金、资源和人力支持，使员工能够将他们的创新思路转化为实际行动。这包括提供创新项目的资金支持、设立创新研发团队和建立创新实验室等。同时，企业要给予员工充分的自主权和决策权，让他们能够自主地开展创新工作并承担相应的责任。另外，企业要注重与员工的沟通与反馈，及时了解他们的进展和困难，并提供必要的帮助和支持。

应对竞争和市场挑战：持续创新的三大关键路径

在激烈的市场竞争中，持续创新是企业保持领先的关键。通过不断优化产品和服务、推出新颖的业务模式，企业不仅能应对市场挑战，更能引领行业变革。

(1) 企业需要不断打磨现有产品和服务,紧跟市场和客户多样化需求。这需要深入的市场调研和客户洞察,结合技术研发的力量,确保产品与服务始终领先,赢得客户的信任和忠诚。

(2) 企业要勇于探索并快速推出新产品和服务。紧跟市场和客户需求的变化,通过创新研发和合作伙伴的助力,快速响应市场,满足消费者日益增长的需求,以扩大市场份额,提高品牌知名度和影响力。

(3) 创造新的业务模式。在变革中寻找机会,如开展电子商务、建立合作伙伴关系以及制定独特的营销策略等,通过不断创新和尝试,企业可以开辟新的市场和业务领域,实现可持续发展。

总之,持续创新是企业应对市场挑战的关键。通过不断改进现有产品和服务、推出新产品和服务以及创造新的业务模式,企业不仅能应对挑战,更能开创属于自己的一片天地。

平安多维度创新,让保险更"保险"

中国最大的保险公司——平安,以其出众的创新能力一直走在行业的前沿。

在技术创新方面,平安保险积极推动人工智能和大数据技术在风险管理中的应用。他们利用数据分析和机器学习算法,对客户的风险进行精准评估和预测,以便更好地制定风险管理策略。平安保险还开发了智能理赔系统,利用图像识别和自然语言处理等技术,提高理赔效率和准确度。

在业务创新方面,平安保险推出了多样化的保险产品和服务,以应对不断变化的风险。他们拓展了健康险、车险、财产险等业务领域,并不断推出创新的保险产品,如定制化健康保险和互联网保险。通过创新业务模式,平安保险能够更好地识别和管理各类风险。

在管理创新方面,平安保险建立了完善的风险管理体系。他们设立了风险管理部门,负责监测、评估和防控风险。平安保险还开展了员工培训,提高员工的风险管理意识和能力,使他们成为风险管理的重要参与者。

通过持续创新，平安保险在风险管理方面取得了显著成果。他们通过技术创新、业务创新和管理创新，不断提升风险管理的水平，很好地保护了客户的权益，也让公司得以长期稳健发展，促使平安成为中国最具竞争力的综合性保险集团。

持续创新是企业应对市场变化和风险的重要法宝，它可以为企业注入源源不断的活力，让企业内部充满积极氛围。凭借这种持续创新的精神，企业就能有效应对市场挑战，保持竞争优势，从而在竞争激烈的市场中立于不败之地。因此，企业应当将持续创新视为一种重要的风险管理策略，并将其深度融入企业的战略规划和日常运营中，顺应市场变化，抓住每一个发展机遇，在不确定的市场环境中稳健前行。

第四节　建立企业的核心竞争力

随着互联网的高速发展，信息变得越来越透明，技术的更新迭代也是越来越快。正如托马斯·弗里德曼的《世界是平的》所说的那样，世界变得越来越"扁平化"。在这样的趋势下企业核心竞争力逐渐成为决定企业生死存亡的关键。一个企业如果没有很强的核心竞争力，就很难在市场中生存，更不要谈发展了。所以，每个企业一定要找到并建立起自己的核心竞争力，为自己建立起一座坚固"堡垒"。

锁定胜利：打造属于你的"护城河"

企业建立核心竞争力的第一步就是要找到自己的竞争优势，作为企业的营销领导者，你需要对自己企业现有的资源进行深度的分析，在众多的资源中找到那些最有价值的点，然后围绕它们打造属于自己的"护城河"。

1. 产品差异化优势

对于现在越来越细分的市场，企业的发展方向也越来越垂直。尤其是初创的企业，它们推出的产品往往只解决一小部分人的某一个需求，这种策略能够让它们在只有少量资源的时候大幅增加成功的概率。大企业也是一样，一定要找到自己产品差异化的地方，找到与自身资源匹配的垂直领域深耕下去。做得越深，你的核心竞争力就越强，企业的"堡垒"就越坚固。

2. 成本优势

如果企业的产品并没有太高的技术壁垒或者市场差异化，那么就需要从降本增效的角度去考虑自己的核心竞争力。比如，打造先进且高效的生产管理体系，在有效降低成本的同时提升生产效率。或者是有效控制企业的上下游，把整条产品线做成一个闭环，其他企业要想进入这个领域就必须付出更高的代价。当你能够用更低的成本生产出更好的产品时，你的企业也就有了属于自己的核心竞争力。

3. 品牌价值优势

品牌知名度和良好的声誉也是企业的重要资产。品牌价值是企业的无形资产，它可以为企业带来更高的信任度与价值认可。在消费者选择产品或服务的时候，知名度高、信誉好的品牌往往能够赋予消费者更多的购买欲望。品牌是一个企业最强的核心竞争力，无论你的企业现在处于什么阶段，一定不要忽略品牌的力量。

4. 技术创新优势

持续的技术创新是企业在不断变化的市场中保持竞争力的关键。如果你的企业是科技制造行业的，那么，持续的创新与研发能力将是你最重要的核心竞争力。首先，要保护好现有的成果，企业可以通过专利申请、建立保密体、聘请专业的法律顾问等形式来保驾护航。与此同时，不断迭代出新技术、新产品,始终将企业的创造力保持在行业的前沿,这样才能够更好地抵御市场的风浪。

除了以上几个方面,企业还要根据自身的特点、所处行业、现有资源等因素找到属于自己的核心竞争力。

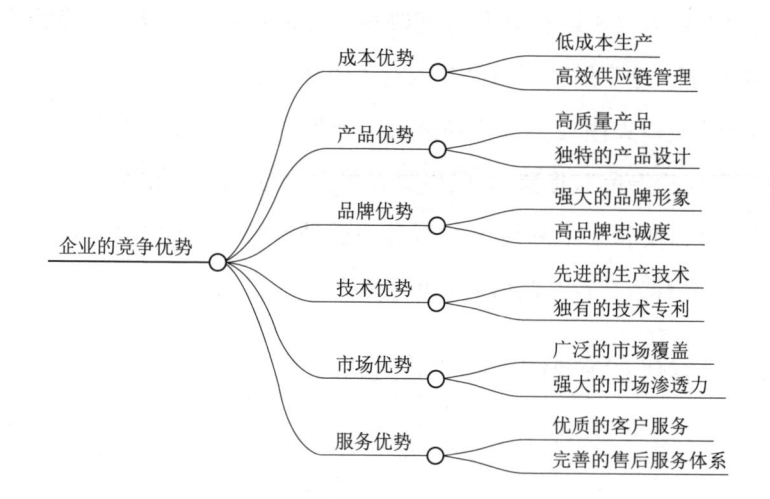

```
                        成本优势 ── 低成本生产
                                 └ 高效供应链管理
                        产品优势 ── 高质量产品
                                 └ 独特的产品设计
                        品牌优势 ── 强大的品牌形象
         企业的竞争优势 ─┤        └ 高品牌忠诚度
                        技术优势 ── 先进的生产技术
                                 └ 独有的技术专利
                        市场优势 ── 广泛的市场覆盖
                                 └ 强大的市场渗透力
                        服务优势 ── 优质的客户服务
                                 └ 完善的售后服务体系
```

塑造卓越:构建不朽的品牌价值

品牌价值是企业核心竞争力的重要组成部分。通过建立强大的品牌价值,企业可以树立自己在市场上的独特形象,并吸引更多的顾客选择其产品和服务。

要建立强大的品牌价值,企业需要关注八个关键方面。

(1)明确品牌定位是至关重要的,需要与目标市场的需求相一致,并准确传达企业的核心价值和品牌个性。

(2)提供卓越的产品和服务是建立品牌价值的基础。企业应该竭尽全力满足客户的需求并超越他们的期望,通过提供高质量的产品和优质的客户服务,树立品牌的良好声誉。

(3)企业需要通过有效的市场营销策略来建立自己的品牌形象。这可以包括广告、宣传活动和品牌大使等各种手段,以提高品牌知名度和认可度。

(4)在建立品牌形象的过程中,企业还需要在各个渠道和平台上保持一致的品牌形象和信息传达方式。这有助于增强品牌价值,并让顾客产生更深的品牌认同感。

(5)建立品牌忠诚度也是非常重要的。通过提供卓越的产品和服务,企业可以建立客户对品牌的忠诚度,留住老客户并吸引新客户。

(6)企业还需要不断创新和持续改进自己的产品和服务,以满足客户不断变化的需求。这有助于保持品牌的竞争力和吸引力。

(7)企业应该关注社会责任和可持续发展,积极参与公益事业和环保活动。这有助于提升品牌形象,并吸引更多关注社会问题的顾客。

(8)企业需要将线上和线下的营销渠道进行整合,通过社交媒体、广告、线下活动等多种方式提高品牌知名度和销售额。

服务差异化:企业成功的关键驱动力

优质客户服务是塑造企业核心竞争力的关键要素。通过提供卓越的、有差异化的客户服务,企业不仅能够树立良好的品牌形象,还能增强与客户的紧密关系,赢得他们的忠诚和信任。

深入了解客户需求是提供优质服务的前提,企业需要细致入微地了解客户的需求和喜好,并根据这些需求量身定制产品和服务。只有这样,才能确保所提供的产品和服务真正符合客户的期望。

建立高效、畅通的沟通渠道是关键。企业需要搭建多样化的沟通桥梁,及时回应客户的问题和反馈。这包括电话热线、在线聊天、社交媒体等多种沟通方式,确保客户的声音能够被充分听到和重视。

此外,提供个性差异化服务体验是增强客户黏性的重要手段。企业可以通过运用客户关系管理系统和大数据分析,深入了解客户的独特需求和偏好。在此基础上,为他们提供更加贴心、个性化的服务,满足他们的期望。

妥善处理客户问题与投诉是企业信誉的试金石。当出现问题时,企业需要展现出积极的态度,并采取有效的措施来解决问题。这有助于维护客户满意度和信任,并为企业树立良好的口碑。

立足高效运营：塑造企业核心竞争力

建立企业的核心竞争力,高效运营的重要性不言而喻。它能帮助企业在市场竞争中快速响应市场需求,能有效降低成本,提高盈利能力,还能提高产品质量和服务水平,从而赢得市场份额和客户信任。要实现高效运营,必须做好以下几个方面：

(1)制定明确的战略目标,并确保所有员工都清楚了解并朝着这个目标努力。目标应该具有可衡量性、可达成性和时限性,以确保企业能够持续改进并取得更好的业绩。

(2)企业需要优化流程和管理制度。通过消除浪费、减少冗余和简化流程,可以提高生产效率和资源利用效率。优秀的管理制度能够确保员工在工作中有章可循、职责明确,从而避免推诿扯皮和延误时间。

(3)人才培养和团队建设也是极为重要的。员工是企业最宝贵的资源,通过培训和激励措施提高员工的技能和工作积极性,可以进一步推动高效运营的实现。同时,建立高效协作的团队文化,能够使员工更好地发挥自身优势,共同应对市场挑战。

随着市场竞争的不断加剧和消费者需求的不断变化,企业必须不断推陈出新,才能在市场中立足。通过引入先进的生产技术和信息化管理系统,可以提高生产效率和产品质量,进一步巩固企业的核心竞争力。总之,建立企业的核心竞争力需要高效运营作为支撑。通过制定明确的战略目标、优化流程和管理制度、注重人才培养和团队建设以及持续创新和技术升级等措施,可以推动企业实现高效运营,从而在市场竞争中取得更好的业绩。

面对这个多变的市场,企业必须构建自身的核心竞争力,打造属于自己的"护城河",才能够在这样的环境中生存、发展。没有这样的"护城河",企业就很难抵御外面的风浪。所以说,企业在任何阶段,都应将构建核心竞争力纳入战略规划和日常运营，以应对市场的变化和挑战。

第五节 建立灵活的供应链

商业环境日益复杂多变，供应链的灵活性已逐渐成为企业决胜市场的关键。一条具有高度灵活性的供应链，不仅能快速适应市场变化，更能显著提升运营效率、降低成本，为企业创造无可比拟的竞争优势。灵活的供应链如同企业的"生命线"，在风险来临时提供足够的应变能力，确保企业的稳定运营。

供应链管理，降低市场风险的三大要素

供应链管理对企业运营来说特别重要，不仅可以帮助企业降低市场风险，还为企业提供了宝贵的竞争优势。而透明度、合作伙伴关系和灵活性是降低市场风险的三大关键要素。

(1)透明度是供应链管理的基础。一条透明的供应链能够实时提供各个环节的信息和数据，使企业全面了解供应链的运行状况。一个透明度高的供应链体系，能够使企业及时发现潜在问题，迅速采取应对措施，从而降低市场风险。

(2)与合作伙伴建立稳固的关系至关重要。在供应链体系中，企业需要与供应商、分销商等合作伙伴共同应对市场风险。通过共享信息、协同决策、互相支持等方式，可以加强供应链的稳定性，共同抵御市场风险。

(3)灵活性是应对市场风险的必备能力。在多变的市场环境中，企业需要具备快速适应市场需求变化的能力。灵活的供应链管理能够使企业及时调整生产和发货计划，迅速响应市场变化，从而降低市场风险的影响。

应对市场变化，打造灵活供应链

(1)建立多元化供应商和合作伙伴网络。与多个供应商和合作伙伴建立稳固的合作,确保供应链的稳定性和连续性,不仅降低了供应风险,还增加了企业在市场变动时的应对能力,多元化供应商和合作伙伴可以提供更多选择,使企业能够迅速响应市场需求的变化,抓住市场机遇。

(2)实现实时数据共享与协同。通过实时数据共享,供应链中的各个环节能够实时了解库存状况、订单状态和物流信息等关键数据,从而更好地预测市场变化并迅速做出应对,不仅提升供应链的透明度,还加强跨部门协同合作,数据共享和透明度有助于加强各部门间的沟通和协作,确保供应链的顺畅运作,通过共同分析数据,可以更快地做出决策,提高整条供应链的效率。

(3)运用先进的技术和工具来提升供应链的智能化水平。利用大数据分析、人工智能、物联网等技术,实现供应链的自动化和智能化管理,增强供应链的可操作性。通过技术手段实现供应链的优化和自动化,可以减少人为错误和延误,提高整体运作效率。同时,技术还可以帮助企业快速适应市场变化,提升供应链的灵活性和响应能力。

通过综合运用这些方法,企业可以打造一条具有高度适应性和快速响应能力的供应链,能更好地应对市场风险和变化。

ZARA:快时尚供应链的领导者

ZARA采取多元化供应商策略,与全球各地的供应商建立合作关系。这种策略确保了ZARA能够快速响应市场的变化,满足消费者多样化的需求。当某一地区的流行趋势发生变化时,ZARA可以迅速调整供应商资源,从其他地区获取符合潮流的新品。这种灵活性使得ZARA始终保持在时尚前沿,抓住了市场先机。

信息的高速互通、实时数据共享也是ZARA营销战略的重要组成部分。ZARA通过与供应商、物流合作伙伴和零售门店建立实时数据共享机制,提升了整条供应链的协同效率。门店经理可以通过数据平台实时了解库存情况、销售数据和新品到货情况。这种透明度使得门店可以根据市场需求快速调整陈列和促销策略，从而提升销售额，有效地降低库存。同时，实时数据共享还帮助ZARA预测未来的销售趋势，提前调整生产和配送计划，确保产品供应的及时性和准确性。ZARA的生产计划也能够实时根据市场供需灵活调整。ZARA采用小批量、多批次的订单模式，确保每个订单都能得到及时处理。当市场需求发生变化时，ZARA可以迅速调整生产计划，增加或减少订单量。这种灵活性使得ZARA能够快速响应市场变化，降低库存风险，提高资金周转率。

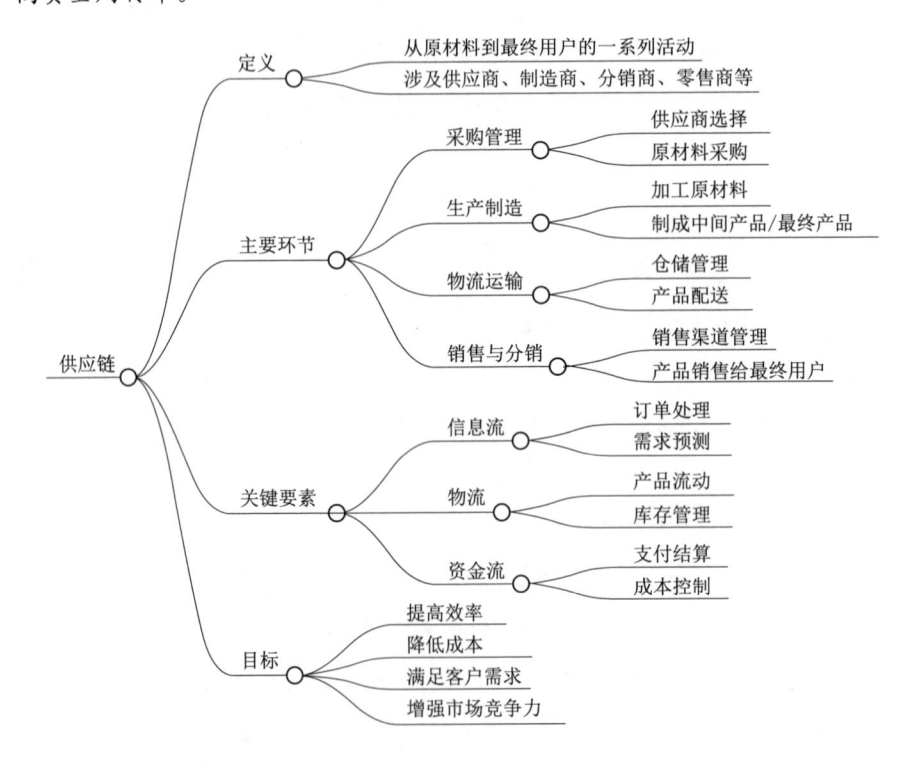

```
                    ┌─ 定义 ─┬─ 从原材料到最终用户的一系列活动
                    │        └─ 涉及供应商、制造商、分销商、零售商等
                    │
                    │         ┌─ 采购管理 ┬─ 供应商选择
                    │         │           └─ 原材料采购
                    │         │
                    │         │─ 生产制造 ┬─ 加工原材料
                    ├─ 主要环节┤           └─ 制成中间产品/最终产品
                    │         │
                    │         │─ 物流运输 ┬─ 仓储管理
                    │         │           └─ 产品配送
                    │         │
    供应链 ─────────┤         └─ 销售与分销┬─ 销售渠道管理
                    │                      └─ 产品销售给最终用户
                    │
                    │         ┌─ 信息流 ┬─ 订单处理
                    │         │         └─ 需求预测
                    │         │
                    ├─ 关键要素┼─ 物流   ┬─ 产品流动
                    │         │         └─ 库存管理
                    │         │
                    │         └─ 资金流 ┬─ 支付结算
                    │                   └─ 成本控制
                    │
                    │         ┌─ 提高效率
                    └─ 目标 ──┼─ 降低成本
                              ├─ 满足客户需求
                              └─ 增强市场竞争力
```

建立灵活的供应链在降低市场风险和应对市场变化方面起着重要的作用。通过多元化供应商、实时数据共享和协作以及运用现代技术和工具等方法，企业可以建立一个高效且灵活的供应链。通过实践这些策略和方法，企业可以更好地应对市场风险，并获得竞争优势。将以上策略与前面讨论过的其他方法融合在一起，企业可以有效应对市场风险并取得成功。

第六节　定期评估市场风险

在市场的浩瀚海洋中,风险如同潜藏的暗礁,让人防不胜防。要想在激流勇进的商业航道中安全前行,定期评估市场风险就像"雷达"一样,24小时不间断地监测着未知的风险。

市场风险定期评估:企业稳健发展的航标

从经济波动、政策变化到技术创新和消费者行为的转变,所有这些因素都可能在不经意间对企业造成影响。因此,定期评估市场风险不仅是预防和减轻潜在威胁的先决条件,更是确保企业稳健发展、保持竞争力的关键策略。

(1)及时发现潜在风险因素。通过系统分析和评估市场趋势、竞争对手动态、政策法规变化等因素,企业可以迅速捕捉到市场中的微妙变化,从而及时发现潜在的风险。这为企业提供了宝贵的时间和机会,以便采取有效的应对措施,降低风险对企业的影响。

(2)提前制定对策。通过提前预测市场风险,企业可以制订相应的策略和计划,以降低风险对企业的影响。例如,如果企业发现市场趋势呈现下滑趋势,可以提前调整定价策略、优化产品组合或开拓新的市场机会,从而降低风险对企业业绩的影响。

(3)预防危机,防患于未然。通过定期评估市场风险,可以更好地预测潜在的危机和风险,从而采取相应的预防措施。这样,企业可以在危机出现之前做好充分准备,最大限度地减少损失。这种预防性的风险管理策略有助于企业保持稳定的发展态势,避免因突发事件引发的经营危机。

掌握市场脉搏:评估与监测风险的关键工具解析

"工欲善其事,必先利其器。"在市场风险评估与监测中,合理运用工具,能够大大提升准确度,并且提升工作效率。这方面的工具与方法有很多,最常见的包括SWOT分析、各种大数据分析工具、风险评估矩阵、财务分析工具等。下面介绍两个工具:一个是用于评估宏观环境的PESTEL分析法,另一个是用于评估企业自身的五力分析法。

1. PESTEL分析法

PESTEL分析法是一种用于评估宏观环境对企业影响的分析工具,包括政治(political)、经济(economic)、社会(social)、技术(technological)、环境(environmental)和法律(legal)六个方面。通过对这些方面的分析,企业可以更好地了解外部环境的变化和趋势,从而制定相应的战略。

(1)政治方面。分析政府政策、法规和稳定性对企业的影响。政策环境的变化可能会影响企业的运营和发展,如税收政策、贸易政策等。

(2)经济方面。评估经济增长、通货膨胀、汇率等因素对企业的影响。经济环境的变化可能会影响企业的销售额、成本和利润。

(3)社会方面。考虑人口结构、文化价值观、生活方式等因素对企业的影响。社会环境的变化可能会影响消费者需求和市场趋势。

(4)技术方面。分析科技发展对企业的影响。技术环境的变化可能会影响产品创新、生产效率和市场竞争力。

(5)环境方面。考虑环境保护和可持续发展对企业的影响。环境变化可能会影响企业的生产方式、产品设计和企业形象。

(6)法律方面。评估法律法规对企业的影响。法律环境的变化可能会影响企业的合规要求和经营行为。

通过对这些方面进行综合分析,企业可以更好地了解外部环境的变化和趋势,从而制定相应的战略来应对风险和机遇。

2. 五力分析法

由波特提出的一种分析竞争环境的方法,主要用于评估产业的竞争力和吸引力。这种分析方法主要包括以下五个方面：

(1)供应商议价能力。评估供应商对企业的影响力，以及他们对价格和供货条件的议价能力。如果供应商较少且集中度高，他们可能对企业施加更大的压力。

(2)买家议价能力。评估买家对企业的影响力，以及他们对价格和产品质量的议价能力。如果买家较少且集中度高，他们可能更容易对企业施加压力。

(3)替代品威胁。评估替代产品或服务对企业的影响力。如果存在大量替代品，消费者可能更容易转向其他选择，从而对企业构成威胁。

(4)新进入者威胁。评估新进入者对产业的影响力。如果市场容易进入并存在低进入门槛，新进入者可能加剧竞争，对现有企业构成威胁。

(5)竞争程度。评估现有竞争者对产业的影响力。如果竞争激烈且竞争者之间差异较小，企业可能更难获得利润。

通过对这五个方面进行全面的分析，企业可以更好地了解当下的产业竞争环境，从而制定相应的战略来降低市场风险并提升竞争力。

无论是金融波动、市场需求的变化，还是新兴技术的冲击，都要求企业必须具备高效评估和监测市场风险的能力。正确地选择和应用实用的工具，可以帮助企业及时发现和应对风险，保持竞争优势。

市场风险应对指南：打造企业的护盾与剑

企业如何有效应对不断变化的市场环境和风险，已成为决定企业生死存亡的关键。制定一套全面而灵活的策略与行动计划，不仅能帮助企业预防和减轻潜在的风险，还能在面临不可避免的风险时，迅速恢复并保持业务的连续性。

(1)建立全面的风险管理框架。首要步骤是构建一个包括风险识别、评估、应对和监控在内的全面风险管理体系。这一框架确保了企业能够系统性地管理各种市场风险。

（2）制订具体的对策与行动计划。对每一种已识别的风险，企业需要制定出具体的应对措施，明确责任人、执行的时间表以及所需资源，保证在风险发生时能够迅速且有效地反应。

（3）采用多样化风险应对策略。针对不同类型的风险，企业应设计多样化的策略，如风险规避、风险转移、风险减轻及风险接受等，从而最大限度降低风险对企业的负面影响。

（4）定期监控与策略调整。市场风险是动态变化的，因此定期对风险状况和应对策略的实施效果进行监控和评估是必要的。根据监控结果及时调整策略，确保风险控制措施始终处于最优状态。

（5）制定危机应对预案。对于重大风险和突发事件，企业应预先制定危机应对预案，包括明确的组织结构、沟通机制和处理流程，确保在危机发生时能够迅速而有序地应对。

（6）建立应急响应团队。设立专门的团队负责应对重大风险和危机事件，并进行定期的培训和演练，以提高团队的应急处理能力和效率。

通过这些策略和措施，企业不仅能够有效应对市场风险，还能在面对不确定性时保持稳定发展。在今天这个充满挑战的商业环境中，拥有一套有效的市场风险应对机制，对于任何企业而言都是不可或缺的。

乐高的市场风险评估和策略调整

乐高通过对销售数据的分析，发现虽然推出了很多新产品线，却并没有带来预期的收益。这些新产品线偏离了乐高品牌的核心价值——创造性和想象力的激发。同时，乐高的资产负债表情况进一步确认了企业面临的风险。乐高及时聘请了外部咨询机构对其进行评估。这些机构提供的第三方角度帮助乐高确认了其营销和产品发展策略存在的问题。

明确了出现的问题后,乐高迅速展开了行动,进行策略调整:

(1)重回核心产品:乐高果断削减了不赚钱的产品线,重新聚焦那些经典的积木产品。这些积木,如同品牌的基石,承载着无数孩子们的梦想。

(2)供应链改革:乐高优化了其生产流程,减少了制造工厂数量和零部件的种类,大大提高了效率并降低了成本。

(3)引入外部领导:乐高历史性地聘请了非家族成员的CEO——杰根·维格·克努德斯特普。他凭借深厚的行业经验,带领公司重新聚焦于核心业务,并实施了一系列的重建计划。

(4)拓展品牌合作:乐高与《星球大战》《哈利·波特》等知名电影品牌合作,强强联合,充分发挥这些品牌的力量,借势迅速提升了自身品牌关注度和销量。

(5)发展多渠道营销:乐高不断加大品牌商店和线上渠道的投入,提升顾客综合体验。线上商店的开设和社交媒体的营销活动让乐高再次走进了消费者的视野。

这些战略调整的效果立竿见影,改变了乐高的命运,使得乐高利润回升,市场份额扩大,重新赢得了儿童和成年爱好者的喜爱。

从这个案例可以清楚地看到市场风险评估和及时调整策略的重要性,它们能够有效地把潜在风险转变为成长与创新的机遇,为企业的发展保驾护航。

第七节 建立危机管理计划

危机管理计划作为企业风险管理的核心环节,不仅关乎企业在危机中的应对能力,更影响着企业的长期战略目标。一个优秀的危机管理计划,能够帮助企业在危机中迅速恢复,减少损失,甚至化危机为机遇。因此,建立科学、系统、完备的危机管理计划,对于企业的生存和发展意义重大。

危机管理,为企业保驾护航

行走在商业世界,危机如同暗夜中的风暴,随时可能席卷而来。危机管理,正是企业在这无常海洋中的稳定之锚,不仅关乎短期的风险应对,更影响到企业的长期声誉和利益。

快速反应是危机管理的核心。一个完备的危机管理计划能使企业在遭遇不可预见的市场风险和突发事件时,迅速启动应急机制,有效控制局势,从而减轻损失、降低负面影响。这要求企业的营销领导者具备敏锐的洞察力和高效的执行力,做到快速响应、迅速决策、妥善应对。

保护声誉和品牌价值是危机管理的关键任务。在危机中,企业的声誉和品牌形象极易受损。危机管理计划通过制定积极的应对策略和适当的措施,帮助企业维护客户和合作伙伴的信任,守护品牌的光辉形象。这要求企业在危机中展现出高度的责任感和专业素养,以诚信和实力赢得信任与支持。

确保持续经营也是危机管理的重要内容。有效的危机管理计划不仅是应对危机的工具,更是企业长远发展的保障。通过建立科学、系统、完备的危机管理机制,企业可以降低危机对生产经营的影响,尽快恢复正常运营,实现经济利益的最大化。这要求企业具备前瞻性的战略眼光和持续创新的能力,不断优化危机管理策略,来适应不断变化的市场环境。

(1)应对不确定性是企业构建强韧危机管理体系的关键策略。危机管理是企业可持续发展的关键,无论是突如其来的自然灾害、技术失败,还是市场的剧烈波动,都要求企业必须具备快速识别和有效应对危机的能力。一个精心准备的危机管理计划能够帮助企业最小化危机带来的负面影响,甚至可能转危为机。

(2)风险和危机的识别。首要任务是全面分析可能影响企业的内外部因素,从而识别出潜在的风险和危机。利用风险评估工具和技术,企业可以定量和定性地分析这些风险,并确定它们对业务的可能影响。

(3)危机团队的构建与职责分配。建立一个跨部门的危机管理团队,确保每个成员都清楚自己在危机发生时的角色和责任。这种跨领域的合作能够提高企业应对危机的速度和效率。

(4)制订应急计划和流程。详细的应急计划和流程是企业应对危机的蓝图。包括事先制定的沟通策略、决策流程和具体的行动步骤。通过定期的模拟演练,可以确保团队熟悉这些流程,并能在实际危机中迅速行动。

(5)危机沟通策略。有效的沟通是危机管理的核心。企业需要制订明确的内外部沟通计划,确保在危机发生时能够迅速、透明且一致地向所有利益相关者传递信息。

(6)供应链的备份计划。供应链的稳定性对于企业在危机中的生存至关重要。通过建立备份供应商、增加库存和制定灵活的生产调整方案,企业可以有效地减少供应链中断带来的风险。

当企业构建起一个强大的危机管理框架,不仅能够有效应对当前的挑战,还能增强企业对未来不确定性的适应能力。记住,危机管理不是一次性任务,而是一个持续的过程,需要企业不断地学习、评估和调整,以确保其策略和流程始终保持最新和最有效。

虽然已经做了充分的前置工作,但是依然不一定能够100%杜绝风险和危机的发生。一旦危机真的发生,企业领导者和管理人员一定要保持冷静和理智。不要被情绪和压力所控制,要充分相信既定的计划,积极地应对危机。并且,通过实时的监测与分析,关注危机的发展与走向,根据危机情况和市场需求的变化灵活调整策略与计划,最终将危机的损失降到最低。与此同时,也需要分析在危机中是否有新机会产生的可能性,把危机变成机会。面对变幻莫测的市场风险和突发事件,一个完备的危机管理计划能为企业保驾护航。只有积极应对、策略得当,企业才能在危机中稳住阵脚,迅速恢复,走出危机。

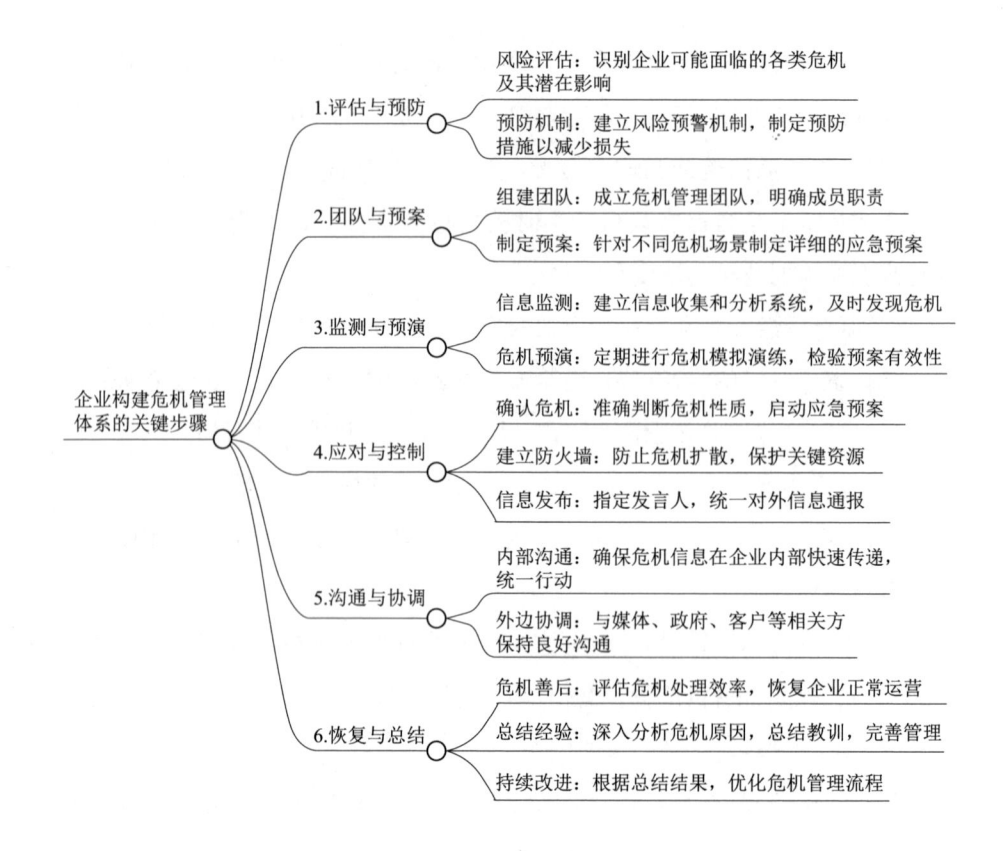

```
企业构建危机管理体系的关键步骤
├─ 1.评估与预防
│   ├─ 风险评估：识别企业可能面临的各类危机及其潜在影响
│   └─ 预防机制：建立风险预警机制，制定预防措施以减少损失
├─ 2.团队与预案
│   ├─ 组建团队：成立危机管理团队，明确成员职责
│   └─ 制定预案：针对不同危机场景制定详细的应急预案
├─ 3.监测与预演
│   ├─ 信息监测：建立信息收集和分析系统，及时发现危机
│   └─ 危机预演：定期进行危机模拟演练，检验预案有效性
├─ 4.应对与控制
│   ├─ 确认危机：准确判断危机性质，启动应急预案
│   ├─ 建立防火墙：防止危机扩散，保护关键资源
│   └─ 信息发布：指定发言人，统一对外信息通报
├─ 5.沟通与协调
│   ├─ 内部沟通：确保危机信息在企业内部快速传递，统一行动
│   └─ 外边协调：与媒体、政府、客户等相关方保持良好沟通
└─ 6.恢复与总结
    ├─ 危机善后：评估危机处理效率，恢复企业正常运营
    ├─ 总结经验：深入分析危机原因，总结教训，完善管理
    └─ 持续改进：根据总结结果，优化危机管理流程
```

第十章

营销领导力的具体落地——建立品牌形象

品牌形象是企业的一面旗帜，高高飘扬，引人注目，也是企业成功的关键因素之一。品牌形象不仅是企业的标识，更是企业的文化、价值观和与消费者之间的情感连接。在今天信息爆炸的时代，一个强大的品牌形象能够吸引潜在客户，提高客户忠诚度、增加市场份额，从而为企业创造更多的商业机会和价值。因此，树立品牌形象对企业的发展至关重要。

第一节　品牌定位和目标受众

企业要打造一个卓越、备受欢迎的品牌形象，明确品牌定位和目标受众是首要的，对品牌建设有决定性意义。一个精准的品牌定位，不仅定义了品牌的核心价值和差异化优势，更决定了品牌在市场中的独特地位。而锁定目标受众，则是品牌精准传播和有效吸引潜在客户的关键。只有明确定位、精准锁定目标，品牌才能在竞争的市场中脱颖而出，建立强大的品牌形象。

塑造品牌辨识度：揭秘独特卖点与差异化策略

在品牌的世界里，独特卖点和差异化特点是品牌成功的关键，通过市场调研和竞争分析，企业可以更好地了解市场和竞争对手，从而明确自身的独特之处。

产品或服务的特点和优势是品牌独特卖点的基础。有竞争力的价格、创新的功能、可靠的性能等特点和优势使企业与竞争对手区别开来，吸引更多目标消费者。以苹果为例，凭借高品质的产品设计和独特的用户体验，成功树立了电子消费品市场的领导地位。

此外，品牌文化和价值观是品牌的灵魂，也是品牌的差异化特点之一。成功的品牌不仅是一个商标或标识，更是一种文化和价值观的体现。企业需要明确自身的使命、愿景和核心价值观，并将其融入品牌传播。这样能够建立起与众不同的品牌形象，使消费者对品牌产生共鸣和认同感。例如，可口可乐以积极向上、快乐分享的品牌形象赢得了广大消费者的喜爱。

再者,了解目标市场的需求和趋势也是品牌定位的关键。随着市场的不断变化,消费者的需求也在不断演变。品牌应深入了解目标市场的需求、消费者偏好以及市场趋势,针对这些需求和消费者的痛点,提供独特且满足市场需求的解决方案,从而在目标市场建立起领先优势。例如,Uber通过提供便捷、安全和高效的打车服务,满足了现代消费者对出行的新需求。从而在出行市场中取得了成功。

精准定位:揭秘目标受众的特征与需求

在任何成功的营销策略中,了解并明确目标受众的特征和需求都是至关重要的第一步。这不仅是为了确保营销信息能够精准传达,也是为了提高产品或服务的市场响应率。通过深入分析和理解目标群体,可以设计出更加个性化、更具吸引力的营销计划和产品方案,从而有效提升用户体验和客户满意度。该如何有效识别和理解目标受众的核心特征和需求,以及这些洞察如何转化为实际的营销战略和产品改进呢?

(1)在确立品牌定位后,企业需要深入挖掘目标受众的内在需求与特质,以定制化的策略满足他们。可以运用市场调研、用户研究和数据分析等工具,洞察市场的微妙变化。细分目标市场是关键一步,企业可根据目标受众的不同特征和需求来划分,从年龄、性别、地域、收入和职业等因素,将市场分成不同区块。例如,一个主要面向年轻女性的品牌,与主要面向中年男性的品牌,其品牌形象、产品设计和营销策略都会大相径庭。

(2)了解目标受众的需求和偏好,是为了给他们提供更贴心、个性化的产品和服务。这需要企业深入到用户中,通过用户调研、访谈和社交媒体分析等方式,捕捉他们的真实需求。例如,一个快时尚品牌可以通过社交媒体分析,迅速掌握年轻人的时尚潮流和购物习惯,从而调整产品设计和营销策略。

(3)企业还要关注目标受众的购买决策过程。了解他们在购买前的信息搜集、比较和评估，以及购买后的使用体验和忠诚度，这能让企业更好地为客户提供满足其需求的产品和服务。例如，B2B公司可以通过持续的客户沟通和关怀，增强客户的归属感和忠诚度。

深掘心智：打造定制化品牌策略的艺术

在当今的市场环境下，品牌策略的成功在于对目标受众深层次需求的理解和满足。这不仅是关于产品或服务本身，更是关于如何与消费者建立情感连接，创造持久的品牌忠诚度。定制化品牌策略的核心，在于深入挖掘并理解受众的心理和行为模式，以此为基础，设计出能够触动他们内心的品牌信息和体验。这种策略的制定，不仅需要精准的市场研究和数据分析，还需要对人类行为和心理学的深刻洞察。

定制化品牌策略的制定，首先需要通过各种市场研究工具，如调查问卷、深度访谈、焦点小组等，收集关于目标受众的详尽信息，包括他们的基本人口统计信息、生活方式、购买行为、价值观念以及品牌偏好等。接下来，利用这些数据进行分析，识别出受众的不同细分市场，以及每个细分市场的独特需求和期望。

在深入了解受众的基础上，品牌策略的制定应聚焦于如何通过品牌故事、视觉身份、沟通方式等元素，与受众建立情感共鸣。这意味着品牌需要在每一个接触点上，提供一致而又个性化的体验，从而在受众心中构建独特而有意义的品牌形象。

此外，随着社会的发展和技术的进步，消费者的期望和行为也在不断变化。因此，定制化品牌策略需要具备灵活性和适应性，能够及时响应市场和消费者的变化。这可能意味着对策略的持续调整和优化，以确保品牌能够持续与受众进行有效的沟通和互动。

定制化品牌策略的成功，在于深度了解并满足目标受众的需求和期望。通过精准的市场研究、深刻的消费者洞察以及创造性的策略实施，品牌能够在竞争激烈的市场中脱颖而出,建立起强大的品牌忠诚度和市场地位。在这个过程中,品牌不仅是在销售产品或服务,更是在与消费者共同创造和分享价值,形成深刻的情感连接。

在塑造品牌形象的过程中,明确品牌定位和锁定目标受众是密不可分的关键步骤。通过对品牌的核心价值和目标消费者的精准定位,企业能够制定出更具针对性的品牌建设策略,从而与目标受众产生深度共鸣。这不仅有助于企业在激烈的市场竞争中树立独特、鲜明的品牌形象,更能有效地吸引消费者的目光,赢得他们的信任与忠诚。因此,企业应高度重视品牌定位和目标受众的分析,并持续优化自身的品牌策略,才能不断增强市场竞争力,赢得持久竞争优势。

第二节 设计识别标志和视觉元素

品牌形象的核心构成源于其独特识别标志与视觉元素。通过精心设计的标志、商标、标识以及字体等,企业能够潜移默化地传递品牌的核心理念与价值观,并在消费者心中留下深刻的印象。而色彩、图形和排版等视觉元素,进一步强化了品牌的独特性,能够直接影响到消费者对品牌的感知和情感认同。这些元素共同构成了品牌形象的基础,使品牌在市场中独树一帜。在数字时代,随着技术的发展,品牌形象的塑造方式也在不断创新,企业要紧跟时代潮流,灵活运用各种创意方式,打造出具有吸引力的品牌形象,以赢得市场竞争。

塑造印记:打造卓越品牌标识的策略

设计一个成功的品牌识别标志,需要兼顾简洁、独特性和多平台适应性。

这个标志，作为品牌形象的核心，是消费者对品牌的第一印象，也是品牌区别于竞争对手的重要标识。

简洁明了是识别标志设计的首要原则。一个简洁的标志能够迅速传达品牌的核心理念和意义，使消费者在短时间内产生深刻印象。简洁并不意味着简单，而是要求设计师运用最精炼的视觉元素来表达品牌的独特性。

独特性是识别标志设计的关键要素。一个独特的标志能够将品牌与其他竞争对手区分开来，提升品牌的辨识度。独特性可以通过独特的形状、颜色、字体或图形元素来实现。这种独特性能够吸引消费者的注意力，激发他们的好奇心，进而提升品牌知名度。

此外，多平台适应性也是设计识别标志时必须考虑的因素。随着媒体平台的多样化，品牌需要在各种尺寸和比例的展示中保持标志的清晰可辨。设计师就需要创造出灵活的图形元素，以便在不同的媒体平台上展示时保持一致的视觉效果。

识别标志的设计应与品牌的定位和目标受众保持一致。品牌的目标受众和定位决定了标志的设计风格和语言。通过与品牌定位一致的标志设计，消费者能够更好地理解品牌的特点和内涵，与之产生共鸣和认同感。这种共鸣和认同感有助于建立品牌的忠诚度，促进品牌的发展和成长。

品牌个性：创造独特的视觉元素故事

品牌的视觉元素不仅是美学的表达，更是企业文化、价值观和市场定位的集中体现。一个成功的品牌视觉策略能够跨越文化和语言的障碍，直接与消费者的情感产生共鸣，建立起独特且难以复制的品牌身份。如何通过精心设计的视觉语言，将品牌故事生动地呈现给目标受众呢？

（1）品牌视觉元素的重要性。品牌视觉元素包括标志、色彩、字体、图形和图片等，它们是品牌个性和价值观的视觉表达。通过一致的视觉语言，品牌能够在消费者心中留下深刻印象，提高品牌识别度和忠诚度。

（2）深入理解品牌核心。设计品牌视觉元素的第一步是深入理解品牌的核心价值、目标市场和消费者心理。这需要进行市场调研、竞争分析和目标受众分析，确保视觉元素能准确反映品牌个性和满足目标消费者的期望。

（3）创造独特的品牌标志。品牌标志是品牌视觉识别中最为核心的元素，需要简洁、易记且具有辨识度。一个好的标志应该能够在不同的应用场景中保持一致性和适应性，从而成为品牌身份的象征。

（4）色彩与字体的选择。色彩能够激发情感反应，传达品牌的情感属性。选择合适的品牌色彩需要考虑色彩心理学和文化差异。字体选择也同样重要，需要反映品牌的性格，同时确保在各种媒介上的可读性。不同的色彩能引发人们不同的情感反应，如红色传递激情与活力，蓝色象征稳重与信任。企业应根据品牌定位和目标受众，选择最能代表品牌个性的色彩，确保在消费者心中形成深刻的印象。

（5）统一的视觉风格。为了建立一致的品牌形象，所有视觉元素需要形成统一的视觉风格。这包括图形元素、图片风格以及布局原则，它们共同工作，形成一种连贯且易于识别的视觉语言。

设计品牌视觉元素是一个将创意艺术与市场科学相结合的过程。通过精心设计和一致的视觉表达，品牌不仅能够在竞争中脱颖而出，还能与目标消费者建立深层的情感连接。无论是刚起步的小企业还是寻求重新定位的成熟品牌，都需要重视品牌视觉元素的设计，因为这直接关系到品牌形象的塑造和长期的成功。

塑造无处不在的品牌影响力：构建卓越品牌识别度

品牌识别度是品牌独特性的体现，也是消费者在众多品牌中能迅速识别和记忆的保证。要成功建立品牌的识别度，企业需要采取一系列措施来强化品牌的独特性和可辨识度。

（1）品牌识别度的基础在于视觉元素的统一。企业应保证在所有品牌接触点上,如产品包装、广告宣传和公司标识等,都采用一致的视觉元素。这包括品牌的主色调、字体、图形以及标志等元素。通过一致的视觉语言,企业可以在消费者心中塑造清晰的品牌形象,增强品牌的可辨识度。

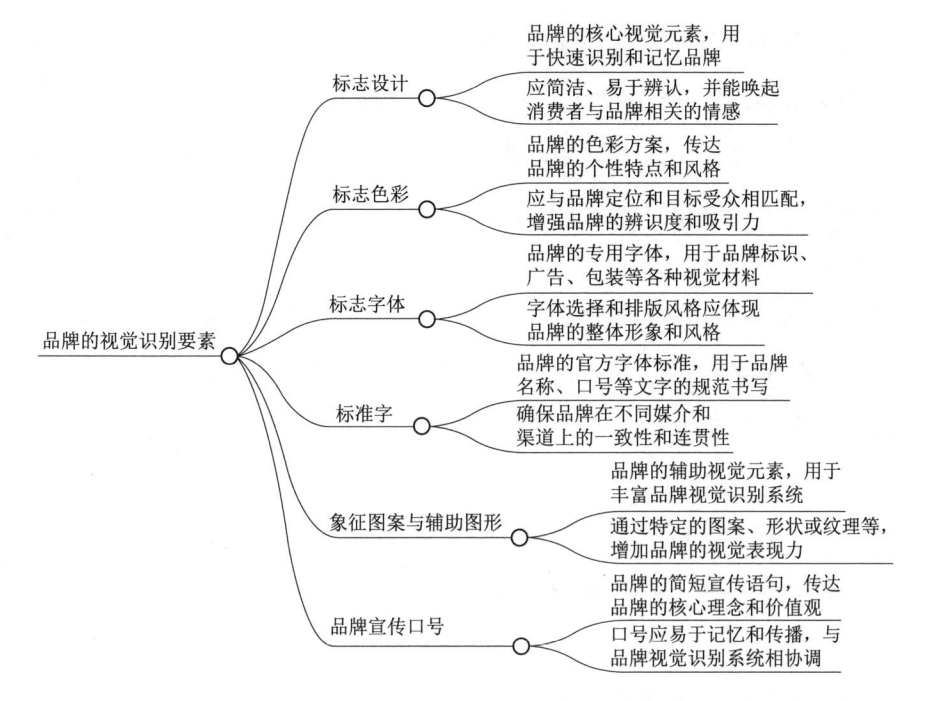

```
                          ┌─ 标志设计 ─┬─ 品牌的核心视觉元素,用于快速识别和记忆品牌
                          │           └─ 应简洁、易于辨认,并能唤起消费者与品牌相关的情感
                          │
                          ├─ 标志色彩 ─┬─ 品牌的色彩方案,传达品牌的个性特点和风格
                          │           └─ 应与品牌定位和目标受众相匹配,增强品牌的辨识度和吸引力
                          │
品牌的视觉识别要素 ──────┼─ 标志字体 ─┬─ 品牌的专用字体,用于品牌标识、广告、包装等各种视觉材料
                          │           └─ 字体选择和排版风格应体现品牌的整体形象和风格
                          │
                          ├─ 标准字  ─┬─ 品牌的官方字体标准,用于品牌名称、口号等文字的规范书写
                          │           └─ 确保品牌在不同媒介和渠道上的一致性和连贯性
                          │
                          ├─象征图案与辅助图形─┬─ 品牌的辅助视觉元素,用于丰富品牌视觉识别系统
                          │                   └─ 通过特定的图案、形状或纹理等,增加品牌的视觉表现力
                          │
                          └─ 品牌宣传口号 ─┬─ 品牌的简短宣传语句,传达品牌的核心理念和价值观
                                          └─ 口号应易于记忆和传播,与品牌视觉识别系统相协调
```

为了确保品牌视觉元素的一致性,企业应制定详细的品牌规范手册。这本手册应明确规定各种视觉元素的使用规则、标准和应用范围。通过遵循这些规范,企业可以确保在不同媒体平台和情境下的品牌展示保持高度一致。这样不仅能减少误解和混淆,还能确保品牌在消费者心中的统一形象,从而强化品牌的辨识度。

(2)利用媒体提高品牌曝光度是关键。在当今信息爆炸的时代,媒体平台是品牌传播的关键渠道。通过广告宣传和营销活动,企业可以在各种媒体平台上展示自己的品牌形象,提高品牌在消费者中的曝光率。这不仅有助于消费者更好地了解品牌,还能加深他们对品牌的认知和记忆。

(3)建立品牌识别度是一个长期的过程,需要持续的品牌传播和维护。

企业应定期在各种媒体平台上发布内容，与消费者保持互动，不断强化品牌的形象和认知度。此外，企业还应根据市场变化和消费者需求，不断调整品牌传播策略，以保持品牌的活力和吸引力。

宜家，家居与生活的完美融合

全球知名的家居品牌宜家，用独特的标志和视觉元素，让家居和生活完美地融合在一起，成功地建立了品牌形象。

想象一下，当你在街头走过，看到宜家的标志，你会立刻被它的简洁和醒目所吸引。那个标志，就像宜家的眼睛，明亮而富有神采。它以蓝色和黄色为主色调，像极了蓝天和阳光的交汇，给人一种明亮而温馨的感觉。而标志中的"宜家"字样与简洁的箭头图案的结合，仿佛在告诉你：这里，就是家居与生活完美融合的地方。

走进宜家，你会被那些黄蓝相间的色彩所吸引。它们就像一道道亮丽的风景线，在告诉你：生活，就是要充满活力与和谐。这种色彩搭配，既让品牌在众多的家居品牌中脱颖而出，又与家居产品的舒适与自然形成了完美的呼应。

再仔细观察，你会发现宜家的每一个产品都充满了简约的魅力。那是一种对生活的热爱和追求，通过简单的线条和形状展现出家居产品的特点和美感。它们就如同一个个小故事，讲述着关于家的温馨和美好。

而当你拿起宜家的产品目录时，你会发现其字体选择也是别具一格。它注重现代感与易读性的结合，使品牌形象更加鲜明。这种字体简洁明了，又具有现代感，让消费者能够快速了解产品信息。

宜家还有一套详尽的品牌规范手册，确保了品牌形象的连贯性和一致性。在这套手册的指导下，无论是标志、色彩、图形还是字体等视觉元素的使用都有明确的规定。但同时，宜家也鼓励内部团队在遵循统一标准的基础上发挥创意，为消费者带来更多元化的家居产品选择。

宜家在建立品牌识别度方面做得非常成功,归功于其标志和视觉元素的设计简约、明快、富有活力,与品牌的核心价值和定位紧密相连。这种高识别度不仅帮助宜家在市场上建立了强大的品牌形象,还为其赢得了无数消费者的喜爱和忠诚。

一个独特而富有内涵的识别标志和视觉元素,是企业在竞争激烈的市场中获得优势的关键。它们不仅是品牌的标识,更是品牌的灵魂,代表着企业的理念、价值观和未来愿景。通过精心设计,企业能够创造出具有高度辨识度的品牌形象,与消费者建立深厚的情感联系,赢得他们的信任和支持。因此,企业在塑造品牌形象时,必须高度重视识别标志和视觉元素的设计,以打造出卓越的品牌标识,引领市场潮流。

第三节 建立品牌故事和核心信息

一个优秀的品牌不仅需要外在的独特定位和视觉形象,更需要内在的吸引力和深度。品牌故事和核心信息是连接消费者与品牌的桥梁,它们能够让消费者感受到品牌的温度和价值。通过讲述企业背后的故事、愿景和使命,以及明确品牌的核心信息和价值主张,能够触动消费者的内心,引发情感共鸣。这样的品牌不仅能够吸引消费者的眼球,更能赢得他们的信任和忠诚。

探索品牌之源,历史、愿景与使命的融合

品牌故事不是一个简单叙述,而是品牌的灵魂和核心。它承载着企业的过去、现在和未来,为消费者展现一幅丰富多彩的历史画卷,为消费者展现出一个独特的世界。

让我们穿越时空,回到品牌的起点。想象一下,创始人怀着满腔热情和

独特理念,开始了这段不平凡的旅程。他们经历了多少挑战与困难,才让品牌从无到有、从小到大。这些宝贵的记忆,正是品牌最宝贵的财富。这些故事不仅展现了品牌的成长历程,更让消费者感受到品牌的坚持与执着,从而建立起深厚的情感纽带。

而现在,品牌正站在未来的门槛上,满怀憧憬地展望美好未来。它的愿景是宏伟的,是激动人心的。这不仅是一个目标,更是品牌为之奋斗的信仰。消费者可以清晰地看到品牌所追求的方向,感受到品牌为实现愿景所付出的努力。一个宏伟的愿景能够激发消费者的共鸣,使他们更加信任和支持品牌。

但品牌的故事,不仅仅是关于过去和未来。它还有一个重要的部分,那就是使命。品牌的使命是它存在的根本理由,是它对世界的承诺。通过明确品牌的使命,消费者可以深入了解它的核心价值观和责任担当。这是一个有使命感的品牌,一个值得信赖的品牌。

所以,品牌故事不是一个简单叙述。它是品牌的灵魂,是消费者的情感纽带。通过它,可以看到一个品牌的过去、现在和未来,感受到它的坚持、愿景和使命。这样的品牌故事,才是真正有价值的。

塑造品牌之魂:核心信息与价值主张的完美融合

在构建品牌形象时,明确品牌的核心信息和价值主张,是塑造品牌形象的重要基石。它们不仅凸显了品牌的独特性,还为消费者提供了选择的理由。

首先,核心信息是品牌的灵魂,准确地传达了产品或服务的独特之处。这些信息,就像品牌的闪光点,让它从众多竞争者中脱颖而出。通过明确、精准地传达这些信息,消费者能够清晰地了解品牌所提供的价值,从而在市场上轻松识别并选择该品牌。这样不仅有助于建立品牌认知,还能加强消费者对品牌的忠诚度。

其次,价值主张是品牌对自身价值观和行为准则的阐述,反映了品牌所倡导的生活方式、态度和信仰,是连接品牌与消费者心灵的纽带。通过明确的价值主张，消费者能够感知到品牌所代表的深层含义，从而判断其是否与自己的需求和价值观相契合。这有助于建立品牌认同，使消费者在众多选择中坚定地选择品牌。

总之，品牌的核心信息和价值主张共同构建了品牌的独特性和吸引力，使品牌在市场中独树一帜。

品牌故事的传播之旅：多维、互动与共鸣

品牌故事的魅力，不仅在于它的内容，更在于它如何被传播。有效的传播途径和方式是确保品牌故事触动目标受众的关键。

1. 多维度的传播策略

在信息爆炸的时代，单一的传播方式已经难以吸引受众的注意力。因此，企业需要运用多元化的传播策略，让品牌故事在不同的场景和平台上绽放光彩。

传统媒体与广告：电视、广播和印刷媒体等传统渠道仍然是品牌故事传播的重要途径。精心制作的广告短片或平面广告可以在瞬间抓住受众的注意力，传递品牌的核心信息。

数字与社交媒体：随着社交媒体的兴起，品牌故事有了更多元、更亲近消费者的传播途径。通过官方网站、微博、微信、抖音等平台，品牌可以与消费者进行实时互动，分享品牌背后的故事。

口碑营销：消费者的口碑是品牌故事传播的有力助推器。通过提供优质的产品和服务，鼓励满意的用户主动分享他们的体验，可以让品牌故事在消费者间自然传播。

2. 深入人心的传播方式

仅依靠多维度的传播策略还不够，品牌故事还需要找到与消费者心灵产生共鸣的方式。

定制化内容：针对不同消费群体的特点和需求，定制不同的品牌故事内容，能够引起更广泛的共鸣。例如，针对年轻人的品牌可以讲述青春、梦想与挑战的故事，而针对家庭的品牌则可以分享温馨、亲情与陪伴的故事。

故事化的营销：将品牌信息巧妙地融入引人入胜的故事中，使消费者在享受故事的同时，感受到品牌的价值和理念。这种润物细无声的传播方式能够让品牌故事更加深入人心。

跨界合作：与其他产业或品牌进行合作，共同创作和传播有关品牌的故事，能够扩大品牌的影响力，同时为消费者带来新鲜感和惊喜。

3. 与消费者共建故事

除了传统的传播方式外，企业还可以通过与消费者的互动和参与，让品牌故事更加生动和真实。

用户参与：邀请消费者分享他们与品牌的真实故事或经历，让品牌的粉丝成为故事的创作者。这种用户生成的内容能够增强品牌的真实感和亲和力。

线上线下活动：举办各类活动，如体验日、主题展览、公益活动等，让消费者亲身体验品牌背后的故事。通过参与活动，消费者能够更深入地了解品牌，并与之建立情感联系。

社区建设：通过建立线上社群或粉丝俱乐部，鼓励消费者之间的交流与分享。在这样的社区中，品牌故事可以自然生长，并成为消费者之间传递情感的纽带。

在构建品牌故事和核心信息的过程中，企业需要精心策划、深入挖掘和精准传播。通过追溯历史、展望未来、明确使命，以及凸显核心信息和价值主张，品牌能够建立起与消费者之间的情感纽带。而通过多维度、深入人心的传播方式，以及与消费者的互动和共建，品牌故事能够更好地触动目标受众，并在市场中绽放光彩。一个充满魅力和活力的品牌故事，不仅是品牌的宝贵资产，更是驱动消费者选择和忠诚的关键。

第四节 优质的产品和服务是基础

要塑造一个强大且受欢迎的品牌形象，提供优质的产品和服务尤为重要。无论品牌的定位和视觉形象多么引人注目，如果企业无法真正满足消费者的需求，提供卓越的产品和服务，那么品牌还是很难赢得消费者的信任和忠诚。因此，企业在建立品牌形象时，应该将优质产品和服务作为品牌形象建设的基础，不断优化和创新，以满足消费者的需求和期望。只有这样，才能真正建立起强大的品牌形象，赢得市场的认可和消费者的青睐。

建立强大品牌形象：提供优质产品和服务的核心策略

建立强大的品牌形象是每个企业追求的目标。要实现这个目标，提供优质的产品和服务至关重要，这不仅关乎企业的声誉，更直接影响消费者的忠诚度和品牌的市场地位。

深入了解目标受众的需求和偏好是塑造品牌形象的基础。企业通过市场调研、消费者洞察和互动沟通等方式，深入挖掘消费者的需求和期望。通过了解消费者对产品功能、质量、价格、设计等方面的要求，企业可以针对性地进行产品创新和优化，以满足消费者的需求。同时，再密切关注竞争对手的产品和服务表现，寻找自身的差异化优势，并围绕这些优势来满足消费者的需求。通过差异化竞争，企业可以塑造独特的品牌形象，并在市场中脱颖而出。

注重产品质量的控制和提升是塑造品牌形象的关键。优质的产品不仅能满足消费者的需求，还能赢得他们的信任和忠诚。因此，企业应建立严格的质量管理体系。保证产品的一致性和稳定性。从供应链管理、生产工艺到品质检测等各个环节进行全面把控。确保产品质量符合国家和行业的标准。此外，企业还需注重持续的产品改进和创新，以适应市场变化和消费者不断升级的需求。

除了产品质量，服务质量的提升也同样重要。优质的服务能为企业赢得消费者的好感和满意度，提高他们对品牌的忠诚度。因此，企业应重视服务团队的培养，保证他们具备专业、热情和高效的服务态度。为消费者提供优质的售前、售中和售后服务，包括提供准确详尽的产品信息、及时解答消费者疑问和便捷的售后服务、维修保养等。通过不断优化服务流程和提高服务水平，企业可以给消费者带来更好的购物和使用体验，赢得他们的信任和支持。

再有，企业还应注重建立品牌的产品和服务标准。明确的产品和服务标准确保了产品和服务在不同地区、门店和渠道的一致性和稳定性。这有助于提高产品质量，还有助于塑造统一的品牌形象和用户体验。为此企业可以制定操作手册、培训标准和评估指标等，培养员工遵循标准化流程并提供一致且优质的产品和服务。同时，还需加强对供应商和合作伙伴的管理和指导，保证整条供应链都符合品牌的标准和要求。通过与供应商和合作伙伴的紧密合作，企业可以进一步提升产品和服务质量，增强品牌的竞争力。

IBM 沃森健康的成功之道

沃森健康的核心技术是 IBM 的人工智能技术，能够通过分析大量的医疗数据和文献，提供诊断和预防方案。沃森健康的服务包括提供健康咨询、疾病预防建议、疾病诊断支持等。

沃森健康的成功之处在于能够根据用户的个人情况，提供个性化的健康管理方案。它能够根据用户的年龄、性别、生活习惯、家族病史等因素，为用户提供定制化的饮食、运动和药物治疗建议。

沃森健康的成功还归功于它广泛的应用范围。它不仅可以用于个人用户，还可以用于医疗机构和企业用户。医疗机构可以利用沃森健康的人工智能技术，提高疾病诊断的准确性和效率；企业用户可以利用沃森健康的服务，为员工提供健康管理方案，从而提高员工的健康水平和工作效率。

优质的产品和服务是品牌的核心价值，也是赢得消费者信任和忠诚的基础。在竞争激烈的市场环境中，真正提供优质产品和服务的企业才能获得成功，因此，企业在品牌建设过程中，应该始终将优质的产品和服务放在首位，不断优化和创新，以满足消费者的需求和期望。只有这样，才能真正建立起强大的品牌形象，赢得市场的认可和消费者的青睐。

第五节　宣传品牌的声誉和信誉

品牌声誉与信誉，就如同品牌的灵魂，赋予品牌生命与活力。它们是消费者对品牌价值的直接感知，是品牌赢得消费者信任的关键。品牌声誉，是消费者对品牌的良好印象和评价，而信誉则是品牌对消费者的承诺和保证。只有当品牌声誉与信誉相互辉映，才能塑造出强大的品牌形象。因此，企业需重视品牌声誉与信誉的建设，不断通过优质的产品和服务，提升品牌形象，打造难以复制的品牌优势。

品牌声誉与信誉在企业飞跃中的核心作用

品牌声誉和信誉，对企业的发展至关重要。品牌不仅是企业的标识，更是消费者对产品质量的信任和认可。企业需采取一系列有效的措施来维护品牌的声誉和信誉。

首先，提供优质的产品与服务是维护品牌声誉和信誉的核心。企业需注重产品质量，不断提升技术水平，以满足消费者的需求和期望。同时，提供卓越的服务，包括售前咨询、售后服务等，以增强消费者的购买信息和使用体验。只有当消费者对产品和服务满意，才能真正树立起品牌的良好形象。

其次，建立良好的沟通渠道也是维护品牌声誉和信誉的关键。企业需要与消费者建立有效的沟通机制，及时了解消费者的需求和反馈意见。通过客户服务热线、在线咨询平台、社交媒体等渠道，与消费者进行实时互动，解答疑问、解决问题，增强消费者的信任感和忠诚度。同时，企业还定期组织客户满意度调查，了解消费者对产品和服务的评价和期望，以便及时调整和改进。

此外，企业应积极参与社会公益活动，展示企业的社会责任感和正能量。通过参与公益事业，企业不仅可以提升品牌形象，还可以增加消费者对品牌的认同感和信任感。例如，企业可以捐赠公益金、支持教育事业、参与环保活动等，为社会作出积极贡献。这不仅可以提升企业的社会形象，还有助于吸引更多潜在的消费者。

在维护品牌声誉和信誉过程中，企业还应该时刻准备应对可能出现的品牌危机。品牌危机可能来自产品质量问题、服务不善、员工行为等方面，一旦发生，往往会对品牌形象造成严重影响。因此，企业应该建立有效的危机管理机制，及时处理危机事件，减少对品牌的负面影响。这包括及时发布公告、快速回应媒体关注、向消费者公开道歉并采取补救措施等。同时，在品牌危机解决之后，企业还应该进行有效的品牌修复工作，通过提供优质的产品和服务，重新赢得消费者的信任和支持。

一瓶可乐，千万快乐：可口可乐的分享活动

在某年的夏天，可口可乐发起了一项前所未有的活动——"分享一瓶可乐"。这不是一场普通的促销，而是一次与消费者心与心的交流。

每一瓶可口可乐瓶身上，都印有一个独特的二维码。消费者只需轻轻一扫，就能打开一个"神奇的夏日之门"。然后，在社交媒体上选择一位好友，将这份属于你的可乐分享给他或她，好友收到信息后，便能在附近的便利店轻

松领取这瓶特别的可乐。

就这样,一个简单的动作,一个二维码,让分享的快乐跨越了时空的限制。人们在社交媒体上分享他们的分享经历,邀请好友一起加入这场快乐的旅程。可口可乐瓶成为友谊的见证,夏日的凉爽,和那份简单纯粹的快乐。

"分享一瓶可乐"不仅让可口可乐的销量节节攀升,更重要的是,它让品牌与消费者建立了一种难以言喻的情感纽带。通过这次活动,可口可乐成功地将品牌与友情、快乐等积极情感紧密相连,进一步巩固了其在消费者心中的地位。

此外,可口可乐对二维码技术的巧妙运用,将线上与线下、虚拟与现实完美融合,为消费者带来了前所未有的互动体验。这种创新的营销策略,也为整个行业树立了一个新的标杆。

维护品牌声誉与信誉是一项长期而艰巨的任务,需要企业持续不断地投入和精心维护。只有当品牌声誉与信誉相互辉映,企业才能塑造出强大的品牌形象,赢得消费者的信任和支持。在激烈的市场竞争中,企业需不断创新和完善自身的营销领导力,以适应消费者日益增长的需求。而积极履行社会责任、投身公益事业,也是提升品牌声誉与信誉的重要途径。只有这样,企业才能在全球化与信息化的时代背景下,立于不败之地,铸就辉煌的未来。

第六节　创造独特的品牌体验

在塑造一个强大品牌形象时,创造独特且令人难以忘怀的品牌体验是吸引和留住消费者的关键。品牌体验是消费者与品牌之间建立互动与联系的桥梁,能深入触动消费者的情感,激发他们对品牌的共鸣和认同。为了创造独特的品牌体验,企业需要深入了解消费者的需求和期望,关注细节,注重情感连接，通过精心策划和创意设计，打造与众不同的品牌体验，让消费者在心中留下难以磨灭的印象。这种独特的品牌体验不仅能够提升品牌形象，还能为企业带来竞争优势和持续的发展动力。

打造无可匹敌的品牌体验：独特之道成就品牌辉煌

创造独特品牌体验的重要性不言而喻，是品牌在激烈竞争的市场中脱颖而出的关键。随着消费者需求的日益个性化，品牌需要提供与众不同的体验，以满足消费者的期望。

独特的品牌体验能够吸引消费者的注意力。在这个信息爆炸的时代，人们每天都会接收到海量的信息。一个独特的品牌体验能够让消费者在众多的品牌中记住你，并产生强烈的兴趣和好奇心。

此外，独特的品牌体验能够增强消费者的忠诚度。当消费者对一个品牌的体验感到满意和愉悦时，他们更有可能成为忠实的顾客，并愿意向亲朋好友推荐这个品牌。这种口碑传播对于品牌的长期发展至关重要。

还有，独特的品牌体验能够增强品牌的竞争力。在商业竞争中，品牌之间的差异往往在于如何满足消费者的需求和期望。通过创造独特的品牌体验，你的品牌能够提供与众不同的价值，满足消费者的个性化需求，从而在竞争中占据优势。

同时，创造独特品牌体验需要不断创新和尝试。随着市场的变化和消费者需求的演变，品牌需要不断推陈出新，提供更加丰富、更加独特的体验。这种创新精神不仅能够推动品牌的发展和进步，还能激发团队的创造力和激情，从而形成良性的循环。

塑造记忆中的品牌：创造独特品牌体验的艺术

在当今这个信息过载的时代，品牌要想在消费者心中留下深刻印象，光靠传统的广告和营销策略已远远不够。独特的品牌体验成为区分自身、与众不同的关键。这种体验能够触动人心,激发情感共鸣,从而在顾客心中留下难以磨灭的印记。如何通过创意、技术和策略的结合,为消费者创造出无与伦比的品牌体验,让品牌不仅被记住,更被珍视?如何在顾客的旅程中的每一个接触点上,构建独一无二、富有吸引力的品牌故事和体验?

(1)提供个性化定制服务。在这个追求个性化的时代,品牌体验的魅力在于个性化的互动。通过深入了解消费者的需求和喜好,企业可以为他们提供定制化的产品和服务。不仅满足了消费者的个性化需求,更能让他们感受到品牌的关心和重视。比如,咖啡连锁店可以依据顾客的口味定制独特的咖啡,或者提供定制的包装和服务。这种个性化服务让消费者感受到品牌的关心,从而加深对品牌的情感连接,增强对品牌的认同感和忠诚度。

(2)提供卓越且独特的客户服务。优质的客户服务是创造独特品牌体验的基础。企业应注重培训员工服务意识和技能,确保他们能提供专业、友好、高效的客户服务。在服务过程中,企业应注重细节,为消费者带来与众不同的体验。例如,航空公司可以提供体贴的旅客服务,酒店可以准备个性化的欢迎礼品,电商平台可以提供快速配送和无理由退货服务。这样的细节和服务将使品牌在消费者心中留下深刻印象。

(3)策划创新的营销活动。创新的活动是创造独特品牌体验的有效手段。企业可以通过各种有趣、独特的活动吸引消费者的参与,增强他们的参与感,提供愉悦的体验,加深对品牌的印象和好感。例如,零售店可以组织主题促销或限量版产品的发布,餐厅可以推出创意美食体验,汽车品牌可以组织试驾活动。

(4)营造独特的品牌氛围和环境。独特品牌氛围和环境是创造独特品牌体验的重要因素。通过合理的店面布置、音乐选择、灯光设计等,企业可以营造出独特的品牌氛围。例如,时尚品牌的店面设计可以突出时尚与简约,音乐充满活力,灯光设计温暖柔和,为消费者营造年轻时尚的购物体验。通过独特的品牌氛围和环境,企业能为消费者带来与众不同的购物体验,提升他们对品牌的好感和认同度。

（5）提供超越预期的产品和服务。超越预期的产品和服务是创造独特品牌体验的关键。企业应追求卓越品质，严格把控产品和服务标准，并努力超越消费者的期望。例如，电商平台可以提供快速配送和无理由退货服务，酒店可以提供高品质的早餐和免费健身设施。通过超越消费者的期望，企业能赢得他们的惊喜和信任，为其创造独特的品牌体验。

创造独特的品牌体验，不仅是品牌建设的核心，更是品牌在竞争激烈的市场中立足的关键。通过个性化定制服务、卓越的客户服务、创新的营销活动、独特的品牌氛围和环境以及超越预期的产品和服务，品牌能够与消费者建立深厚的情感连接，形成不可替代的价值。然而，这并非一蹴而就的过程，需要品牌不断地探索、尝试和优化。在这个快速变化的时代，只有不断创新和适应，才能为消费者创造持久而独特的品牌体验。

第七节 有效的品牌传播和市场推广

一个成功的品牌不仅需要提供优质的产品和服务，更需要通过有效的传播手段，将品牌的核心价值传递给目标受众，建立强大的品牌形象。有效的品牌传播和市场推广能够吸引潜在客户，提高品牌知名度和美誉度，增强消费者对品牌的忠诚度，进而促进企业的持续发展。

塑造品牌之魂，多维度的品牌传播与市场推广

品牌传播与市场推广是企业成长的双翼。通过广告宣传、口碑营销以及社交媒体推广，企业可以巧妙地打造出引人注目的品牌形象。

首先，利用各种媒体渠道进行广告宣传是品牌传播的重要手段。通过电视、广播、杂志、报纸等主流媒体发布广告,企业能够快速触及大量目标受众。为了吸引消费者的关注,广告内容需要生动、有趣、富有创意,同时符合目标受众的喜好和需求。此外,在特殊场合如重大体育赛事和文化活动中进行品牌展露,能够增强品牌形象的宣传效果。

其次,与意见领袖和行业专家合作进行口碑营销也是一种有效的推广方式。他们的影响力能够帮助品牌在消费者中建立信任和认可。通过邀请意见领袖参加产品发布会、提供免费样品,以及与社交媒体等渠道进行合作宣传,企业能够借助口碑推广来提高品牌形象。同时,及时回应消费者和意见领袖的反馈,并根据他们的建议改进产品和服务,能够进一步提升品牌形象的质量和口碑。

最后,利用社交媒体和线上平台进行品牌推广已成为当今市场的重要趋势。社交媒体平台如微博、微信、抖音等,为企业提供了一个与消费者互动、分享品牌故事和增加曝光度的渠道。通过发布与品牌相关的有趣内容、与消费者进行互动,以及提供优质的产品和服务体验,企业能够吸引更多消费者关注并参与品牌传播。此外,保护消费者的隐私权和个人信息安全也至关重要,企业应建立有效的投诉处理机制并及时回应消费者的需求和反馈,以树立良好的品牌形象。

迪士尼的多元化战略

迪士尼很注重通过故事叙述和情感连接来传播品牌价值。无论是动画电影、主题公园、消费品还是互动媒体,迪士尼始终将故事和情感作为核心要素。例如,迪士尼的动画电影如《狮子王》《冰雪奇缘》等,都通过深入人心的故事和角色塑造,赢得了观众的喜爱和共鸣。

迪士尼还善于利用跨平台叙事将品牌故事延伸到各个领域。无论是电影、电视、主题公园还是游戏,迪士尼都致力于将品牌故事和角色贯穿其中,让消费者在不同平台上都能体验到品牌的魅力。

迪士尼的市场推广策略也十分多样化。首先，它通过全球化的营销网络和合作伙伴关系，将品牌推广到全球范围内。迪士尼在不同的国家和地区开展市场营销活动，根据当地文化和消费习惯进行有针对性的推广，从而吸引更多消费者。

其次，迪士尼注重利用社交媒体和数字化营销手段进行市场推广。通过与网红、明星和意见领袖合作，以及在社交媒体发布相关内容，迪士尼与消费者建立了紧密的联系，并快速获取市场反馈和消费者需求。

此外，迪士尼还善于利用跨界合作和授权经营来扩大品牌影响力。它与其他知名品牌合作推出联名产品，或者授权第三方生产迪士尼主题的商品，从而将品牌延伸到更多领域和消费群体。

迪士尼成功的关键在于其有效的品牌传播和市场推广策略。通过多维度的品牌传播与市场推广策略，迪士尼成功地塑造了众多知名品牌的形象，并吸引了大量忠实粉丝。这使迪士尼成为全球娱乐市场的领导者之一，其品牌价值和市场份额不断扩大。

在品牌传播和市场推广的过程中，企业需要不断创新和尝试，以适应不断变化的商业环境。根据目标受众的特征和需求，灵活运用各种媒体渠道进行广告宣传，与意见领袖和行业专家合作进行口碑营销，以及利用社交媒体等线上平台进行推广，企业能够建立起强大的品牌形象，赢得消费者的信任和支持。在这个过程中，始终保持对市场趋势的敏感度和对消费者需求的关注，是企业取得成功的关键。只有真正理解和满足消费者的需求，才能使品牌形象保持持续的发展和竞争优势。

第八节　建立品牌社群和用户参与

在数字时代，品牌与消费者之间的互动发生了深刻变化。品牌社群和用户参与成为连接品牌与消费者的重要桥梁。品牌社区的形成,可以强化消费者的归属感和认同感,提高品牌忠诚度。而用户参与,则让消费者从被动的接受者转变为积极的参与者,为品牌发展注入新的活力。

网络共鸣:打造成功线上品牌社群的核心策略

官方网站作为品牌的门户,应当是信息最全面、最权威的展示平台。这里不仅可以呈现品牌的最新消息、产品介绍,还可以分享品牌故事,为消费者提供一场沉浸式的品牌体验。这样的布局不仅有助于吸引消费者的注意,还能激发他们对品牌的兴趣,从而促进他们与品牌的互动。同时,通过留言板和在线客服等功能,可以更直接地获取消费者的反馈和建议,为品牌的进一步发展提供宝贵的参考。

而微信公众号作为品牌与消费者互动的重要桥梁,其作用不容小觑。在这里,企业可以发布各种有价值的内容,如品牌故事、产品介绍、行业动态等,以此吸引消费者的关注。更重要的是,通过这些内容,企业可以与消费者进行实时的互动和沟通,深入了解他们的需求和反馈。此外,通过举办微信抽奖活动或发放优惠券等方式,可以进一步增加用户的参与度和粉丝数量,从而扩大品牌的影响力。

此外,社交媒体平台如抖音、微信、小红书、B站等,是品牌传播和市场推广的重要渠道。这些平台汇聚了大量的潜在消费者,因此,企业需要充分利用这些平台的特点和优势,发布各种形式的内容,如图片、视频、文章等,与消费者进行互动和分享。同时,还可以利用这些平台的广告和推广功能,将品牌信息传递给更多的目标受众。通过这样的布局,不仅可以提升品牌的知名度和影响力,还可以更好地与消费者建立紧密的联系。

赢在社群:打造强大线下品牌共鸣的策略

线下活动是搭建品牌社群的核心手段,也是拉近消费者与品牌距离的有效途径。这包括各种产品发布会、主题沙龙等形式，通过这些活动，消费者可以直接与品牌接触，感受到品牌的价值和温度。品牌能够深化与消费者的情感联系，使他们不仅是购买者，更是品牌的忠实拥护者。此外，与消费者面对面交流也为品牌提供了直接获取消费者反馈的机会，帮助品牌更好地理解市场需求，进而提供更优质的产品和服务。

品牌合作也是线下社群建设的重要一环。品牌合作可以打破传统的营销模式，与其他品牌共享资源，实现共赢。这种跨界合作不仅可以提升品牌的知名度和影响力，更能够展示品牌的创新能力和独特价值。通过与其他品牌的合作，企业可以创造出更多有趣、有价值的活动，吸引更多的消费者参与。这种合作不仅能带来更多的流量和关注度，还能通过不同品牌之间的碰撞和融合，激发出更多的创新点子和独特的品牌价值。同时也能让消费者看到品牌的开放性和包容性，进一步提升品牌形象。

激活用户动力：打造高互动性的参与体验

定期进行消费者调研能帮助企业了解消费者的需求和偏好，还能为产品和服务提供宝贵的改进意见。通过在线问卷、电话调查或社群平台调研活动，邀请消费者积极参与，企业可以广泛收集消费者的反馈，确保品牌始终与市场需求同步。

而鼓励用户生成内容是提升品牌曝光度的有效途径。通过举办 UGC 比赛、提供创意平台、提供优惠券等方式，激发用户积极分享与品牌相关的照片、视频和评论。这些真实的用户声音不仅能增加品牌可信度，还能为品牌带来口碑传播效应。

同时，举办多样化的用户活动和提供奖励是提升用户参与度和忠诚度的关键。从抽奖、打卡到签到活动，这些互动方式都能有效提高用户的参与度。同时，为活跃用户提供奖励和特殊待遇，如优惠券、会员特权等，可以进一步增强他们对品牌的忠诚度，并鼓励他们更积极地参与品牌活动。

小米手机，品牌社群与用户参与的典范

小米手机一开始就看准了社交媒体的力量。通过微博、微信等平台，小米与用户展开了亲密的互动。每逢新品发布或是解答用户疑问，小米总是第一时间回应。这种即时、透明的沟通方式，让用户感受到了尊重和重视，也大大提高了用户对品牌的黏性。

不仅如此，小米还特地创建了米粉社区。这是一个供用户交流心得、分享使用体验的平台。在这里，米粉们可以自由交流心得，参与话题讨论，分享使用体验。每一次热烈讨论，每一个有价值的建议，都成为小米前进的动力。

为了更加亲近用户，小米还经常举办线上活动。比如，他们曾举办过"小米摄影大赛"，鼓励米粉们用小米手机捕捉生活中的美景。这些活动不仅增加了用户的参与度，还进一步提升了小米的品牌形象。

当然，线下的互动也同样重要。每年定期举办的"米粉节"，各地的米粉都会共聚一堂，共同庆祝这个属于他们的节日。这种活动，不仅拉近了品牌与用户的距离，还让米粉们更加紧密地团结在一起。

在用户参与方面，小米还有一个亮点：MIUI系统。这个基于安卓的定制系统，每一次迭代更新都汇聚了米粉们的反馈和建议。这种与用户的深度合作，使得MIUI越来越完善，也提升了用户对品牌的忠诚度。

此外，为了回馈用户的支持，小米还推出了多种积分兑换、优惠券等活动。这些福利，进一步激励了用户积极参与社群活动。同时，小米还注重意见领袖的培养，与知名科技博主合作，邀请他们体验新品并分享观点，通过这些意见领袖的推广，进一步扩大了小米的影响力。

小米手机在建立品牌社群和促进用户参与方面做得相当成功。他们充分利用了线上线下资源，与用户建立了深厚的情感连接，提升了品牌形象和忠诚度。

在数字时代，品牌与消费者之间的关系愈发紧密。品牌社群与用户参与成为品牌发展的重要驱动力。从线上到线下,通过精心布局和互动策略,品牌可以与消费者建立深厚的情感纽带,提高忠诚度。小米手机的成功故事正是这一理念的最佳实践。未来,随着技术的不断进步,品牌与消费者之间的互动将更加丰富和多元。品牌社群和用户参与将继续发挥重要作用,引领品牌在竞争烈的市场中脱颖而出。

第十一章

营销领导力的具体
落地——洞察市场趋势

在营销的世界里，真正的领导力源于对市场趋势的敏锐洞察和对这些趋势的有效应对。营销领导者不仅需要把握当前的市场动态，更要预见未来的变化，以指导品牌策略和营销决策。这种能力的培养和实践，是每个营销人员不断追求的目标。通过深入分析市场数据，倾听消费者的声音，以及了解竞争对手的动向，进而制定出具有前瞻性的营销策略，确保品牌始终处于竞争的前沿。此外，有效地将这些洞察转化为实际行动，是营销成功的关键。

第一节 市场调研

市场调研是洞察市场趋势的重要手段,不仅能帮助企业了解消费者的需求和行为,还能揭示竞争对手的动态和市场的新兴趋势。一个准确的市场调研,能为企业决策提供有力的依据,通过深入市场调研,企业可以掌握市场的脉搏,预测未来的变化,从而制定出更有针对性的营销策略。

市场调研:洞悉市场趋势的法宝

市场调研,是企业探索市场和消费者深层次需求的重要手段。通过系统性地对市场和消费者进行深入的研究与分析,企业得以解读市场需求、了解竞争态势,并精准把握消费者行为模式。这不仅为企业决策提供了坚实的基础,更为其战略规划提供依据。

市场调研在洞察市场趋势中的重要性不容忽视。它帮助企业敏锐地捕捉市场动态,及时发现潜在商机,并预测未来趋势。这样,企业不仅能够更好地满足市场需求,更能在激烈的市场竞争中引领潮流,展现卓越的营销领导力。

市场调研的目标是准确了解消费者需求和竞争情况,为企业决策和战略制定提供基础。通过市场调研,企业可以深入挖掘消费者的需求、购买行为和偏好,了解竞争对手的产品、定价和推广策略,以及市场的规模、增长率和结构等信息。这些宝贵的信息将为企业提供市场定位、产品研发、价格策略、渠道选择和推广计划等方面的指导。

市场调研的黄金法则

在动态变化的商业世界中，深入准确的市场调研是企业制胜的关键。它不仅帮助企业理解目标市场的现状和未来趋势，还能洞察消费者需求和竞争对手策略，为决策提供坚实的数据支持。然而，有效的市场调研并非偶然，而是遵循一系列黄金法则。这些法则涉及调研的设计、执行、分析及应用等各个环节，确保调研结果既具有可靠性又具备实用性。掌握这些黄金法则，能够为企业揭示市场的深层次机会和挑战，指导战略规划和执行，最终推动企业的持续成长和竞争优势。

先要明确调研目标和内容，确定需要收集的信息和问题。然后，选择合适的受访对象，如目标消费者群体、渠道合作伙伴和竞争对手等。根据目标和对象选择合适的调研方法和工具，并进行详细的调研计划和样本设计。在问卷调查中，问题应设计得清晰、简洁、有针对性，避免引导性和主观性。在访谈和观察中，提问方式和观察角度应保持客观和中立，真实反映消费者的感受和行为。

收集到的市场调研数据需要进行整理和分析，以准确了解消费者需求和竞争情况。数据整理包括对调研结果的整理、分类、清洗和筛选等步骤，为后续的数据分析和应用做好准备。数据分析可以采用统计分析、比较分析、关联分析和趋势分析等方法，深入挖掘数据背后的规律和趋势。根据市场调研结果，企业可以调整产品设计、定价策略、推广计划和渠道选择等方面的策略，以满足消费者需求并抓住市场机遇。

在市场调研中，保护消费者的隐私和个人信息安全是至关重要的。企业应严格遵守相关法律法规，确保获得调研对象的知情同意，并保证调研过程的透明度和公正性。同时要采取有效的措施确保调研数据的安全和保密性，防止数据泄露和滥用。

Estée Lauder（雅诗兰黛）：破茧成蝶，化妆品市场的璀璨明珠

　　Estée Lauder有着敏锐的市场触觉，通过市场调查、消费者访谈以及与零售商的密切合作，深入了解消费者的需求和偏好。他们收集消费者的反馈和意见，了解消费者对美容产品的期望和需要。此外，Estée Lauder还积极利用市场研究公司的帮助，通过消费者调查和产品测试来了解产品可行性，最终得到了市场良好的反馈。

　　为了更精准地满足消费者需求，Estée Laude在研发方面投入了大量资源，致力于创新科技的应用。他们与专业化妆师和科技专家紧密合作，通过科学研究和技术突破，研发出一系列高质量的美容产品。这些产品不仅满足了消费者的期望，更引领了行业潮流。

　　与此同时，在品牌形象和定位上，Estée Lauder同样深入研究。他们观察市场趋势，借助品牌咨询公司的帮助，深入了解消费者对品牌的感知和需求。通过市场调研和消费者洞察，最终Estée Lauder为品牌制定了精准的定位和传播策略。

　　市场调研是企业洞察市场趋势、实现营销领导力的关键路径。通过深入挖掘消费者需求、竞争态势和市场动态，企业可以获得宝贵的信息资源，为决策和战略规划提供有力支撑。在竞争激烈的市场环境中，企业应重视市场调研的作用，采用科学的方法和工具进行调研，并将调研成果应用于实践中。只有这样，企业才能不断提升营销领导力，在激烈的市场竞争中取得成功。

第二节　监测行业动态和趋势

　　了解行业动态和趋势是企业实现营销领导力的重要环节，在日新月异的商业环境中，企业需要时刻保持对市场变化的敏感度，紧跟时代潮流，把握行业发展脉搏，只有这样，才能确保决策与战略规划的准确性，从而在市场竞争中取得优势。

洞悉行业动态与趋势的核心竞争力

在当今这个快速变化的时代，行业动态和趋势的变化令人目不暇接，市场需求、消费者行为以及竞争态势都处在不断发展和演变之中。行业动态和趋势就像一面镜子，反映出市场的真实面貌，帮助企业看清未来的方向。

首先，了解行业动态和趋势有助于企业及时掌握市场需求的变化。随着科技的日新月异，消费者的需求也在不断升级。比如，在互联网＋的时代背景下，消费者对个性化、智能化产品的需求越来越强烈。通过观察行业动态和趋势，企业可以准确判断消费者的喜好和需求，从而调整产品设计、定价策略和推广计划，满足市场的真实需求。

其次，了解行业动态和趋势有助于企业了解竞争对手的动态和策略。在竞争激烈的市场环境下，竞争对手的一举一动都可能影响企业的市场份额。通过对行业动态和趋势的观察和分析，企业可以掌握竞争对手的战略意图和市场策略，从而制定出相应的竞争对策，保持或提升市场地位。

最后，了解行业动态和趋势还有助于企业把握市场机遇和规避市场风险。市场机遇往往伴随着行业动态和趋势的变化而出现。比如，随着环保意识的增强，绿色产业的发展前景广阔。通过及时捕捉这些机遇，企业可以抢占先机，实现快速发展。同时，了解行业动态和趋势也有助于企业提前预警并规避潜在的市场风险。

把握行业风向：探寻最新动态与趋势信息的路径

了解行业动态和趋势能帮助企业制定正确的决策，而获取这些信息，企业有多种途径可供选择。

订阅行业报告是一个非常实用的方法。行业报告通常由专业的市场研究机构或咨询公司撰写，内容涵盖市场规模、增长率、竞争格局、消费者需求等多个方面。通过这些报告，企业可以全面了解行业的现状和发展趋势，为决策提供有力支持。此外，行业协会和组织也会发布相关报告，企业可以关注这些渠道以获取最新信息。

关注行业媒体也是获取行业动态的重要途径。行业媒体通常会及时报道行业的新闻和热点事件，帮助企业了解行业的发展动态。通过订阅电子报、关注官方网站和社交媒体账号，企业可以轻松获取这些信息。此外，参与行业媒体的讨论和互动也是一个不错的选择，通过与其他专业人士的交流，企业可以获得更多的见解和观点。

还有，企业营销领导者应该定期参加行业会议，这是一个直接与业内人士交流的机会。通过与专家学者、企业高管和从业人员面对面交流，企业可以深入了解行业的最新研究成果和实践经验。此外，行业会议还会邀请相关领域的专家进行演讲，分享他们对行业发展趋势的见解和预测。这些信息对企业制定战略规划和市场策略都非常有价值。

如何解读行业未来趋势与动向

了解行业动态和趋势是企业制定战略规划、市场竞争策略的重要依据。以下是几个常用的分析信息的方法：

SWOT分析是一种非常实用的工具，可以帮助企业全面了解自身的优势、劣势、机会和威胁。这种分析方法通常用于分析行业动态、企业或个人的内部和外部情况等。

（1）strengths（优势）：指的是项目、企业或个人所拥有的积极特点和优势，比如独特的技能、资源或市场地位。

（2）weaknesses（劣势）：是指内部的缺陷和不足，可能包括缺乏某些技能、资源或者内部流程的问题。

（3）opportunities（机会）：是指外部环境中可能带来积极影响的因素，如市场趋势、新技术或合作伙伴关系。

（4）threats（威胁）：指的是外部环境中可能对项目、企业或个人造成负面影响的因素，如竞争对手、法规变化或经济不确定性。

通过 SWOT 分析，人们可以更好地了解自己或自己所处的环境，并制定相应的战略来利用优势、弥补劣势、抓住机会和应对威胁。这是一种非常实用的工具，可以帮助企业全面了解自身的优势、劣势、机会和威胁。通过深入分析行业内外环境，可以发现行业的竞争格局，明确企业在市场中的定位。此外，SWOT 分析还能揭示出行业内外的相互作用和影响，有助于制定具有竞争优势的战略。例如，若企业在技术研发方面具有优势，可以借助这一优势开发出更具创新性的产品，从而在市场竞争中占据有利地位。

优势
- 擅长什么
- 有什么新技术
- 能做什么别人做不到的
- 顾客为什么来
- 最近因什么而成功

劣势
- 什么做不来
- 缺乏什么技术
- 别人哪些比我们好
- 缺乏哪些客户
- 最近因什么而失败

机会
- 有什么新技术问世
- 有什么新市场开放
- 有什么市场壁垒接触
- 竞争对手有什么失误
- 市场的天花板是否有增长

威胁
- 大量竞争对手进入行业
- 政策缩紧
- 经济衰退
- 顾客需求变化

竞争对手分析是了解行业竞争格局和竞争对手策略的重要手段。通过深入研究竞争对手的产品、定价、推广和渠道等策略，企业可以了解竞争对手的优势和劣势，并找出自身的竞争优势。同时，还可以根据竞争对手的市场表现和动向，制定有针对性的竞争策略。例如，如果发现竞争对手在某一细分市场表现不佳,企业可以考虑进入该市场并采取相应的营销策略来抢占市场份额。

了解行业动态和趋势是企业保持竞争力的关键,只有紧跟市场变化,企业才能保持领先地位。通过订阅行业报告、关注行业媒体、参加行业会议等途径,企业获取最新信息,了解行业的现状和发展趋势,并通过一些实用的工具对信息进行深入分析。如此,企业可以制定出科学合理的战略规划和市场竞争策略,抓住市场机遇,规避潜在风险。

第三节 利用大数据分析

随着信息技术日新月异的发展和互联网的广泛普及,大数据已经成为洞察市场趋势的重要工具。通过深入挖掘大数据的价值,企业可以洞察市场动态,把握消费者需求,从而制定出更加精准有效的营销策略。在这个竞争激烈的市场环境中,谁能够快速准确地洞察市场趋势,利用大数据分析引领市场潮流,谁就能在竞争中脱颖而出,成为市场的领导者。

大数据驱动:引领市场革新的力量

在数字化时代,大数据已经成为引领市场变革的关键要素。它不仅改变了人们看待世界的方式,更赋予了人们洞察市场趋势的独特能力。

大数据,简而言之,是指那些规模庞大到无法在一定时间内用常规软件工具进行捕捉、存储、管理和分析的数据集合。它通常以海量、高速、多样和真实性著称,包含了从社交媒体帖子到交易记录,从视频监控到移动设备定位数据等各种类型的信息。

大数据的应用领域广泛而深入。在商业领域,大数据被用来分析和预测消费者行为、市场需求和竞争态势,从而为企业制定精准的营销策略和产品开发计划。在医疗领域，大数据被用于疾病诊断、药物研发和流行病预测等方面，为医疗科研和公共卫生管理提供有力支持。在金融领域，大数据则被用于风险评估、投资决策和欺诈监测等，助力金融机构做出更加明智的决策。

大数据在洞察市场趋势中的重要性不言而喻。首先它能帮助企业揭示隐藏在大量数据中的规律和趋势。通过分析消费者行为、市场销售数据和竞争对手动态等信息，企业能提前发现市场变化的规律和未来趋势，抢占先机。其次，大数据能帮助企业更懂消费者，精准满足其需求，提升客户满意度和忠诚度。

大数据还能提高企业的决策效率和准确性。使企业能够更加科学合理地制定战略规划和经营决策。总之，大数据是洞察市场趋势的重要工具。

收集、整理和分析大数据：企业洞察市场趋势的关键

当今信息爆炸的时代，大数据已经成为企业洞察市场趋势、制定营销策略的重要依据。大数据的收集、整理和分析不仅是技术活，更是对市场敏感度和逻辑思维能力的考验。

首先，大数据的收集需要从多个维度展开。社交媒体、在线调查、App 使用情况等都是数据的源泉。其中，消费者的行为数据、偏好数据和购买数据是重中之重。这些数据能够真实反映市场的需求和消费者的喜好，是企业洞察市场趋势的关键。通过收集这些数据，企业可以及时捕捉市场的变化，为后续的决策提供有力支持。

其次，收集到的原始数据往往存在重复、缺失或格式不统一等问题，需要进行清洗和整理。这一过程可以通过数据清洗工具和数据分析软件来实现。数据清洗主要是对错误、异常或不完整的数据进行识别和修正，以确保数据的准确性和可靠性。数据分析软件则可以对数据进行分类、汇总和筛选，以便更好地进行后续分析。

最后，需要借助统计分析方法、数据挖掘技术和机器学习算法对大数据进行分析。统计分析可以帮助企业了解数据的分布和关联程度，为制定营销策略提供依据。例如,通过分析消费者购买数据的分布情况,企业可以了解不同产品的市场需求和竞争状况,从而制定更加精准的营销策略。

数据挖掘技术则可以发现数据中隐藏的模式和规律,为企业提供新的市场机会和创意点子。例如,通过分析消费者的搜索和购买行为数据,企业可以发现消费者的潜在需求和偏好,从而开发出更符合市场需求的新产品。机器学习算法可以对大数据进行深度挖掘,通过不断学习和优化,发现数据背后的深层含义和市场趋势。机器学习可以帮助企业更加准确地预测市场的变化,提前做好应对策略。

大数据时代:机器学习和人工智能技术的深度挖掘与应用

大数据时代下,机器学习和人工智能技术的运用日益广泛。通过深度挖掘大数据,企业不仅可以获取更多信息,还可以洞察市场趋势、了解消费者需求。

机器学习作为人工智能的重要分支,在大数据分析中发挥着关键作用。它让计算机具备了自主学习和决策的能力,通过对大量数据的分类、聚类和预测分析,为企业提供更精准的市场洞察。这意味着企业可以根据这些洞察,制定更有针对性的营销策略,提高业务效率和客户满意度。

除了机器学习,人工智能的其他技术如自然语言处理、图像识别和语音识别也在大数据分析中发挥着重要作用。自然语言处理技术可以帮助企业理解消费者的文字评论和反馈,从而分析消费者的情感和观点。图像和语音识别技术则让企业能够更准确地理解消费者的需求和偏好。这些技术的运用,使得企业能够更全面地了解市场趋势和消费者需求,为未来的发展提供有力支持。

塔吉特百货利用大数据精准营销

塔吉特百货通过收集消费者的购物历史、购买行为、浏览记录等数据,深入了解消费者的购物偏好和需求。这些数据来源非常广泛,包括销售数据、库存数据、消费者行为数据等。通过运用先进的数据分析工具和技术,塔吉特百货对这些数据进行处理和分析,挖掘出消费者的喜好、购买习惯、消费心理等方面的信息。

通过这些数据,塔吉特百货发现了一些有趣的趋势和模式。比如,某个消费者在一段时间内频繁购买某类商品,或者在某个时间段内对某种商品的购买量显著增加,根据这些信息,塔吉特百货制定了一系列的精准营销策略。他们向消费者发放个性化的广告和优惠券,针对不同消费者提供不同的促销活动和产品推荐。这些个性化的广告和优惠券通过各种渠道推送给消费者,包括电子邮件、短信、社交媒体等。

塔吉特百货的成功,不仅在于塔吉特百货运用了大数据技术,更重要的是企业真正理解了消费者的需求和行为,提供真正有价值的服务和产品,也证明了大数据在企业成功中的重要作用。通过运用大数据技术,企业可以深入了解消费者的需求和行为,提供更加精准的产品和服务,从而在市场竞争中获得优势。

大数据分析在提升企业营销领导力方面具有不可估量的价值。通过深度挖掘大数据,企业能够精准把握消费者需求,及时调整营销策略,从而在激烈的市场竞争中脱颖而出。此外,结合机器学习和人工智能技术对大数据进行深度挖掘,企业还能预测市场趋势,抢占市场先机。因此,企业必须高度重视大数据的应用,充分发挥其在决策制定和战略规划中的价值,不断提升自身的营销领导力。

第四节 参与行业网络和专业组织

在数字化浪潮中,市场趋势的瞬息万变对企业提出了更高的要求。营销领导力，作为引领企业航向的关键力量，不仅要能洞察市场趋势，更要能引领变革。而参与行业网络和专业组织，则为企业提供了一个交流与学习的平台，企业可以获取行业洞察、建立合作关系，从而更好地把握市场动态和发展趋势。

融入行业网络和专业组织的益处

企业若想保持领先地位，就必须不断更新知识和获取信息。而参与行业网络和专业组织，正是获取这些宝贵资源、提升自身实力和影响力的绝佳途径。

行业网络和专业组织为企业提供了一个与同行业人士交流的平台。在这里，企业可以与行业内的专家和领导者面对面交流，获取第一手的行业资讯和动态。这种实时的、深入的交流使企业能够快速了解行业趋势，以便及时调整自己的战略方向和业务重点。

通过参与行业网络和专业组织，企业能够扩大自己的交往，与其他企业和个人建立合作关系。这些关系不仅有助于企业获取更多的商业机会，还可以在关键时刻提供支持和帮助。在市场竞争日益激烈的今天，拥有一个强大的合作伙伴无疑是企业在竞争中脱颖而出的重要砝码。

更为重要的是，参与行业网络和专业组织有助于提升企业的声誉和影响力。通过在组织内发表专业文章、参与行业研讨会等方式，企业能够展示自己的专业实力和经验，树立起在行业中的权威形象。这不仅有助于提升企业在客户心目中的地位，还能吸引更多的人才和资源，为企业发展注入强大的动力。

行业融合之道：精准连接专业网络

在当今竞争激烈的商业环境中，企业要想在行业中脱颖而出，单靠自身力量肯定不够，融入行业网络和专业组织成为一种重要的战略选择。通过参与行业研讨会、加入专业协会以及参与行业论坛和社交媒体群组等方式，企业可以获得更广泛的行业资源和信息，与其他企业建立联系，从而更好地了解行业动态、把握技术趋势，并寻求合作机会，实现业务的持续发展和优化。

如何有效地融入行业网络和专业组织,为企业提供具体的策略和实践指南,帮助企业在竞争激烈的市场中保持竞争优势,实现业务的长期成功?

(1)参加行业研讨会和活动。这是获取行业洞察和建立合作关系的重要途径。在研讨会上,企业代表可以与行业内的专家和业界领导者进行面对面的交流和学习,了解最新的行业动态和技术趋势。此外,通过这些,企业还可以结识潜在的合作伙伴和客户,拓展业务领域。

(2)加入专业协会和商会。这是获取更广泛的行业资源和信息、与其他企业建立联系的重要方式。这些组织通常会举办各种活动,如培训、研讨会和交流会,让企业了解行业的最新动态和技术趋势。同时,通过与同行的交流和合作,可以提高企业在行业中的知名度和影响力。

(3)参与行业论坛和社交媒体群组。这是获取行业信息和与同行交流的重要平台。企业可以在这些平台上了解最新的行业动态和技术趋势,与其他企业和专业人士分享自己的观点和经验。通过与他们的交流和合作,企业可以寻求合作机会和反馈建议,不断优化自己的业务和发展方向。

提升竞争力:利用行业网络和专业组织的资源和平台

每个企业都需要不断寻求优势,以保持竞争力。而行业网络与专业组织提供的资源和平台,成为企业获得优势的重要途径。如何合理利用这些资源,让企业更好地把握市场动态,提升自身竞争力呢?

行业网络和专业组织为企业提供了宝贵的资源和平台,助力企业在激烈的竞争中取得优势。通过合理利用这些资源,企业能够更加精准地把握市场动态,提升自身的竞争力。

行业网络和专业组织为企业提供了丰富的行业研究和调研资源。这些资源涵盖了市场趋势、竞争情况和消费者需求的深入分析。通过参与这些研究和调研,企业可以获得更准确的市场信息,从而更好地指导决策和战略规划。这有助于企业提前布局,抢占市场先机。

行业网络和专业组织还为企业提供了专业资源和工具。研究报告、行业分析、数据统计等资源和工具为企业提供了全面的市场调研和竞争分析支持。企业可以利用这些资源和工具深入挖掘自身优势和市场定位，制订更具针对性的发展计划。这有助于企业明确发展方向，提升市场竞争力。

行业网络和专业组织还为企业间的合作搭建了桥梁。通过参与行业合作和项目，企业可以与其他企业共同开展市场推广、产品研发等活动。这种合作模式可以实现资源共享、风险共担，推动企业间的互利共赢。通过合作，企业可以共同应对市场挑战、提升整体实力，进一步巩固市场地位。

参与行业网络和专业组织对于企业在数字化浪潮中保持领先地位至关重要。通过融入这些平台，企业可以获取宝贵的行业洞察、建立合作关系，提升自身影响力和竞争力。在参与过程中，企业要善于利用各种资源和机会，积极拓展业务领域、寻求合作机会。同时，企业还要关注行业动态和趋势，不断更新知识和技能，以适应市场的快速变化。只有这样，企业才能在激烈的市场竞争中保持领先地位，实现持续发展和成功。

第五节　科技监测和创新研究

随着科技时代的快速发展，科技监测和创新研究已经成为企业洞察市场趋势、掌握竞争优势的核心手段。科技监测能够帮助企业实时了解行业动态，把握市场变化，洞察消费者需求，为战略决策提供有力支持；而创新研究则是企业持续发展的源泉，能够推动产品创新，提升核心竞争力。

科技前沿解读：监测与创新引领企业未来

企业要保持竞争力并持续发展，科技监测与创新研究变得尤为重要。这两者不仅能帮助企业洞察市场趋势，发现新的竞争机会，还能提升创新能力，确保企业在市场中保持领先地位。

(1)科技监测是把握市场趋势的关键。随着科技的快速发展，市场趋势也在不断变化。通过科技监测，企业可以实时了解市场动态、消费者需求和行业发展趋势。这为企业提供了关于市场走向的精准预测，使得企业能够及时调整产品和服务策略，以适应不断变化的市场需求。

(2)创新研究是发现和抓住竞争机会的重要途径。科技发展和创新研究为企业提供了新的技术和商业模式。通过密切关注科技前沿和创新实践，企业可以发掘新的市场机会，利用新技术和产品服务创新来提高自身竞争力。这种前瞻性的创新不仅使企业在市场上脱颖而出，而且能够创造持续的竞争优势。

(3)科技监测和创新研究对提升企业的创新能力至关重要。创新是企业发展的核心动力，而科技监测和创新研究则是这一动力的源泉。通过学习和借鉴先进的科技成果和创新经验，企业可以不断优化产品和服务，提高创新能力和市场竞争力。同时，这种创新文化的建设也鼓励员工勇于尝试和创新，为企业的持续发展注入活力。

探索科技监测与创新研究的路径

科技时代，科技监测与创新研究是推动企业发展的关键，企业若想紧跟时代步伐，需掌握科技监测与创新研究的方法。以下是一些关键途径，可以帮助企业洞察科技趋势，激发创新活力。

(1)追踪科技发展是企业保持竞争力的基础。通过订阅科技媒体、关注行业网站，企业可以第一时间掌握科技动态。参加科技展览和研讨会，则能直接与行业前沿接轨，深入了解最新技术趋势。这样，企业不仅能及时捕捉市场变化，还能发现新技术的应用潜力和商业机会。

(2)关注创新研究是激发企业创新活力的源泉。与大学、研究机构和创新企业保持紧密联系，关注它们的创新研究成果，是企业获取创新灵感的重要途径。通过合作与交流，企业可以站在巨人的肩膀上看世界，了解最新的技术突破和前沿研究。这不仅能为产品和服务创新提供源源不断的动力，还能为企业带来独特的竞争优势。

(3)行业对比分析是提升企业创新能力的重要手段。通过与同行业的企业进行交流，了解它们的科技应用和创新实践，企业可以发现自身的优势和不足。这种对比分析有助于激发创新思维，开拓新的发展路径。同时，通过合作与资源共享，企业能够更快地突破技术瓶颈，实现商业价值的最大化。

引领科技浪潮：建立科技监测与创新，培育创新文化

科技监测和创新研究对企业的生存和发展至关重要。为了更好地应对市场的快速变化，企业需要从多个角度入手，建立强大的科技监测团队和创新研究中心，并注重创新文化的培育。

(1)组建专业的科技监测团队必不可少。这一团队的任务是持续追踪全球科技发展趋势和创新研究成果，为企业提供市场趋势和竞争机会的实时报告。他们不仅要收集、整理和分析海量的科技信息，还要将这些信息转化为对企业决策有价值的情报。这需要团队成员具备深厚的专业知识和敏锐的市场洞察力，以确保为企业提供准确、及时的科技监测数据。

(2)建立创新研究中心也是企业实现技术领先的重要一环。这一机构专注于特定领域或行业的创新研究，致力于推动技术的革新与突破。通过与外部合作伙伴的深度合作，创新研究中心能够整合各方资源，共同开展创新项目。同时，中心还为企业提供创新思路和技术支持，助力企业实现从传统到创新的跨越。这不仅有助于企业推出具有竞争力的创新产品和服务，还能引领行业潮流，占据市场先机。

(3)培育浓厚的创新文化显得尤为重要。企业文化作为企业的灵魂，对激发员工的创新潜力和创新意识具有重要作用。企业需努力营造开放包容、鼓励创新的文化氛围，让员工敢于尝试、勇于突破。通过举办创新培训、设立创新奖励等方式,激发员工的创造力与激情。同时,优化创新流程、完善激励机制也是提升整体创新能力的重要举措。只有在这样的文化熏陶下,企业才能不断涌现出新的创意和商业理念,为企业的持续发展注入源源不断的动力。

在科技浪潮中,企业需要与时俱进,不断探索创新之路。科技监测与创新研究如同企业发展的双翼,为企业提供动力与方向。通过追踪科技趋势、激发创新活力、建立专业的科技监测团队、建立创新研究中心,以及培育浓厚的创新文化,企业能够引领科技潮流,立于不败之地。

第六节 关注社会和环境的变化

社会和环境的变迁对市场趋势和消费者行为产生了深远的影响。随着社会的进步和环保意识的提升,消费者的需求也在不断演变。这不仅改变了消费者的购买行为,还为企业带来了新的市场机遇。为了在竞争激烈的市场中立足,企业必须密切关注社会和环境的变化,及时调整战略以满足消费者的需求。只有这样,企业才能抓住市场机遇,实现可持续发展。

拥抱变革:社会与环境变革对市场趋势与消费者行为的深远影响

社会与环境的变革对市场趋势和消费者行为产生了深远的影响。这种影响不仅体现在表面,更是深入到每一个消费者内心和行为之中。企业要深入理解这些变革,灵活调整战略。

1. 社会价值观的重塑:引领市场新潮流

在现代化的进程中,社会价值观正在经历一场巨大的变革。环保意识的觉醒,使消费者更加关注产品的环保性。他们不再满足于仅仅购买产品,而是希望参与到环保的行动中,为地球的可持续发展贡献自己的力量。健康生活方式的追求,使得健康食品、健身、心理辅导等服务成为市场的宠儿。而品质生活的向往,则让消费者对产品的设计、性能、用户体验等提出了更高的要求。在这样的背景下,企业必须紧跟社会价值观的演变,以满足消费者日益增长的需求。

2. 政策法规的引导:塑造企业行为和市场方向

政府在市场的发展中起着重要的引导作用。随着环境问题的日益严重,政府可能会出台更为严格的环保法规,以限制企业的污染行为。这样的法规不仅要求企业改进技术、降低污染,还对其经营策略和产品设计产生了深远的影响。此外,公平竞争政策和税收政策的调整也会影响企业的市场策略和竞争格局。因此,企业必须密切关注政策法规的变化,以便及时调整自己的战略方向。

3. 消费者需求的变化:驱动企业创新与变革

在当今的市场环境中,消费者的需求呈现出多样化、个性化的发展趋势。他们不再满足于千篇一律的产品,而是追求个性化的体验。这要求企业不断创新,提供定制化、个性化的产品和服务,以满足消费者的独特需求。此外,消费者对便捷性和即时满足的需求也在不断增长。企业需要提高供应链的效率,确保产品能够快速、准确地送达消费者手中。而体验至上的消费观,则要求企业在产品的设计、生产和销售过程中,注重消费者的情感体验,为他们创造愉悦的消费旅程。

掌握社会和环境变化:企业洞察市场的关键

在不断变化的市场环境中,企业要保持竞争力,就必须时刻关注社会和环境的变化。以下是一些重要的方法,可以帮助企业更好地理解这些变化并进行相应的策略调整:

(1)企业需要密切关注政策法规的动态。政策法规对企业经营具有深远的影响。特别是与自身行业和产品相关的政策法规，它们可能会改变市场竞争格局和消费者行为。因此，企业需要及时了解这些政策法规的变化，并据此调整自己的经营策略。这不仅有助于企业避免违规风险，还有助于发现新的商业机会。

(2)企业应持续跟踪社会趋势的变化。社会趋势直接影响消费者的需求和行为。通过定期研究和分析社会趋势，企业可以深入了解消费者行为、生活方式和文化观念的变化。这种洞察能帮助企业更好地理解消费者需求，从而更精准地满足这些需求。通过对社会趋势的研究，企业还可以预测未来的市场走向，从而提前做好战略布局。

(3)随着环保意识的普及，消费者对企业的环保表现越来越关注。因此，企业需要重视环保问题，并采取相应的措施。推出环保产品、改进生产过程、参与环保活动等都是与消费者建立良好关系的重要方式。这不仅有助于提升企业的社会形象，还有助于吸引更多关注环保的消费者。

(4)进行市场调研也是了解消费者需求和市场变化的重要手段。通过市场调研，企业可以收集消费者的反馈和意见，了解他们对产品和服务的需求和偏好。通过分析市场调研数据，企业可以发现消费者对社会和环境变化的态度和需求，以及这些变化对市场的影响。这些信息对于企业制定市场策略、产品创新和营销活动具有重要的参考价值。

融合社会与环境变革的战略规划与产品开发

企业若想抓住市场机遇并持续发展，就必须将社会和环境变化纳入战略规划和产品开发。以下是几个关键步骤，可帮助企业更好地应对这些变化：

(1)深入研究和全面分析社会与环境变化。企业应定期进行内部调研和外部咨询，同时进行市场调研，了解社会和环境的变化对市场和消费者行为的影响。这不仅包括政策法规的调整、社会价值观的转变，还有消费者需求的升级等。通过这些研究，企业可以更准确地预测市场趋势，为后续的战略制定提供有力依据。

（2）基于对社会和环境变化的深入理解，企业应制定相应的战略。例如，随着环保意识的提高，企业可以制定环保战略，推出环保产品或改进生产过程，以满足消费者对环保的需求。同时，针对不断变化的市场格局，企业需要灵活调整自己的经营策略，以适应市场的变化。

（3）在产品开发阶段，企业应充分考虑社会和环境的变化。例如，采用环保材料、节能设计等，使产品更加符合当前社会的需求。这不仅可以提升产品的竞争力，还能为企业赢得消费者的认可和信任。

（4）利用社会和环境变化进行宣传和营销。通过宣传产品的环保特点、强调企业的社会责任等策略，企业可以吸引更多关注环保的消费者。同时，通过与消费者沟通，了解他们的需求和期望，企业可以更好地调整自己的产品和战略，以适应市场的变化。

社会和环境的变化对市场趋势和消费者行为产生着深远的影响。作为企业，需要时刻关注这些变化，并快速应对，以满足消费者的需求并抓住市场机遇。通过深入了解政策法规、社会趋势和环保意识等关键因素，可以更好地洞察市场趋势，并据此调整战略规划和产品开发。只有这样，才能在激烈的市场竞争中保持领先地位，赢得消费者的青睐。

第七节　订阅媒体和行业报告

在商业世界中，市场趋势的洞察力是决定企业命运的关键。而订阅媒体和行业报告，正是企业获取市场趋势、把握行业动态的重要途径。通过这些专业渠道，企业能够深入了解市场趋势，预见未来商机，从而制定出更有针对性的策略。订阅媒体和行业报告不仅是获取信息的方式，更是提升企业竞争力、拓展商业视野的重要手段。

为何订阅媒体和行业报告至关重要

市场趋势的洞察和信息的及时获取对企业发展具有至关重要的意义。订阅媒体和行业报告作为一种获取市场信息的重要手段，具有多方面的价值和影响。

(1)通过订阅媒体和行业报告，企业可以随时掌握市场动态。无论是行业的最新政策变化、消费者需求的变动，还是竞争对手的营销策略调整，企业都能通过这些专业渠道获得第一手资料。这不仅有助于企业及时调整自身的经营策略，还能使企业在市场竞争中始终保持敏锐的洞察力。

(2)行业报告作为专业的市场研究资料，为企业提供了深入的行业洞察。这些报告通常涵盖了行业的发展历程、市场规模、竞争格局以及未来趋势等多个方面。通过行业报告的阅读和分析，企业能够全面了解行业的发展现状和未来走向，为自身的战略规划提供有力支持。

(3)订阅媒体和行业报告还能帮助企业发现潜在的市场机遇和挑战。通过对市场趋势的深入剖析，企业可以发现新的市场机会，从而调整产品或服务以满足市场需求。同时，面对潜在的市场风险和挑战，企业也能提前做好应对准备，确保自身的稳定发展。

智慧订阅：挑选最适合您的媒体与行业报告

在当今信息爆炸的时代，如何从海量信息中筛选出准确、有价值的内容，是每个企业都要面对的挑战。选择适合自己的媒体和行业报告，是应对这一挑战的关键。

明确自身的信息需求是选择媒体和行业报告的前提。不同的行业和业务领域有着各自独特的信息需求。因此，企业需要清楚地知道自己需要哪些信息，以便有针对性地选择媒体和报告。例如，一家技术公司可能更关注新兴技术的动态，而一家零售商可能更关心消费者购物行为的转变。

此外，在筛选媒体和报告时，确保信息的可靠性和专业性至关重要。虚假或误导性的信息不仅会浪费时间和资源，还可能对业务造成不利影响。因此，企业需要仔细评估媒体和报告的可信度，可以通过查看在线评级、阅读其他用户的评论或参考行业内的权威机构来评估媒体和报告的质量。这些权威机构通常会发布经过深入调研的行业报告，内容更为专业、准确。

同时，为了获得全面的市场洞察，不妨采用多样化信息来源。订阅多个不同类型的媒体和行业报告可以帮助企业从不同角度理解市场动态。例如，可以同时订阅行业权威机构的深度报告、专业媒体的新闻报道以及商业杂志的分析文章。这样不仅能丰富信息内容，还能为您的市场决策提供更多参考依据。

还有，关注本地和国际媒体同样重要。对在国内外市场运营的企业来说，了解当地市场动态和全球趋势至关重要。本地媒体通常能提供有关特定市场的深度分析和报道，有助于企业了解本地市场的具体情况。而国际媒体则能提供全球范围内的竞争信息和市场趋势，帮助企业更好地应对国际市场的挑战和机遇。

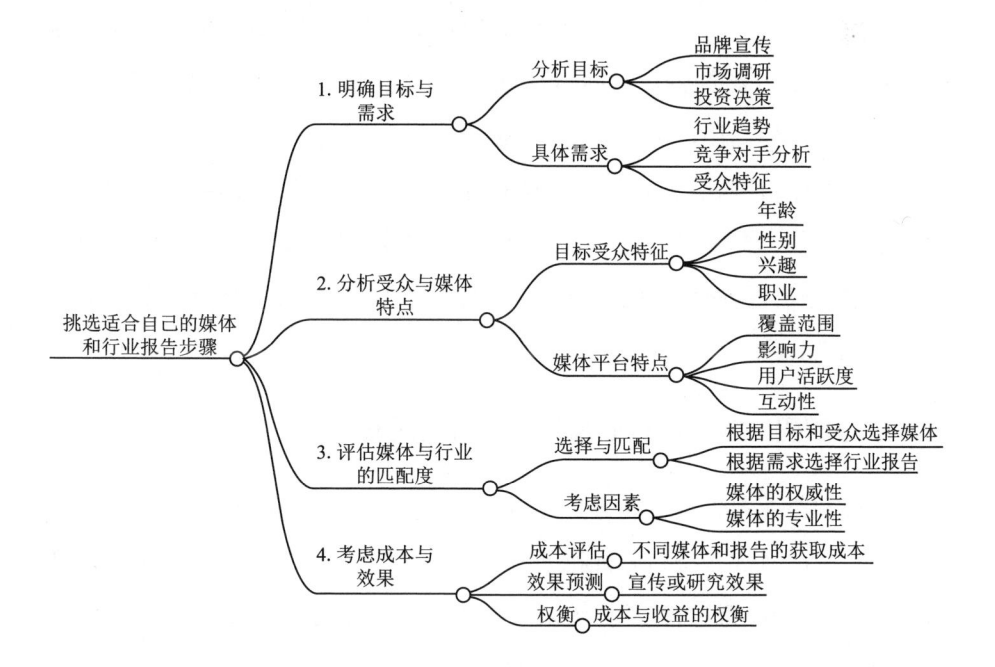

挑选适合自己的媒体和行业报告步骤：

1. 明确目标与需求
   - 分析目标
     - 品牌宣传
     - 市场调研
     - 投资决策
   - 具体需求
     - 行业趋势
     - 竞争对手分析
     - 受众特征

2. 分析受众与媒体特点
   - 目标受众特征
     - 年龄
     - 性别
     - 兴趣
     - 职业
   - 媒体平台特点
     - 覆盖范围
     - 影响力
     - 用户活跃度
     - 互动性

3. 评估媒体与行业的匹配度
   - 选择与匹配
     - 根据目标和受众选择媒体
     - 根据需求选择行业报告
   - 考虑因素
     - 媒体的权威性
     - 媒体的专业性

4. 考虑成本与效果
   - 成本评估：不同媒体和报告的获取成本
   - 效果预测：宣传或研究效果
   - 权衡：成本与收益的权衡

建立订阅机制：从目的到实践的指南

在数字时代，订阅机制已成为企业和个人保持与用户紧密连接的关键桥梁。为了成功构建高效的订阅机制，满足用户需求并提升用户体验，需要关注以下核心要素：

（1）明确订阅目的。在制定订阅机制之前，首先要清楚订阅的目标，是为了定期发布内容、提供个性化服务，还是建立稳固的客户关系。明确目标有助于制订合适的订阅计划。

（2）定制化订阅内容。为用户提供定制化的订阅内容是关键。需要深入了解用户的需求和兴趣，通过调查问卷、数据分析等方式获取用户需求信息，为他们推送个性化的内容，从而提高用户的黏性。

（3）定期推送与更新。设置合理的推送频率和更新的机制，确保用户能够及时获取最新的内容。推送过于频繁会让用户反感，而推送过少则可能降低用户的活跃度。因此，合理安排推送频率和内容的平衡点至关重要。

（4）建立用户反馈机制。通过建立用户反馈机制，及时了解用户对订阅内容的满意度和需求变化。通过持续优化订阅内容和服务，可以提高用户体验。这有助于提高用户满意度和忠诚度。

（5）数据保护与隐私政策。在建立订阅机制时，必须重视用户数据的安全与隐私保护。制定明确的隐私政策，明确告知用户数据收集和使用的目的，并确保数据的安全存储和传输。这是赢得用户信任和维护良好品牌形象的重要因素。

信息解码：媒体与行业报告的分析及其应用

媒体和行业报告现已成为获取知识和洞察的宝库，但同时也带来了筛选和解读信息的挑战。正确分析和运用这些丰富资源，能够为企业和个人提供竞争优势，指导决策过程，并揭示未来趋势。如何有效识别、分析和应用媒体与行业报告中的关键信息，从而使读者在复杂的信息网络中找到价值，转化为实际的策略和行动，最终驱动成功和创新呢？

（1）信息整理与归类。面对纷繁复杂的信息，有条理地进行整理和归类是基础步骤。利用信息库的建立或专业信息管理工具，能确保信息的集中存储并快速检索。这样在需要时，能迅速找到所需信息，大大提高工作效率。

（2）运用多维度分析方法。在分析媒体和行业报告的信息时，运用SWOT分析、PESTEL分析等工具，从不同的角度深入剖析市场情况，这些工具能揭示潜在的机会和威胁。为企业制定战略提供有力的依据。

（3）信息整合与对比。结合媒体和行业报告的信息与市场调研数据、内部销售数据等，进行综合分析，这样能更全面地评估市场潜力和产品竞争力，为决策提供更全面的视角。

（4）决策与战略的转化。将所分析的信息及时转化为具体的行动计划。只有将信息转化为实际的行动，才能真正发挥其价值，帮助企业应对市场挑战并抓住机遇。

订阅媒体和行业报告是企业在竞争激烈的市场中保持领先的关键。通过精心筛选和定制媒体及行业报告的订阅，企业能够及时获取最新的市场趋势和信息，更好地洞察市场动态、抓住机遇并应对挑战。选择适合的媒体和行业报告，建立稳定的订阅机制，并有效分析和应用所获取的信息，是企业在市场竞争中保持优势的关键步骤。紧跟市场的最新信息，不仅是保持竞争力的要求，更是实现营销领导力目标的前提。只有持续获取市场情报，不断更新思维和策略，才能在竞争激烈的市场中保持竞争优势并脱颖而出。

在充满变数的市场环境中，成功的营销不仅需要策略与技巧，更需要真正的领导力。有效的营销领导者不仅要具备市场洞察力、创新思维和策略规划能力，更重要的是要有激励团队、驱动创新和建立持久品牌价值的能力。

营销领导者需要具备前瞻性，能够预见市场趋势和消费者需求的变化，以及快速适应技术进步带来的挑战。

我们强调建立以人为本的营销文化的重要性,这种文化鼓励创新、尊重个体贡献,并促进团队间的协作。领导者的角色是至关重要的,通过自己的行为示范,建立一个开放的沟通环境,让每个人都能发挥最大的潜力。